インフレ課税と闘う！

熊野英生

集英社

はじめに

２０２２年初から日本でもインフレ加速が顕著である。その影響を詳しく分析した書籍はまだあまり多くないように思う。さらに踏み込んで、インフレに対して、家計（個人）がどんな生活防衛の手段を講じればよいのか、という見解はもっと目にすることが少ない。だから、筆者は、生活防衛にまで踏み込んだ話を書きたかった。

「インフレ課税」とは、私たちの暮らしが物価上昇に喰《く》われて貧しくなることを指す。所得・資産の実質的価値の目減りのことである。読者は「実質賃金がマイナス」とか、「実質金利がマイナス」という言葉を耳にすることがあるだろう。それらは、インフレ課税が変形したものだ。もっと深刻な打撃は、家計の保有する金融資産残高の価値の目減りである。

インフレ課税は、自然災害のようなものだから仕方がないと思う人はきっと多いだろう。しかし日銀は、それに歯止めをかける能力を本来、持っているはずだ。家計の金融資産残高の半分以上を占める預貯金は、日銀が利上げすれば、利息収入が増えて損失の穴埋めができる。輸入インフレも日銀が止められる。

ではなぜ、日銀が動かないのかと言えば、利上げは慎重にすべきと声高に叫ぶ論調が強いからだ。日銀は、過剰なまでに緩和的であり、それを見直すことが許されていない。皮肉なことに、日銀は1998年に法的独立性を与えられたが、現実には二十数年かけてその能力をゆっくりと奪われていった。

この深層を読み取れば、政治的思惑と財政事情が関係している。政府債務が1200兆円を超える我が国は、政策金利を引き上げようとしても、それが容易には行えないのである。政府債務の負担を利払いの増加でさらに重くさせてはいけないという配慮が働いている。

本書の目的には、なぜ、インフレ課税が改善されにくいのかという社会構造をあぶり出すこともある。家計が保有する金融資産残高は、インフレ課税によって目減りするが、それと対照的に政府の債務残高は軽減される。インフレになっても、日銀がずっと利上げをしなければ、実質金利がマイナスになって、政府の借金はじわじわと圧縮されていく。筆者は、たとえ政府債務が減っても、国民の財産を犠牲にするのでは、政策として無意味だと考える。

さらに、インフレで人為的に借金を帳消しにできるという悪魔的発想を信じて、給付金などを配ってどんどん財政拡張を許すと、その代償は結局のところ、インフレ課税で国民が払わされる。

残された解決法は、経済を強くして日銀の利上げに耐えられる体質をつくり、ゆっくりと金利を上げていくことだ。企業が生産性を高めれば、物価は上がりにくくなり、賃金も高められる。「物価抑制＋金利上昇＋賃金上昇」ができる経済体質に戻すことを目指すべきだ。

確かに、この道は険しいに違いない。人口減少・高齢化は成長には逆風だし、財政赤字は社会保障負担で大きくなる。地道な努力がなかなか実を結ばないときは、政治的意思決定が財政拡張＋インフレ課税の容認という誘惑に傾いていく力学も働く。

2023年になって、日銀は植田和男総裁に交代して、金融政策の立て直しを試みている。しかし、日銀が出口戦略に着手したとしても、利上げの余地はそれほど大きくはない。歴史的な超低金利はもっと長引くと覚悟しておいた方がよい。

だから、私たちは、仕方なしに自助努力で生活防衛策を講じなくてはいけなくなっている。インフレ対処法について、最初から結論を申し上げておくと、次の三つである（図表0-1）。

（1）節約。支出の内容を見直して、やりくりで余裕をつくる。
（2）外貨など資産運用。外貨を中心に、インカムゲインを増やす。
（3）副業。「稼ぐ力」を高めて、能力を格上げする。

(図表0-1) インフレ対処法の概念図

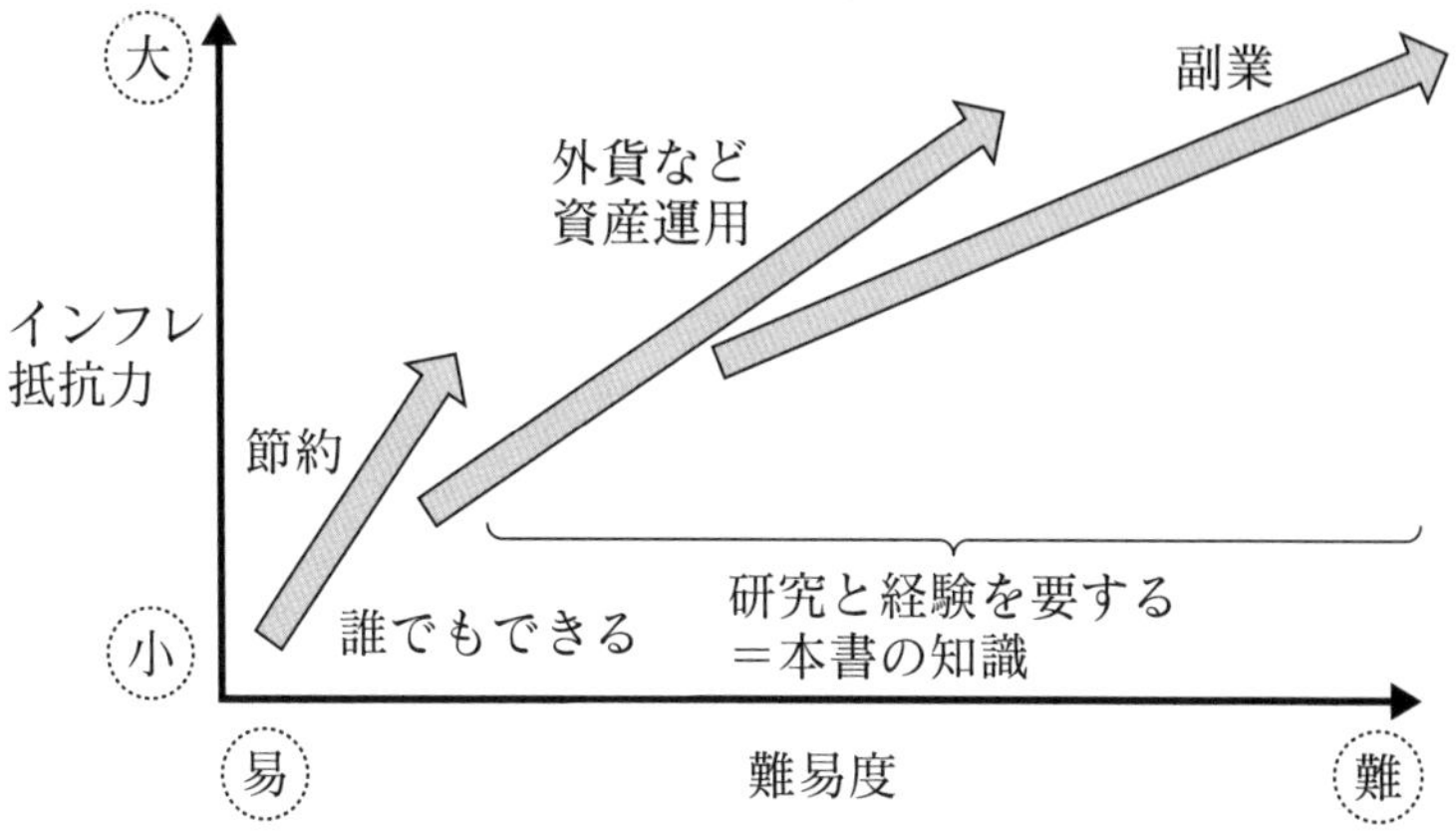

この三つは、難易度が低い順でもある。副業は一番難しいということだ。

節約は誰でも簡単に始められる。筆者は、30年以上家計簿をつけているから、毎月、どのくらい自分が支出したかは肌感覚でわかる。出費を記録するだけで節約になる。出費は季節によって大きく変わる。12月はどんなに工夫しても支出が増える。食料品の値上がりは、私たちに買い物に行ったときの創意工夫を要求している。ただ、一言だけ言えば、節約には限りがある。多くの人にとって、節約にはインフレ抵抗力があるとしても、限界を感じるだろう。そこで、次の段階として、外貨などの資産運用を検討しなくてはいけない。

資産運用は、やや難易度が上がるが、よりパワフルなインフレ抵抗力を持つ。最近の物価上昇は、輸入インフレから発展したものだ。輸入インフレは、円安・ドル高によって促された側面がある。円安のデメリットである。ならば、外貨投資で円安メリットを享受できるように手当てをすればよい。

より円高の水準のときに、外貨投資を始めていれば、為替が円安になって輸入インフレが進んだときでも、同時に円安メリットとして、外貨の為替差益が発生するからだ。外貨投資では、インカムゲインも追求できる。インフレ期には、海外の中央銀行が利上げを進めていく。だから、外貨からの利息収入も増える。残念ながら、日本は短期金利の引き上げには慎重だ。主要国の中では、日本と中国、トルコだけが金融引き締めをしていない。だから、利上げしている国のドルやユーロへの投資の魅力は高まる。

資産運用は、極めて奥の深い分野だ。使いこなし（リテラシー）を高めることは、致命的な失敗を防ぐことになる。失敗を防ぐためには、研究と経験を要する。反面、勉強したから必ず儲《もう》かるということはない。どうすれば失敗を防いで、成功の確率を高められるかを考える。それが研究の内容だ。

「奥が深い」という意味は、運が向いてきた後の話だ。利益を深追いし過ぎると、かえってリスキーな投資を繰り返してしまう。だから今は我慢というときがある。投資をしていないときも、資金を待機させることで本当は「投資をしている」のだ。投資経験を積んでいくと、精神力などの心的能力を高めることが必要になってくる。資産運用は「投資道」に通じる。

そして、最も難易度が高いのが副業である。本書では、副業と兼業を併せて、「副業」と定義している。本業の仕事をこなすだけで大変なのに、副業をさらに行うのは至難の業という人はきっと多いだろう。

しかし、副業の果実は大きい。様々なかたちで経験値を増やすことができる。おそらく、一つの会社でコツコツと仕事するのに比べて、より多くのことを学ぶことができる。若者たちと接すると、彼らの多くはキャリア形成に強い意欲を燃やしている。しかし、最近の企業は、教育・訓練の機会を豊富に提供してくれることが少なくなった。だから、どんなことを経験して自分の教育・訓練水準を高めればよいかということは、自分自身で考えなくてはいけない。キャリアデザインを主体的に行って、自己投資を考える時代なのである。


本書の構成は、①インフレ分析編＝第一章、②円安分析編＝第二章、③インフレ認識編＝第三章、④インフレ対策編その1＝第四章、⑤インフレ対策編その2＝第五章としている。

インフレがどうして起こったのかを知ることは、世界経済の成り立ちを学ぶことにもなる。コロナ禍での金融緩和、財政出動が世界的な需要拡大を促して、インフレにつながった。供給サイドでも、ウクライナ侵攻に伴う対ロシア制裁がエネルギー価格を押し上げる。米中貿易戦争も、半導体のサプライチェーンから中国を外し、コスト高を促す影響を与えている。いくつかの分野で、世界の生産基地だった中国を供給網から外していくことによって、世界的な需給バランスを崩してしまった。インフレの芽は、今に始まったことではなく、米国のTPP離脱、イギリスのEU離脱など自由貿易体制を批判する流れの延長線上で起こっている。反グローバリズムである。経済安全保障もその流れに乗っている。ほかにも、地球環境の変化が異常気象を引き起こし、食糧の高騰を促している。その対策としてのCO_2削減、脱炭素化もまたコスト高の要因になる。外部不経済（社会的コスト）の放置とそれに対する対策コストが両方とも皮肉なことにインフレ要因になっている。単一ではなく、複合的な要因の重なりがインフレの背後に隠れている。

翻って、物価安定という恩恵は、２０１０年代までの自由貿易体制の賜《たまもの》だった。２０２０年のコロナ禍に前後して、政治・外交上の優先事項は、経済から離れてしまった。ロシア封じ込め、中国封じ込めを優先しているうちに、いつの間にか自由貿易のフレームワークが壊れてしまった。世界の政治的リーダーは、誰もがインフレを望んでいるわけではないが、良かれと思って実施している政策が、気がつけばインフレ加速の役割を果たしている。アンチ・ビジネスの政策が、別の名前で推進されている。その危険性を専門家と呼ばれる人々はもっと注意深く監視しなくてはいけない。

政策が冠した名前と食い違った結果に向かってしまう危うさは、岸田政権の政策にも当てはまる。5年間で43兆円を支出するという防衛力強化はどうだろうか。本当に国家の安全を守れるのか。少子化予算の倍増、GX＝グリーントランスフォーメーションはどうか。いずれもしっかりした政策効果が保証されていない政策だ。政府は、インプットよりもアウトプットを重視しなくてはいけない。

もしかすると、現在のインフレ傾向は、まだまだ継続する可能性がある。2023年に入って、世界の金融市場では、いくつかの金融破綻が目につくようになった。それに反応して、海外の中央銀行が引き締めの手綱を緩めれば、またインフレに戻る可能性もある。過去の歴史を振り返っても、変化が起こり始めた当初は、「これは一時的な現象だ」と過小評価され、しばらくしてから継続的なものだとわかってくる。私たちは「痛い目」に遭う前から、少し早いかなと思うぐらいのタイミングで準備しておくことが賢明だ。

本書の分析や対応方法が、読者の皆さまの将来計画や資産防衛のために少しでも役立つことを望んでいる。

熊野英生

目次

3. 日本政府の物価対策の限界

第二章【円安分析編】

円安は私たちを幸せにしない、輸出メリットは過去の話

第三章【インフレ認識編】
インフレ課税で家計は大損する

第五章 【インフレ対策編その2】

個人が稼げる新副業時代

第一章【インフレ分析編】

食品から家電まで、新しいインフレが襲いかかる

1．インフレが始まった

①個別品目は1・4倍の値上がり

２０２０〜２０２２年にかけてのコロナ禍は、様々に私たちの暮らしを変えてしまった。夜遅くまで飲み歩くことはなくなり、仕事はリモートワークになった。宴会なし、声援なし、お祭りもない。もう一つ、生活を変えたのは物価上昇だろう。おそらく、40歳代以下の人は、人生でインフレを体験したことがなかっただろう。55歳の筆者でさえ、１９７３年の石油危機時に母親とトイレットペーパー購入の列に並んだ記憶がかすかにあり、当時がインフレだったと知るくらいだ。

今のインフレは、物価が上がっても、給与は上がらないアンバランスな状態である。コロナ禍で賞与が激減しても、水準は以前には戻らない。皆がぶつけようのない怒りを腹に抱えている。それが現代のインフレだ。

本書では、はじめに「現状分析」を行い、そして私たちが何をすればよいかを考えたい。ニュースや新聞報道では、消費者物価の上昇は２〜４％台ということになっている。しかし、それは平均値の話だ。私たちの実感と外れる。平均値は、多数のサンプルの中で、大きな変化が薄まるという性格がある。実感は、購入頻度が高いものの値上がりに引きずられる。

今まで物価がプラス・マイナスを繰り返して、0%前後だったところから、いきなり2〜4%になると、その痛みは数字以上に大きくなるはずだ。消費者物価の調査品目数は582である。個別品目では前年比1・2〜1・4倍のものも目につく。たとえ1・4倍の値上がりが品目数の5%であっても、残りの95%の品目が0%ならば平均値は2%に下がる。

それに関連して、消費者物価には、平均値が低めに出る「からくり」がある。帰属計算という処理によって、持ち家を所有している人は、自分自身に家賃を払っていることにして（これを帰属家賃という）、消費支出に含めている。この家賃がずっと伸び率0%だから、帰属家賃を含めた総合指数は、常に物価上昇率が薄まって低く出る。そのウエイトは全体の15・8%を占めていて、だいたい全体の物価の平均値を0・8%も押し下げている。平均値が4・0%の伸び率でも、帰属家賃を除いた現実の物価は4・8%ほどの伸び率になる。

サンプルの中で、生活者が物価の痛みを感じやすいのは、購入頻度が多いものだ。ひと月に一度のペースで購入するものは、2022年12月は前年比11・0%も上がっている。人々の値上がりの感覚は、当然ながら購入頻度が多いものに引きずられる。食料品やガソリン、電気代は、必需品であり、かつ購入頻度が高いものだ。その値上がりは痛みを感じさせやすい。

筆者は、社会人になって、足かけ30年近くも経済分析に関連した仕事をしている。現場の感覚と、経済データの平均値がいかにずれているかを熟知している。企業のところに出向いて話を聞くヒアリング調査と、何種類もの統計を作成してきた実務経験があるからだ。統計の平均値の数字だけで、政策評価を語るのは、平均値から離れた位置にいる人々の感覚を半ば無視することにもなる。平均値の数字だけを見て、現状を理解したと思うことは実に危険だ。

２０１３年1月に日銀がインフレターゲットを採用したとき、日銀は自らが掲げている物価2％上昇の目標について、平均データと実感の乖離《かいり》をほとんど注意せずに採用した。政治的判断に主導されて、圧力に屈するかたちで受け入れたのだ。

この目標を決めたのは、不幸にして銃撃で亡くなった安倍晋三氏の意見を重視したからだ。安倍氏が、２０１２年秋に野党第1党の自民党総裁だったとき、「日銀には2～3％のインフレ目標を設定する」と述べたところから始まる。筆者は、総選挙で勝利が見えていた安倍氏が「2～3％」と言ったとき、これは大変なことだと直感した。実際に、平均２％の物価上昇となれば、個別物価では5～10％の上昇率になるものもざらにあるはずだ。その痛みは無視できないはず、と思った。けれど、その当時は「２％の物価上昇なんて日銀だけではでき

（図表1-1-1）消費者物価の推移

出所：総務省「消費者物価」

っこない」と高《たか》を括《くく》っていた。

その予想は、裏切られて10年後に現実化してしまった。海外のインフレが日本に波及して、円安容認政策によって、物価上昇率２％になった。公式には２％の消費者物価は、２０２２年４月からとなっている（図表１-１-１）。

しかし、より細かく分析する筆者は、２０２１年夏頃からきな臭さを感じていた。すでに、国際商品が年初から上がっていたからだ。多くの人が、その前年のコロナ禍で物価が下がった反動で前年比が3月から大きく上がったと思い込んで、高い物価上昇圧力を見過ごしてしまっていた。

日本では、２０２１年４月に菅義偉《すがよしひで》前首相が、携帯電話料金の引き下げを促し、消費者物価では通信費（携帯電話料金）が前年比33・4％も下落していた。これは物価指数を大きく押し下げて、ますますインフレ傾向を見えにくくしてしまった。携帯電話料金の要因を除くと、日本の消費者物価は、２０２１年11月から２％を超える平均値になっていた。そうしたインフレ圧力の発見は、２０２２年４月に遅れてしまう。

米国では、２０２１年11月と言えば、ＦＲＢ（米連邦準備制度理事会）が量的緩和（ＱＥ）の縮小（テーパリング）を開始したタイミングだ。米国でもまたインフレの予兆は、すでに２０２１年３月頃から発見されていたが、２０２０年４月以降のコロナ禍での打撃の反動で物価上昇率は一時的に高まっているという見方に支配されていた。

また、ＦＲＢのパウエル議長は、２０２１年11月に任期延長を控えていて、タカ派に変身することを躊躇《ちゅうちょ》していた可能性がある。日銀だけではなく、欧米の中央銀行もインフレ懸念の発見が遅れてしまった。特に、日銀は、インフレが明白になってきても、無視してきた点で罪深い。

②１・５倍の輸入インフレ

日本がいつの間にかインフレになった理由を考えたい。答えは、海外でインフレが起こったから、そこでインフレもまた「輸入されてきた」のである。コロナ禍が一段落してきて、

（図表1-1-2）需要段階別に見た物価上昇率

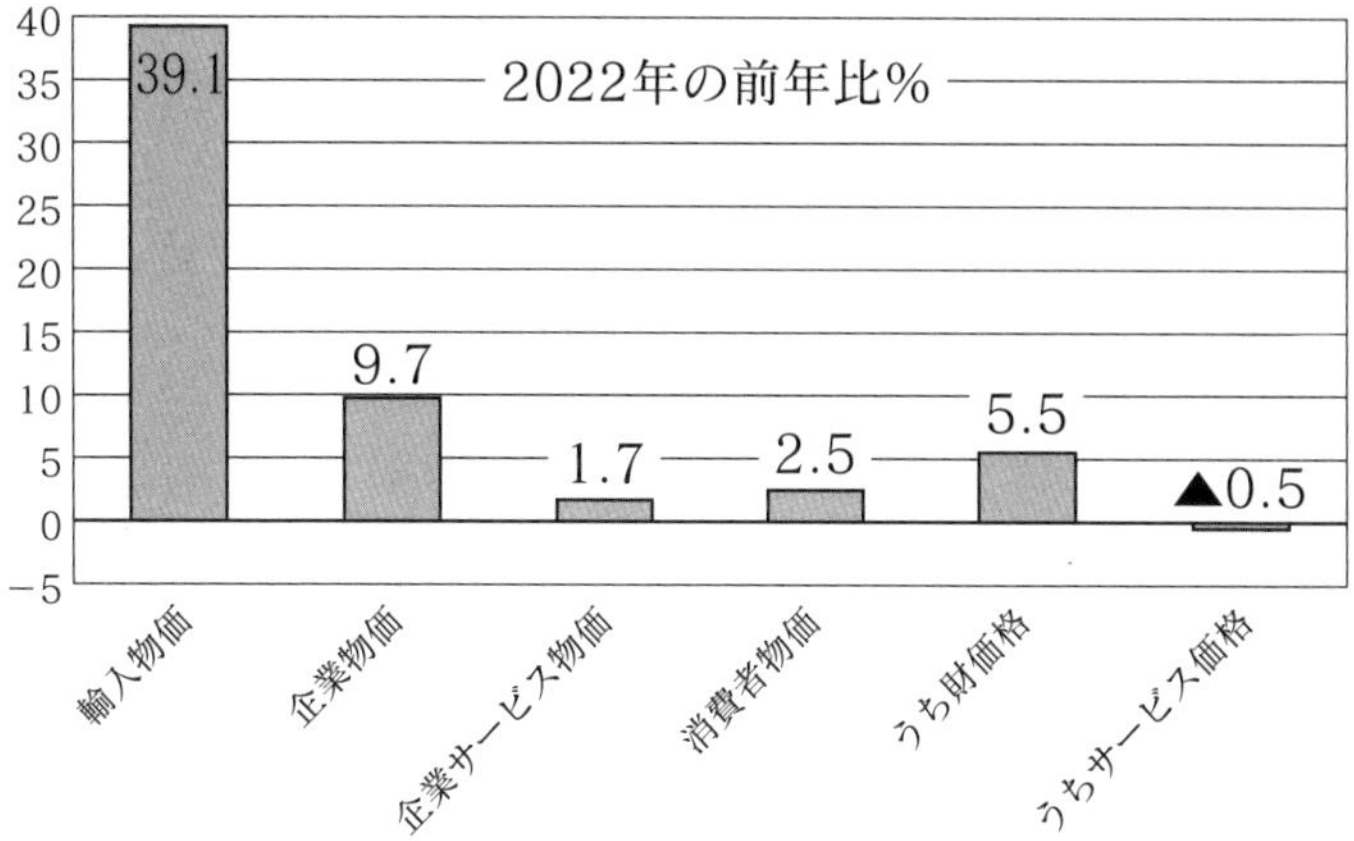

出所：総務省、日本銀行

明らかになったのは、日本と各国間の物価格差が広がっているという事実だ。２０２３年初めにＮＹに行った友人は、ランチの値段がＮＹは高く、東京の３倍もすると驚いていた。別の事業法人の社長は、タイのバンコクの物価の方が東京よりも高いかもしれないと嘆いていた。もはや、圧倒的に「安い日本」に変わってしまっている。

象徴的なグラフを示してみよう（図表１-１-２）。三つの物価指数の比較である。輸入物価（契約通貨ベース）、企業物価、消費者物価である。川上＝輸入段階、川中＝企業段階、川下＝消費者段階だと理解するとわかりやすい。輸入価格は、２００６〜２０１９年までに何度か急上昇したが、企業は値上げをせず、耐え凌《しの》いだ。しかし、２０２２年は、円安によって輸入物価（契約通貨ベース）よりも大きく輸入物価（円ベース）は上がった。

2022年に入ると、一時は前年比が1・5倍前後まで上がる。海外通貨建ての値上がりに、円安が加わって、輸入物価が上がったのである。企業はさすがに耐え切れずに、消費者段階まで値上げをしてきた。川中の防波堤が決壊して、川下まで荒波が押し寄せた。これが、今回の2022年のインフレの正体である。

過去をずっと遡っていくと、円安によって輸入物価が大きく上がったのは、1980年代前半のことだ。当時は、米国がドル高政策を推進し、その代わりに日本が円安になった。その後でドル高を是正するために、プラザ合意で円高への大修正が起こった。また、プラザ合意の前になる1978年10月〜1982年4月は、第二次石油危機で、海外のインフレが吹き上がった時期である。

こうした輸入インフレに対して、コントラストを成すのが国内サービス価格である。消費者物価の構成は、財（商品）が半分、もう半分がサービスである。サービスは輸入できない。せいぜい燃料価格を転嫁して、輸送サービス、運賃・旅行費用が上がるくらいだ。実は、このサービス業のコストはほとんどが人件費だ。だから、動かないサービス価格＝賃金上昇の鈍さという図式になる。

ではなぜ、サービス価格の引き上げは難しいのか。その理由は、日本の消費者の反発が大きいからだ。消費者は高齢化が進んでいる。二人以上世帯の52％（2022年）は、世帯主年齢が60歳以上である。その中には、年金生活者（無職世帯）が多い。年金生活者は、2004年に導入されたマクロ経済スライドという仕組みによって、年金支給額が実質的に減らされている。公的年金のデフレ作用が遠因になって、値上げを容易に受け入れられない。

こうした傾向は、製造業にもある。日本は、2012年秋頃まで趨勢《すうせい》的な円高で苦しめられてきた。だから、輸出価格を引き上げることを極力控えて、人件費も増やさずに来た。製造業でも、春闘で経営者と労働組合が毎年議論をするが、経営者が「円高になったらどうするんだ！」と一喝すると、賃上げはできない。輸出企業はどんなに円安で利益を嵩上《かさあ》げしても、経営者が「円高になると困る」と思い込んでいるから、円安の差益は賃金に回っていかない。円安の利益＝賃上げの原資ではないのだ。これが「金あまり」の原因になった。「円高が怖い」という感覚は長年にわたって円高に悩まされてきた歴史的経緯によって醸成されている。為替レートの推移は、1985年のプラザ合意以降の趨勢的な円高で、輸出企業が随時コストダウンを迫られたことから始まる。円高は、1990年代から2011年の東日本大震災後まで続いた。東日本大震災後の2011年10月31日は、1ドル75円32銭まで円高が進んだ。しかし、2012年以降は趨勢的な円安局面に移行している（図表1-1-3）。

この円安局面は2012〜2023年にわたって続いている。円安局面は、10年以上も続

（図表1-1-3） ドル円レートの長期推移

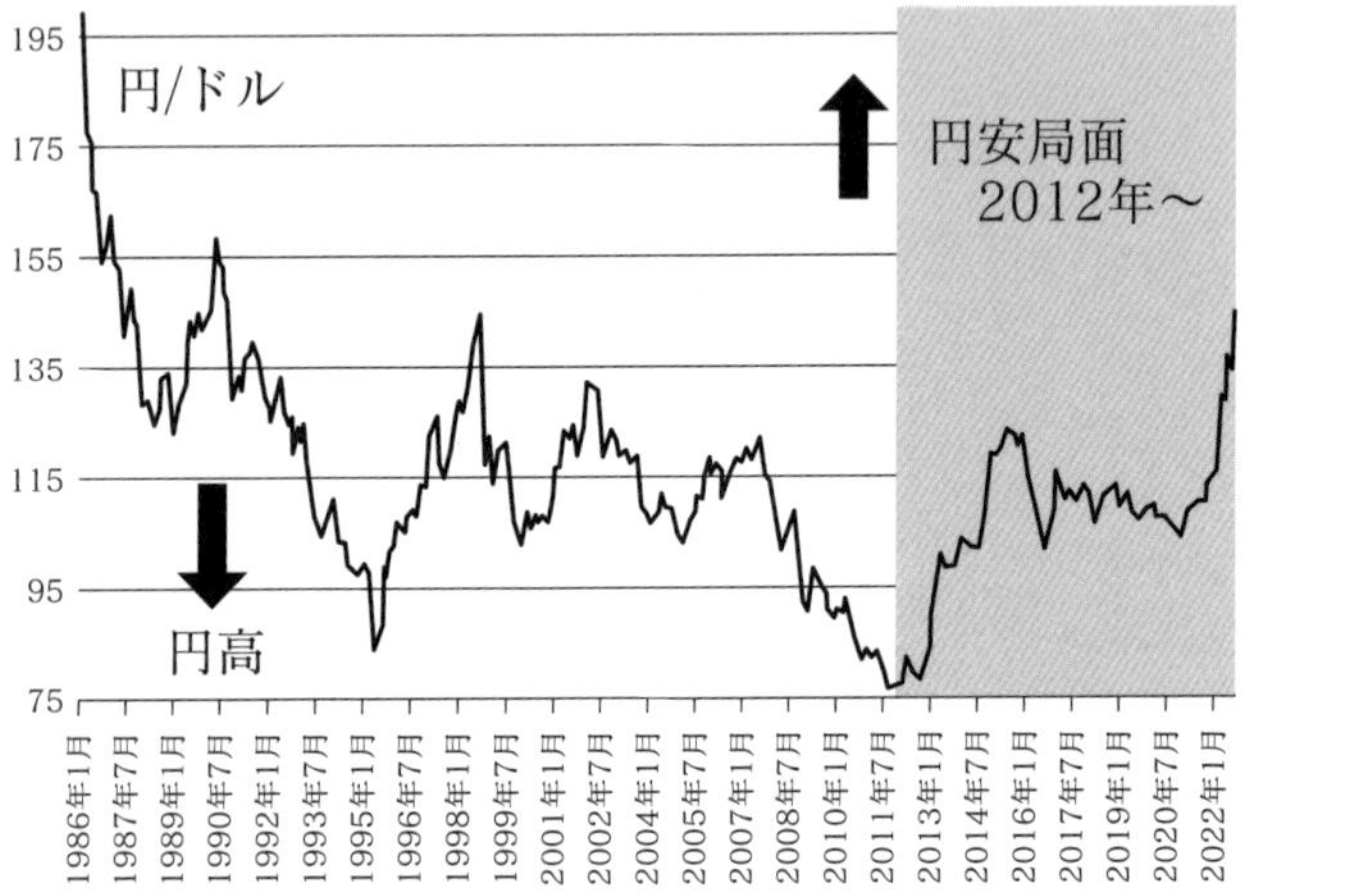

出所：日本銀行

いているが、脳裏に焼き付いた円高恐怖症は簡単には消えていない。黒田東彦《はるひこ》前総裁は、２０１３年から巨大な金融緩和を開始し、デフレ・マインドを払拭すると息巻いたが、染み着いた円高恐怖症は依然として残存している。この「円高恐怖症」のことを、円高シンドローム[*1]と呼ぶ。

よく見ると、デフレを払拭《ふっしょく》すると息巻いた黒田前総裁もまた、多くの人と同じく円高シンドロームに縛られているように思える。かつて、黒田前総裁は「なぜ、日銀が物価目標を２％と割高なレートに設定しなくてはいけないのか？」と問われたとき、「欧米の物価が２％だから、日本がそれ以下の目標だと、円高になる」と答えていた。２０１３年のことである。

もしも、あのとき、2012年以降が円安トレンドになることを知っていて、物価目標を1%にしていれば、2022年の超円安はなかっただろう。責任を黒田前総裁だけに負わせるのは、少し酷かもしれないと思うのは、黒田前総裁が「円高になって困る」と答えたとき、皆がそうかもしれないと思ってしまったからだ。円高恐怖症は、日銀も、経営者も、雇用者も皆同じだった。

しかし、孔子曰《いわ》く「過ちては、改むるに憚《はばか》ることなかれ」である。身の丈に合わない2%の目標は、政府と機動的に修正して撤回すればよい。日銀の中には、2%を簡単に修正すると、信認を失うという人もいるが、インフレになって信認を失うのは、日銀の中央銀行としての役割である。

その点、政治は遥《はる》かに柔軟である。2022年に物価が上がり始めると、途端に「物価上昇は望ましくない」と掌《てのひら》を返した。2022年初めになると、次々に物価上昇への対策を打ち出していく。2022年1月には、7月に参議院選挙を控えていたこともあり、原油高対策を始めた。灯油・ガソリンへの補助を行って、1リットル170円に抑える価格維持を打ち出した。ちょうど、ウクライナ侵攻の手前のことである。

次いで4月には、この補助を延長し、9月には小麦価格を補助することを決めた。10月末には、翌年1月から電気代・都市ガス代をそれぞれ20%ほど引き下げることを発表する。為替円安に対しても、2022年の9月と10月には、11年ぶりに財務省は為替介入を実施した。そのときから、円安は問題であるとする日本政府の立場は明確になった。

もっとも、黒田前総裁は、2%を超える物価上昇が円安によって生み出されていたのに、金融緩和を放置していた。政府と協議した上で「急速な円安は望ましくない」という理解で折り合ったが、表現の中で「急速な」が悪いのか、「円安」が悪いのかはわからない。筆者は、日銀が金融緩和を修正しようとしないのだから、結局、黒田前総裁は円安に寛容なのだと思う。

望ましくない円安であるのならば、日銀は、低金利の是正も視野に入れていると表明すればよい。しかし、それを敢《あ》えてしないのは、輸入インフレを放置しようという意図があったからだろう。さて、植田総裁は、為替と物価、金利のバランスをどう考えていくのだろうか。

③世界的なインフレ圧力

インフレ加速の背景には、まだ巨大に膨らんだままのマネーストックがある。コロナ対策のために、米政府とFRBが供給した過剰流動性が、2021年に入ってインフレに火をつけた。マネーの供給量が実体経済に比べて過剰になると、インフレが起こるという単純明快な「貨幣数量説」に従って、ドルの世界では物価高騰が起きていると説明できる。もしも、

(図表1-1-4) 日米のマネーストック残高の推移

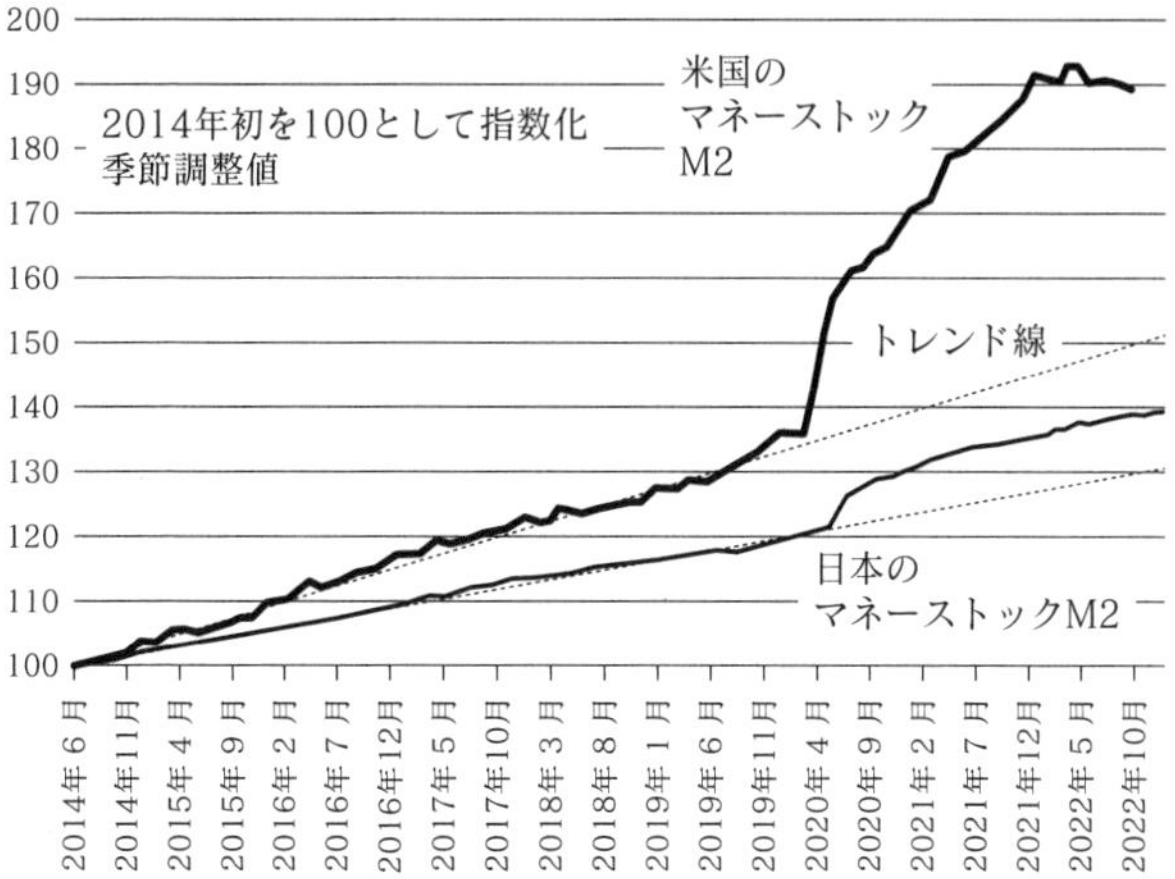

出所：FRB、日本銀行

米国のインフレ率をコロナ前の前年比2%ペースに戻そうとすれば、FRBはもっと大胆にマネーストックの総量を絞り込む必要がある。

論より証拠で、膨張したマネーストックがどのくらい圧縮されるべきなのかを確認してみよう。コロナ禍が始まった2020年3月頃に、米国では政府とFRBが財政出動と金融緩和をかつてない大胆さで行った。その結果、マネーストックの総量は急増した（図表1-1-4）。その勢いが驚くべきものだったことは、日本のマネーストックと見比べてみるとよくわかる。米国のマネーストックの総量が、トレンドラインを上回っている状況は、2021年12月にピークを迎える。トレンドを最大31・6%も上回っていた。インフレ率を2％台に落としていくには、利上げを通じてマネーストックの総量をピーク比で計算上23％も圧縮しなくてはいけない。だから、利上げはもっと高い水準まで行われて、かつ、長期間にわたって継続されることだろう。マネーストックの総量を大幅に圧縮しなければ、潜在的なインフレ圧力を落ち着かせられないと見ることができる。米国が厳しい金融引き締めを行う理由は、あまりに過剰な緩和を行ったことの反動である。やり過ぎた緩和状態から元に戻すのに、大変な苦労を伴うという宿命でもある。FRBのパウエル議長は、「2023年中は利下げをしない」と年初の時点では、宣言している。

2020年3月に時計の針を戻すと、コロナ感染という未知なる脅威に誰もが怯《おび》えていた。当時の責任者は、トランプ前大統領であった。3月13日に国家非常事態を宣言する。NYでは、3月22日からロックダウン（都市封鎖）が始まり、公共交通機関の65％が停止するという未曽有の事態が起こる。

そして、トランプ政権は、この3月中に、四度も大規模な歳出拡大の方針を次々に打ち出す。医療体制の拡充やワクチン・治療法研究のほか、企業の破綻や失業増を食い止めるための手立てを何種類もつくった。従業員の給与支払分を政府が立て替えるかたちで、企業にその分の税額控除を認めた。3月中だけで累計約2・5兆ドルの歳出拡大計画を立てる。4月の約0・5兆ドルの追加策を併せると、約3兆ドルになる。この2020年の米国の名目G

DPが20・9兆ドルだから、3兆ドルの対策はその14%に相当する。この14%を日本の名目GDPに置き換えて計算すると、約80兆円にもなる。

コロナ対策ではGDPの14%に相当する需要支援を行って、経済が悪化するのに歯止めをかけようとした。ロックダウンのような強硬措置を採る代わりに、麻酔を投与するように、補助金支給や金融支援を手厚く行った。強力な麻酔は、企業の倒産を減らし、急上昇した失業率は4月をピークに下がっていく。

金融面では、FRBが2020年3月に1・50~1・75%だった政策金利を2回の会合で下限0・0%へと引き下げた。ゼロ金利にするだけでなく、量的緩和によってFRBはバランスシートを3月時点の4・7兆ドルから5月に7兆ドルに膨らませる。ドル資金の供給は、米国のみならず、世界中の流動性を潤沢に満たす役割を果たす。米国は五つの海外中央銀行との間に必要なときにドル資金を供給できるドル・スワップ協定を結んだ。

こうした財政・金融政策を通じたセーフティネットの提供は、米国以外に欧州や日本でも類を見ない規模と速さで行われた。EUは、各国支援のために欧州安定メカニズム(ESM)を活用し、最大2400億ユーロの信用枠を設定する。ECB(欧州中央銀行)は、すでにそれ以前からマイナス金利を実施しており、コロナ後は3月に民間資金購入を1200億ユーロの規模で行うと決定した。信用面の緩和だ。こうした財政出動と資金供給は、欧州でも結果的にマネーストックを拡大することになる。

各国の強力な財政・金融政策は、コロナ禍で弱った世界経済を次第に変えていく。改善の牽引役《けんいん》は、まずは中国だった。2019年12月に世界で最初に新型コロナウイルスの感染者が発症した中国は、2020年4月には社会活動の正常化が見えてきた。中国・武漢《ぶかん》市から2019年12月に発生した「正体不明の新型肺炎」は、2020年1〜3月に猛威を振るったが、早くも4月にその封じ込めに成功する。中国は、中国以外の感染深刻化を尻目に、世界のIT需要を一手に引き受けて、生産拡大を遂げる。2020年後半から中国では、コンテナ不足や港湾労働者の不足が言われ、海運需要も次第に回復していく。コロナ禍では、各国ともEC取引（電子商取引）が活発化して、トラックや小口配送のニーズが高まった。そして物流全般が逼迫《ひっぱく》していく。

こうした需要増は、今にしてみればインフレの芽だったと思うが、2020年内は経済活動の様々な制約によって生み出された局所的需要だと見られた。米国でも、2020年後半は人手不足が起こるが、その理由は2020年4〜6月に人員削減を過剰にやりすぎた反動だとされた。そのため、現場が回らなくなり、賃金を上乗せして人を採用せざるを得なくなったと言われた。

金利低下が敏感に効いたのは住宅市場だ。米国の代表的な住宅価格指数のケース・シラー

（図表1-1-5）米国と中国の住宅価格指数の推移

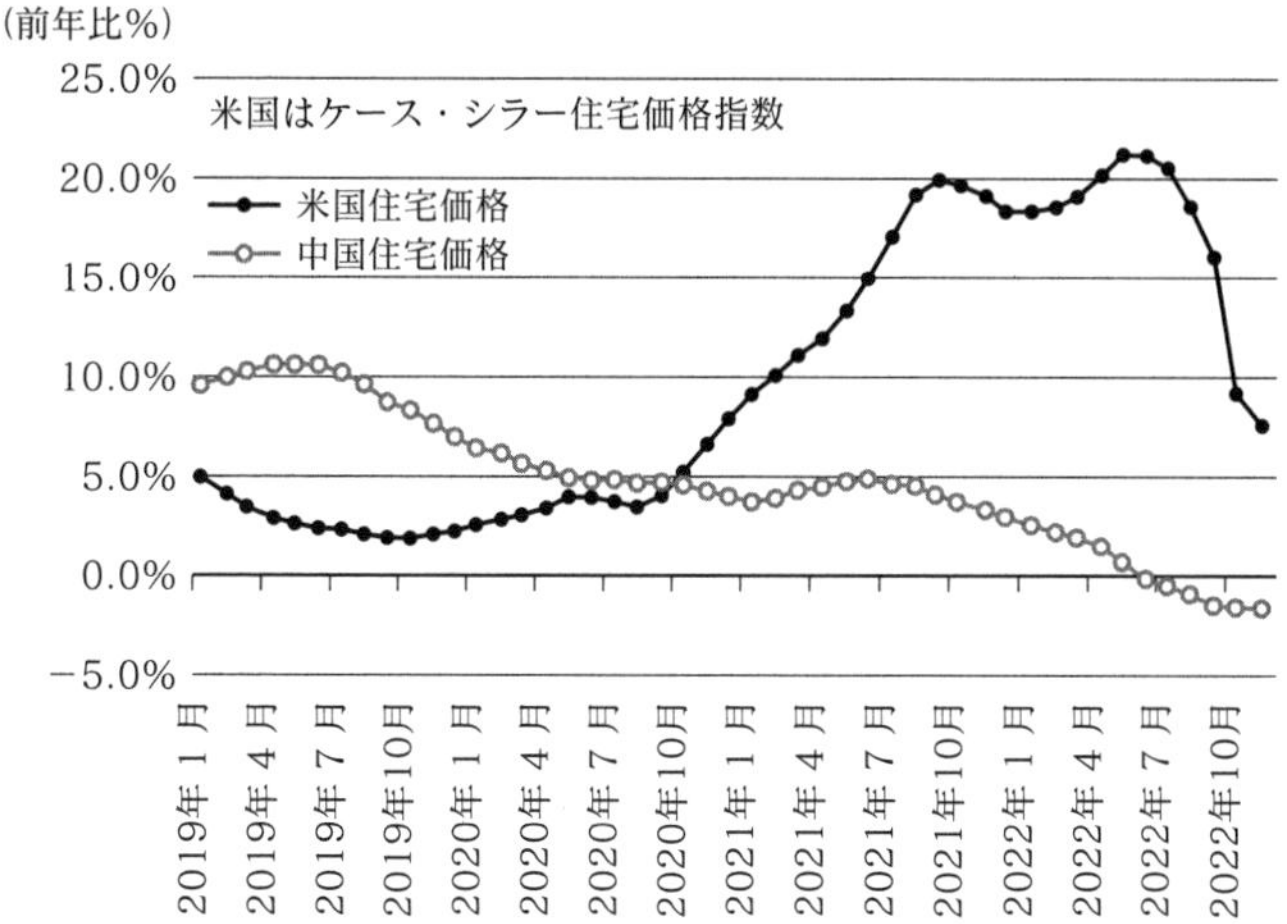

出所：中国国家統計局、S&P

住宅価格指数は、２０２０年12月には前年比が10・2%と2桁になる（図表1-1-5）。実は、日本もＯＥＣＤ（経済協力開発機構）の調査では、住宅価格の指数が２０２２年１〜６月にかけて前年比９％台まで上がっており、これは、１９９０年代バブルが崩壊して以来の最高の伸び率になる。ＯＥＣＤ加盟国の住宅価格の伸び率で見ても、２０２１年初めから２桁の上昇を記録している。世界同時インフレの起点は、住宅市場だった。金融緩和の効果は資産価格の押し上げに覿面《てきめん》に効いていたのだ。

このように、２０２１年初めには、本当に幅広い分野の価格高騰が起こる。

まず住宅価格上昇の派生的効果の最たるは、北米産の木材不足を誘発させたことだ。当時はウッドショックと呼ばれた。次に銅価格が上がる。銅は脱炭素社会で、原油に代わる不可欠な素材とされた。アルミや鉄・スクラップも不足し、アイアンショックと言われた。合成樹脂でも、特定の品種が不足したのが２０２１年前半だ。世界中で素材インフレが吹き上がった。

素材以外では２０２１年の半ば辺りから、半導体不足が騒がれた。特に、自動車生産が深刻な半導体不足に直面し、世界中で生産ラインが止まる。日本では、自動車以外に、タイから供給されてきた給湯器用の半導体がコロナ禍で入手できないということが騒がれた。この現象は、供給不足によってインフレを加速させるものだ。

インフレ率は、奇《く》しくも日米ともに前月比では、２０２１年春からほぼ同時に上昇し始めた。不思議な連動性として、日本の企業物価の前月比は、米国の消費者物価の前月比と恐ろしいくらいに同調して動く。程度の差はあれ、物価はグローバルに連動しているのだ。

主要各国のインフレ率を並べてみると、２０２１年中にあれよあれよという間に消費者物価の上昇率が高くなっている（図表１-１-６）。国ごとに比較をすると、物価が２％以下で推移していたのは、中国と日本くらいのものだった。

約半年間の認知のタイムラグを経て、主要国であるＧ７諸国では、イギリスの中央銀行が２０２１年12月に初めて利上げを実施する。この頃から、各国とも低金利の是正に動き始める。一方、米国は、少し後手に回っていた。量的緩和の縮小を決めた２０２１年11月は、も

(図表1-1-6) 各国の消費者物価指数の前年比

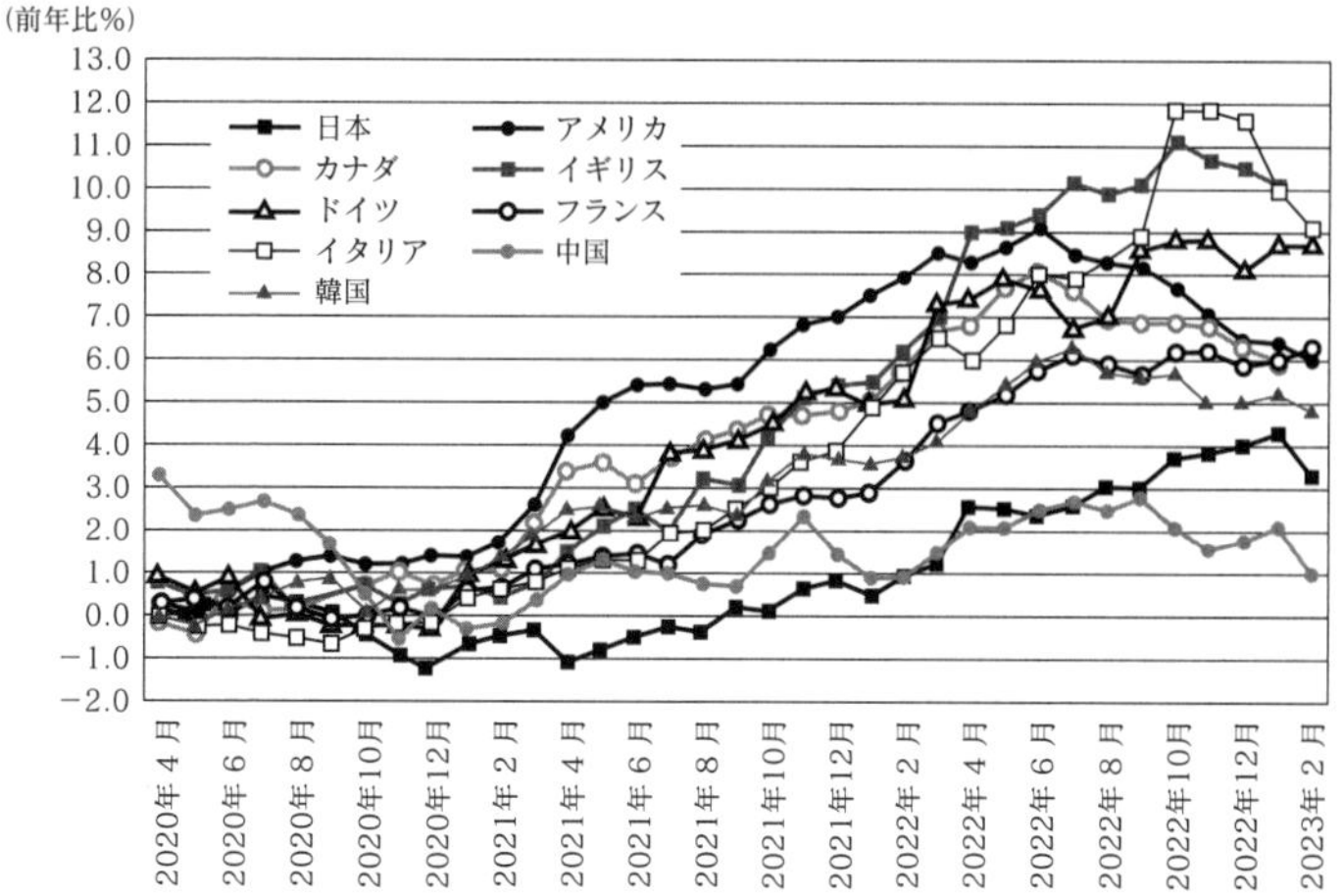

出所：総務省

う米消費者物価の前年比は６・８％まで上がっていた。ＦＲＢのパウエル議長は、物価上昇の指標を見ても、８月頃の会合ではそれが一時的だと発言していたが、ようやく11月になって、「一時的」の評価を撤回したのである。米国の引き締めの遅れは、それが世界中に大量のドル供給を促して、世界的インフレの火を燃え上がらせる原因になった。日本の輸入インフレはそれが飛び火してきたという理解もできる。

④銀行破綻とインフレ再燃リスク

米国の引き締めは、一筋縄ではいきそうにないという出来事が起こった。２０２３年３月上旬に米国の銀行がいくつか連鎖的に破綻したからだ。この海外ニュースは、「またリーマンショックの再現なのか！」と多くの金融関係者を怯えさせた。いずれ日本にも何らかの悪影響が上陸してくるだろう。

騒ぎは、3月10日にシリコンバレー銀行が経営破綻したことで水面上に浮上した。現地からのテレビ映像では、預金者が銀行店舗を取り巻いて、預金引き出しの行列をつくっていた。次の破綻先は、2日後の3月12日のシグネチャー銀行だった。この銀行は、暗号資産取引所との取引が多いことで知られていた。前週3月8日に破綻したシルバーゲート銀行も、ともに暗号資産関連の取引が多かった。暗号資産で稼いだ事業者の資金が2行に大量に流入していた。

暗号資産は、コロナ禍の超低金利によってバブル化していた。暗号資産のチャートを見ると、コロナ禍の2020年秋から急上昇している。当時、暗号資産取引所では、暗号資産の値上がりを期待した投資家が、大量に暗号資産とドルを交換していた。取引所に集まったドルは、シグネチャー銀行もシルバーゲート銀行の口座に大量流入する。その資金は、利回りが1％台の長期国債や不動産担保証券（MBS）に積極的に投資される。

しかし、その後、事態は2022年前半から暗転する。暗号資産バブルが弾《はじ》けたからだ。暗号資産取引所からは大量のドルが引き出される。2行は資金を捻出《ねんしゅつ》するため、今度は長期国債を売却して、取引所のドル支払いに応じなければいけなくなった。折しも、米国の引き締めのせいで、長期金利が上昇し、債券価格は下落していた。二つの銀行は、預金引き出しに応じるほどに、債券売却によって損失を膨らませた。これが破綻の原因になる。

同様のことがベンチャー投資でも起こる。コロナ禍では、在宅勤務やEC取引が脚光を浴びる。裏側では、世界中でIT事業者に資金が集まるテックバブルが発生した。シリコンバレー企業はその恩恵に与《あずか》った。ブームは、やはり2022年3月からの米利上げによって終わる。そして、シリコンバレー銀行も2行と同じ末路を辿《たど》った。

現代の銀行危機は、まずネット内で起こる特徴がある。SNSでは、「今はどこの銀行が危ない!」という怪情報が流れた。現地のファンドの人は、破綻の手前で最初にどの取引先が資金を引き揚げて、次にどこ、さらその次にどこが動いたかという情報までを正確に知っていた。人々はそうした情報を知って自分たちもまずいと大慌てになった。地上にある店舗の行列は、ネット取引も電話も通じなくなって、どうしようもなくて銀行店舗に集まった人たちである。

信用不安に対して、米財務省など当局の対応は早かった。3月12日に早々と2行への全額保護を発表する。1口座25万ドルまでしか保護しないという預金保護のルールを無視した超法規的措置である。取り付け騒ぎを鎮静化しようとする当局者の切迫感が表れている。

実は、筆者は日本銀行に勤務して、1997年末のときに預金者保護の問い合わせに答える広報担当者だった。一日何十回も「預金は全額保護されているから安心してください」と口が渇くまで話し続けた。3か月間くらいは、電話応対で朝から夕方までトイレに席を立つ暇もなかった。自分の体験とも重なって、欧米の信用不安の緊張感が伝わってきた。

米国では、全額保護に続いて、次々に手が打たれる。民間大手11行が資金流出している銀行に300億ドル（4兆円）もの預金を預ける支援を発表した。FRBは、通常の資金供給ではなく、担保の債券を額面で評価して貸し出す、これまた異例の資金供給オペレーションを実施した。担保債券の金額が時価下落で下がっても、追加担保なしに資金を貸し続けられる措置である。これらは、いわば信用補完措置である。

しかし、問題は、全米の不安が3月14日に世界に飛び火したことである。業界2位のスイス大手銀が信用不安に巻き込まれた。2021年秋のヘッジファンド運用の失敗が響いた。様々な種類の不祥事発覚も追い打ちをかける。事情は米銀とは全く違っていた。2022年中に総資産の3割近い資金流出が起きた。こちらは、富裕層マネーであり、世界の資産家などが持ち主だ。歴史的に銀行守秘義務を守ってきたので、スイスにマネーが集まってきた。タックスヘイブン（租税回避地）に設立された企業とも深く関わっているようだ。そうした性格のマネーを扱っているだけに、銀行の存在は特殊だった。

危機の火種は、劣後債《れつごさい》（AT1《エイティワン》債）という社債から発した。スイス当局が業界1位のスイス大手銀との救済合併をさせるとき、劣後債は全損扱いとしたからだ。社債の保険に相当するCDSは、その利回りが拡大したまま、高止まりする。欧州の他の銀行グループでも、高いリスク・プレミアムで頭を悩ませた。こうした信用リスクの高まりは、個別銀行の経営内容が原因というよりも、世界の投資家のリスク許容度が大幅に低下したことによるものだった。投資家がリスクを採れなくなる分、調達先はより高い利回りを提示しなくてはいけなくなる。

この事件で多くの人の脳裏をよぎるのは、リーマン・ブラザーズ破綻までの経緯だ。当時の財務長官であったヘンリー・ポールソンの回想録によれば、各国当局者とも救済交渉を重ねたが、ついにうまく折り合えずに、破綻を余儀なくされた。「大きすぎて救えない」という結末に至った。一旦破綻が起こると、インターバンクの取引はフリーズした。当初、「日本は関係ない」と言う人もいたが、貿易金融も停止したので、日本からの輸出が激減して、日本企業も大打撃を被った。一旦大手銀を破綻させると、もはや事後的に懸命に追加的信用補完をしても元には戻らない。ポールソン財務長官は、公的資金の投入には消極的だったとされる。しかし、破綻が起こってしまうと、投入する公的資金の必要額も格段に膨らんだ。

翻って、2023年3月は、各国当局者ともリーマンショックの教訓を思い出して、危機の再現を回避しようとしているはずだ。債務の損失確定=デフォルトの発生は、金融市場の参加者のリスク許容度を劇的に低下させる。危機封印のためにどこまで踏ん張れるかが問われている。

今回の局面で、リーマンショックよりも不都合なことは、欧米中銀がインフレ退治の引き締め途上であることだ。2023年3月の危機発覚直後、ECBがプラス0・50%、FRBがプラス0・25%の政策金利の引き上げを決めている。ともに、金融システムの安定化とは切り離して、インフレ退治を優先した。欧米ではインフレ率が6〜8%とまだ高い。インフレ期待が定着し、その高率インフレが継続すると恐れたのだ。

筆者は、まずは利上げを停止して、信用不安が収まってから利上げ再開という手もあったと思う。しかし、そうした選択肢は採られなかった。

信用不安の原因を考えてみると、コロナ前、インフレ前に金融機関の収益構造が脆弱化《ぜいじゃくか》していたこともある。欧州の金融グループは、リーマンショック後の投資銀行業務の不振に苦しんでいたようだ。過去、欧州の金融グループは、米金融機関を買収しながら営業基盤を米国に広げて巨大化してきた。それが裏目に出た印象もある。

欧州と言えば、コロナ前からマイナス金利だった。EU、デンマーク、スウェーデンはマイナス金利政策を採っていた。特に、スイスは2014〜2022年にかけて、一時は他国よりも大きなマイナス0・75%というマイナス金利を採用していた。日本のマイナス0・1

％よりも遥かに大きい。マイナス金利政策は、銀行収益を弱体化させていく。銀行の収益力が低下していると、金融引き締めの時期になったとき、今度は不良債権や運用の損失増に耐えられなくなる。危機の前に、危機の構造が生み出されていたと見る。

この問題が複雑なのは、インフレ基調がまだまだ根強かったことだ。労働市場では、２０２３年初めの段階でまだ賃金・物価上昇圧力が継続している。金融引き締めがインフレ圧力を鎮静化し切れないうちに、信用不安が生じてしまった。もしかすると、今後、利上げを早々に打ち止めにしなくてはいけないかもしれない。

もしも、景気が悪化しても、インフレ体質が落ち着かないと、スタグフレーションになってしまう可能性もある。２０２３年３月に信用不安が起きた状況は、まさしく「前門の虎、後門の狼」である。金融引き締めを継続すると、信用不安が助長される。金融引き締めを中断すると、インフレ圧力が強まる。如何《いかん》ともし難い状況である。

⑤植田日銀の誕生

インフレが急激に進んでいく中で、２０２３年に入ってから、日銀の金融政策が刷新されるのではないか、という期待感が高まった。岸田文雄首相が、黒田総裁の後任に、植田和男・元日銀政策委員会審議委員（在任１９９８～２００５年、元東京大学教授）を指名したからだ。2013~2023年に及ぶ黒田緩和が終了し、いよいよ超低金利が段階的に是正されるという機運が生じている。

岸田首相は、内心、安倍政権が推進したアベノミクスから決別して、自分独自の政策カラーを打ち出したがっていると筆者には感じられる。植田氏を新しい日銀総裁に据えたのも、その意向の現れだと思われる。

実際に、植田氏はその就任を前に、2023年2月24日に行われた衆議院の所信表明で、自分の政策方針を次のように説明している。「基調的な物価が2%の実現に近づいてきている。もう少し近づいてきて2%の実現が見通せる場合には、金融政策の正常化に向かって踏み出すことができる」という発言だ。これは、今後、いわゆる出口戦略=正常化の道筋を目指すことを暗に示している。そして、「持続的・安定的な2%の物価目標を達成すると、当然の帰結として大量の国債購入は止めるという判断になってくる」とも述べている。やはり、金融政策の転換を心に秘めての登板だと考えられる。

すでに、2022年末に米国も欧州も中央銀行は、政策金利を3~4%台まで引き上げてきた。特に、米国は利上げの最終着地点まで示そうとしており、インフレ退治のための金融引き締めの真っ直中《ただなか》にある。それに比べると、日銀はまだ金融緩和を止める方針をにおわすことしかできない。日銀は、周回遅れ、いや2周遅れとも感じられる。黒田前総裁は、2%

の物価上昇では足らず、必要悪として4~5%ものインフレをしばらく容認する姿勢を採ってきたようにも見える。

だが、植田総裁に代わっても、直《ただ》ちに政策修正に向けて動けるわけではない。欧米での銀行不安が波及してくる心配もある。植田総裁に自由度があるかと問われても、そこはなかなか厳しいと言わざるを得ない。それは、政策には継続性・連続性を重視する不文律があるからだ。植田総裁はまだ雁字搦《がんじがら》めなのだ。就任後少なくとも1~2年は、インフレ容認的だった黒田前総裁の流れを否応《いやおう》なく承継しなくてはいけない。

植田総裁にとっての一番のハードルは、具体的に言えば、インフレ目標だ。「安定的に消費者物価コア指数（総合指数から生鮮食品を除いた指数）の前年比が2%を上回る」ことを慎重に見極めるという条件のクリヤーだ。黒田前総裁の退任（2023年4月）の直前に当たる2023年1月のコア指数は前年比4・2%まで高まっていた。だが、それは先行き2023年度半ばにかけて2%を下回っていくという見通しなので、「安定的に2%」という判断には至らないものだった。植田総裁も、就任を前にしてほぼ同じ見通しを共有していた。この見通しは、2023年10月以降の物価上昇率が2%超に高まっていかなければ、基調的インフレ率が安定的に2%を上回ったとは言えないと条件設定しているようなものだ。

さらに、黒田前総裁は物価上昇の質的側面にも注文をつけている。賃金の上昇を伴うという条件だ。これは、植田総裁自身も認めていて、「構造的に賃金が上がっていく状況を作り上げる」ことで、物価・賃金の両方が歩調を合わせた好循環を生み出すという意味だ。

少し解説すると、インフレには、①原材料などが値上がりするコストプッシュ・インフレと、②需要本位のディマンドプル・インフレの二つがある。日本の物価上昇は、2021・2022年とも輸入物価の高騰に先導されたコストプッシュ・インフレで、必ずしもディマンドプル・インフレではなかった。この両者は、概念的には別物だが、歴史的な教訓として、コストプッシュ・インフレは次第に需要本位のディマンドプル・インフレに変わってくるという変化が起きていくこともある。植田総裁は、そうした質的転換を我慢強く待つという説明をしているのだ。

2023年初めの賃上げの機運を見ると、確かに例年にはない追い風が吹いている。大手アパレル会社が、人件費を平均15%も上げて、個別には最大4割の賃上げを行うことを表明した。自動車大手も、労働組合の要求額を満額回答で了承した。自分たちの会社は、賃上げに前向きであると早期に示すほどに、世間に対して好印象を与えられる。そんな雰囲気が、春闘の前半で広がった。労働組合の中央団体である連合の集計では、2023年の春闘は、定期昇給を含めて3・80%、ベースアップ率2・33%（3月17日集計）と高まった。

代表的な賃金統計である毎月勤労統計では、2022年の現金給与総額の前年比は、1〜

2%の伸び率で推移してきた。それが3%以上になっていけば、植田総裁が述べている構造的に賃上げが続く状況になっていく可能性もある。焦点は、例年7月以降に決まってくる中堅・中小企業の賃上げが、春先に決まった大企業の賃上げを追いかけて高い伸び率になっていくかどうかである。植田総裁が「2023年度半ばにかけて2%を上回っていくかどうか」と問題設定したことは、大企業の賃上げに中堅・中小企業の賃上げが追随してきそうかどうかを念頭に置いたものだと考えられる。

植田総裁は、長く経済学者として、国内の金融政策を含めた国際経済学を研究してきた人物である。日本のデフレ構造に関しても深く知悉《ちしつ》している。日本のデフレ構造は、90年代後半の金融危機で、本格的な賃金カットが行われて、需要削減が物価を押し下げた。さらに、当時の物価下落は、中小企業の賃金カットを誘発するスパイラル的な側面を持っていた。2000年代も、大企業をはじめとして春闘の賃上げには消極的だった。それが一時的なデフレを、その後に長く構造化させる原因となった。日本は1998年に人口ピークを迎えてからは、人口減少が高齢化とともに内需の下押し要因になった。年金生活者の増加は、家計の購買力を弱める。人口減・高齢化が需要拡大を弱めるだけに、そのカウンターパワーとして相当に力強い賃上げが必要になってくる。植田総裁にはそうした認識があるはずだ。

2022年のコストプッシュ・インフレで起こった変化の中でも、デフレ構造が色濃く表れた。中小企業は需要が弱いために価格転嫁が難しいと声を上げた。背景には、消費者の中に年金生活者が多いことがある。この消費の弱さを変えるには大胆な賃上げが不可欠だ。賃上げの裾野を広げるには、まずは大企業の賃上げが起こり、さらにそこで働く勤労者が消費を増やすことが条件になる。

賃上げは企業にとってコスト増になるが、それを価格転嫁できるようになれば、コスト増を回収して、先々の利鞘《りざや》拡大につなげていける。個々の企業のコスト増が、マクロの需要増に波及していくことが、経済全体の好循環メカニズムになる。植田総裁が目指しているのは、その好循環の復活なのだ。1990年代後半から約25年間にわたって、目詰まりしてきたパイプに水を通していくように、好循環を復活させていけば、日本経済は輸入インフレにも抵抗力を持った「強い経済」へと移行できる。

日銀の利上げが妥当と言えるも言えないも、やはり企業の価格転嫁力にかかっている。人件費と同じく金融費用も、企業財務で見れば固定費用である。人件費増を価格転嫁できるようになれば、同様に金融費用の増加も価格転嫁によって吸収できるようになる。そうした耐久性が、大企業だけでなく、中堅・中小企業にまで定着していけば、その先に本格的な金利正常化が見えてくる。

ここまで植田日銀について、かなり前向きな展望を述べ過ぎたかもしれない。現実はもっとシビアかもしれない。黒田日銀の目的は、人為的にインフレ率を引き上げるために、マイナス金利で運用環境に痛みを生み出し、金融機関が外貨投資を増やすことで為替レートを円安にすることだったと考えられる。金融機関がリスクを取って外貨投資を増やすために、国内の超低金利が何年も先まで継続するという絶望感を与えるコミットメントを打ち出した。それが「安定的に2％の物価上昇」が達成されるまで、という条件付けだ。2023年初時点でもう2％を大幅に上回っていても、それが「安定的に」かどうかを再評価しなくてはいけない。すぐに2％を割るようならば、超低金利は継続となる。実際には日銀に金利を上げさせないノルマを課したのが、「2％のインフレ目標」の背景だ。

しかし、植田日銀は強《したた》かにその制約をかいくぐろうとしている。古武道の縄抜けの技術には次のような方法がある。雁字搦めに縛り上げられても、小指や手首が動くのならば、そこを起点に可動域を広げて、それから全身の縄を抜けていく方法だ。動かせる余地を広げるというのは、植田日銀の金融政策にも通じる。

植田総裁は、「副作用の少ない手段を考えながら、手直しを行って金融緩和を続ける」と述べている。この副作用の中には、金融機関経営への悪影響や、金利実勢を無視した金利抑制策も含まれる。おそらく、長期金利水準を固定するための指値《さしね》オペ（日銀が指定する利回りで国債を買い入れる手法）は、無制限に国債を買い取ることになって、市場の需給を歪《ゆが》める手法だから、それを理由に停止していくだろう。

長期金利の変動幅の上限を低く抑える方針を変更して、その先にイールドカーブ・コントロール（YCC、長短金利操作）の修正・撤廃を実行する。ゆくゆくは、無担保コールレート（無担保で借り翌日返す場合の金利）を誘導するという政策金利のみの金利政策に切り替えていくと筆者は見ている。

筆者が、読者に伝えたいことは、いずれ長期金利が上がっていくという展望だ。2021年末は0・1％程度だった長期金利は、2022年末には0・5％程度まで上がった。それが植田日銀の下では、1・00％まで上がってもおかしくはないと見る。

こうした長期金利上昇は、政府の財政に痛手であることは間違いないが、そのインパクトは意外に小さい。財務省の試算では、「2024年以降に、プラス1％に金利が変化した場合について、国債費が2024年度プラス0・7兆円、2025年度プラス2・0兆円、2026年度プラス3・6兆円増加する」とある。これは、毎年、財務省が新たに国債を発行すると、そこで固定金利で支払っている利払費が順次累積するから、3年間でプラス1％、3・6兆円という計算になるのだ。1年間ではプラス1％で7000億円に過ぎない。仮に、長期金利の変動幅の上限を0・5％から1・0％に増やすと、3500億円の利払費の増加になる。

この間、税収は3年間で経済成長とともにやはり累積的に増加する。財務省は、名目GDPがプラス1%変化すると、3年目の税収は2・5兆円増えると試算している。長期金利プラス1%に対して、名目経済成長率がプラス1・44%以上になれば、利払費は賄える。むしろ、物価が「安定的に2%を上回る」まで日銀が短期金利の引き上げを手控えることで、税収が増えていく幅の方が大きくなるに違いない。

長期金利が植田日銀の下で上がっていくとは言っても、預貯金金利の方は上がりにくいだろう。容易に短期金利のマイナス状態を解除できないからだ。家計にとって、資産運用の「冬の時代」はまだまだ続く。

政府にとって、短期金利の引き上げは債務負担を考える上で、巨大な利払費になるから、強く警戒されるだろう。2023年度の国債発行計画では、国債の市中消化額は190兆円である。それが短期金利の引き上げによって、全体的にプラス1%の利払費の増加になれば、その金額は1・9兆円である。長期金利が短期金利以上に先々の利上げを織り込めば、利払費はもっと増える。おそらく政府はそれを容易に受け入れないだろう。

日銀もその辺の事情は重々承知しているはずだ。過去25年間で、日銀は、リーマンショック前後の2007年2月~2008年10月まで、短期金利を0・5%まで上げたことがある。おそらく、短期金利を上げるとしても、せいぜい0・5%が関の山なのだろう。植田総裁は、かつての日銀審議委員時代を振り返って、「政策金利が0・5％以下ではもはや緩和の余地は残されていなかった」と述べている。本当は、政策金利を0・5％以上に引き上げて、金融緩和のための「のり代《しろ》」を確保したいという思いがあるのだろう。しかし、そこまでの距離感は途方もなく遠い。

2. 暮らしを脅かすインフレ

①環境問題で魚が高い

生活者が「財布のひも」に最も敏感になるのは、暮らしに直結した食料品価格が上がるときである。物価安定は、「空気と水」、そして「平和」と同じように、それが存在するのが当たり前で普段は特に気に留めていなくても、一旦、それがなくなると極めて大きな苦痛を感じる。生活必需品は、節約できない消費支出であり、その価格高騰は逃げるに逃げられないからだ。

隠れた値上がり品目に、生鮮食品がある。スーパーに行けば、その入口でまず最初に目に飛び込んでくるのが、生鮮食品である。生鮮食品の価格高騰は、過去10年間では約31％の価格上昇、コロナ前の3年前と比較しても約11%上昇している。

ところが、経済の専門家と呼ばれる人たちは、この生鮮食品を除外して考えることが多い。日銀の物価目標も、「消費者物価（除く生鮮食品）」の前年比である。その理由は、季節的変動が大きいからというものだ。物価の基調を読み取るとき、攪乱《かくらん》要因になる生鮮食品は除外した方がよいという発想になる。

しかし、生鮮食品は生活者が物価高騰を実感する代表的品目のはずだ。消費支出の中でも、6・3%のウエイトを占める（食料品の消費に占めるウエイトは26・6%、2022年「家計調査」）。除外して考えると、物価の趨勢を見誤ることもある。

生鮮食品の価格基調は、2014年頃から上昇トレンドにある。長い目で捉えると、生鮮食品もまた世界市場の影響を受けて上昇している。趨勢としての物価を捉えるときは、生鮮食品を含めた総合指数でも見る必要がある。

生鮮食品は、①生鮮魚介、②生鮮果物、③生鮮肉、④生鮮野菜の四つから構成される。過去10年間の価格変化を見て、一番大きく上がっているのは、生鮮魚介である（図表1-2-1）。2012年から2022年までの10年間で、1・5倍（149・2%）も価格が上がっている。生鮮果実は37%、生鮮肉は32%とかなり上がっている。

次に、生鮮魚介で値上がりが目立つ品目が何かを見ていこう（図表1-2-2）。同じく過去

（図表1-2-1）生鮮食品の上昇

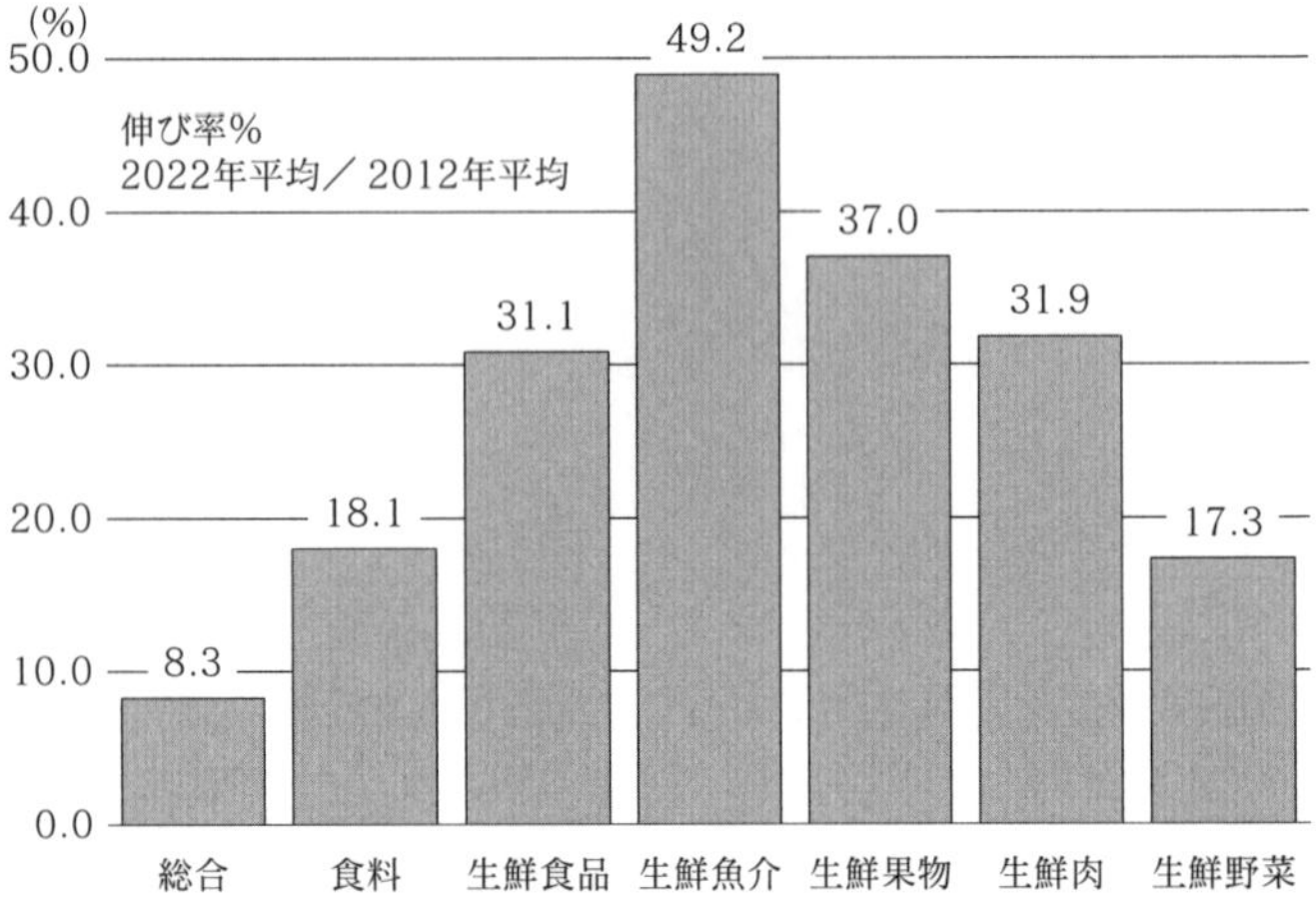

出所：総務省「消費者物価」

10年間の物価変動を、総務省「消費者物価」を使ってみたものである。1位は、さんま（上昇率135・6％）である。1位は、さんまさんまは、4年連続で不漁である。秋の味覚のさんまは、4年連続で不漁である。世界的にも不漁なことから、もはや入手困難な魚になった。絶滅危惧種ではないが、それに近い。北海道東部から三陸沖の漁場で、海水温の上昇のためにさんまがいなくなったと言われる。地球温暖化の影響がここにも現れている。このほかにも、公海上での、中国と台湾の大型漁船が乱獲しているという海外情勢が絡んでいる。

2位はいか（上昇率108・0％）、3位はいくら（同93・8％）、4位は塩さけ（同91・6％）、5位はさけ（同72・3％）、6位はししゃも（同70・0％）と続く。

（図表1-2-2）魚介類の価格高騰

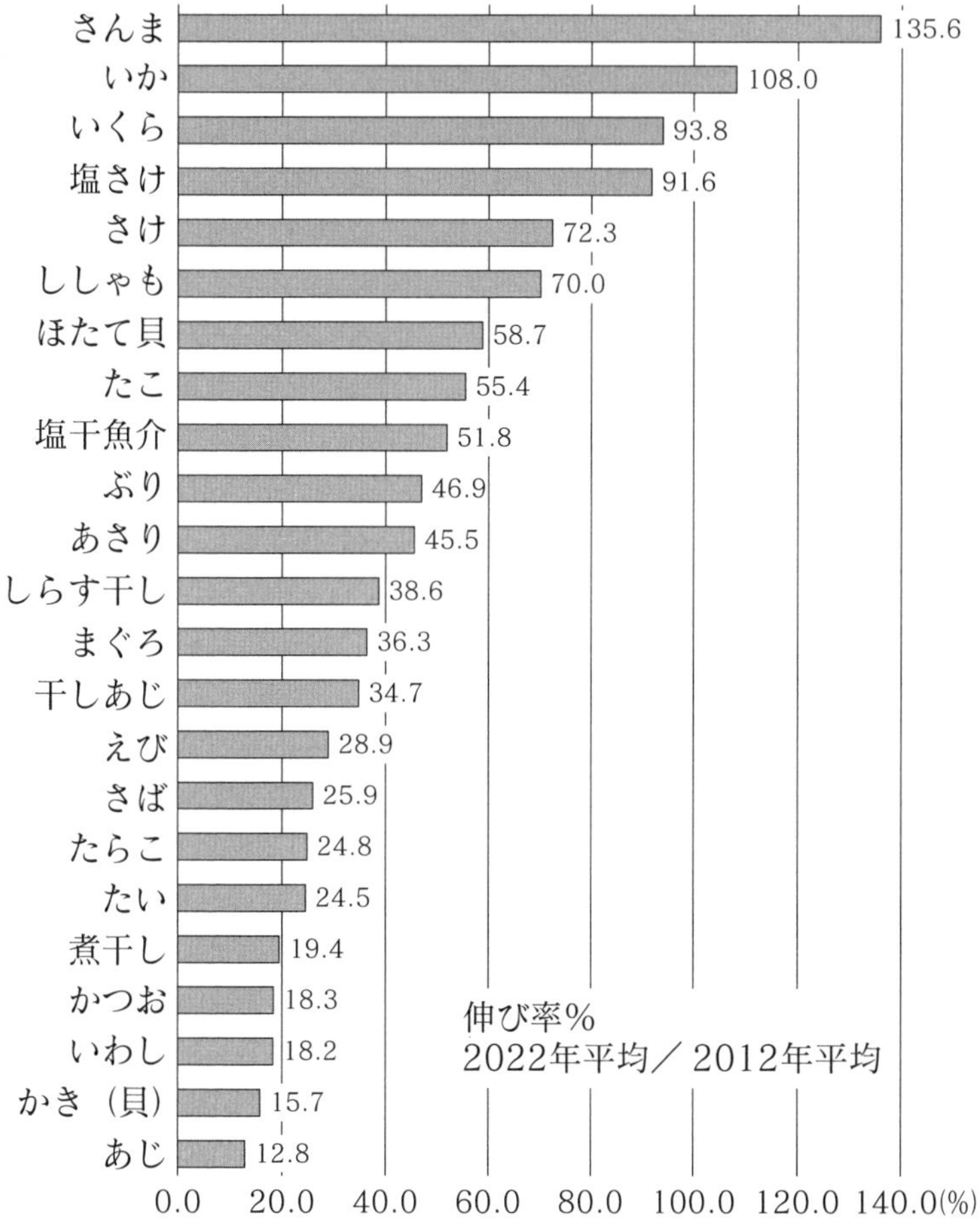

出所：総務省「消費者物価」

逆に、あまり値上がりしていない種類を探すと、いわし（18・2％）とあじ（12・8％）が10年間で見て比較的安定している。それでも10％以上は上がっている。

上昇ランキングの上位を詳しく見てみよう。2位のいかの値上がりは、さんまと同様に不漁が原因とされる。漁獲量は、2015年頃から2013年比で50～66％も減った。海水温が変化し、稚魚の生育環境が悪化したことも影響しているようだ。いか釣り船の燃料費も高騰している。

いくら、塩さけ、さけは、同じく不漁が原因だ。ロシアのウクライナ侵攻で、ロシア上空を通って空輸されるノルウェー産サーモンが空路の変更を強いられ、輸出量が激減している。代わりに、カナダ、チリなど別の産地への需要が高まった。

こうした水産資源の減少は、地球環境の異変が大きく関係している。「不漁」という表現は、何か「今年はたまたま例年よりも獲《と》れない」というニュアンスを与える。しかし、地球環境の異変が不可逆的なものであることを考えると、来年以降も漁獲量は不安定である可能性が高い。地球環境問題を甘く見てはいけない。

6位のししゃもは、アイスランドやノルウェーといった北欧の漁場で禁漁をしたため、日本に輸入されなくなったことも大きい。水産資源の保護に動く国々は、保護を優先して日本への輸出を絞ってくる。日本でも一時は国内産のししゃもは絶滅危惧種に近いとされた。レッドリストには、クロマグロやニホンウナギ（天然ウナギ）が載っている。乱獲を慎むような動きが強まることになる。

10位のぶりは、約4割が養殖である。養殖のエサは魚粉、小麦粉、大豆油粕《あぶらかす》などの粉末をペレットにしたものだ。これらも価格上昇しているから、養殖魚介の生産コストも上がる。

水産資源の不足の問題には、中国などアジアの国々が、魚を多く買い付けるようになったことも、日本にとっては不都合だ。特に、中国は所得水準が高まり、日本の事業者が「買い負ける」ことも起きている。間接的に、「買い負け」が起こっているのは、日本から輸出される水産物についての事情もある。例えばほたて貝は、日本から海外に輸出されて成功している水産品の一つだ。日本産のほたて貝は身が厚くて人気がある。海外の顧客が高く買ってくれることは、日本国内に供給するよりも、海外に輸出する方が有利という環境を作る。世界市場が巨大に膨張するほどに、相対的に日本市場が小さくなっていることが、日本が「買い負け」する原因となっている。

②なぜ梅干しが1・5倍に値上がりするのか？

食料品が値上がりすることに話題が集中すると、あらゆる食料品が値上がりしているように思える。しかし、過去10年間で見て、限られた品目ではあるが、値下がりしているものも

（図表1-2-3）「和の食品」の価格変動

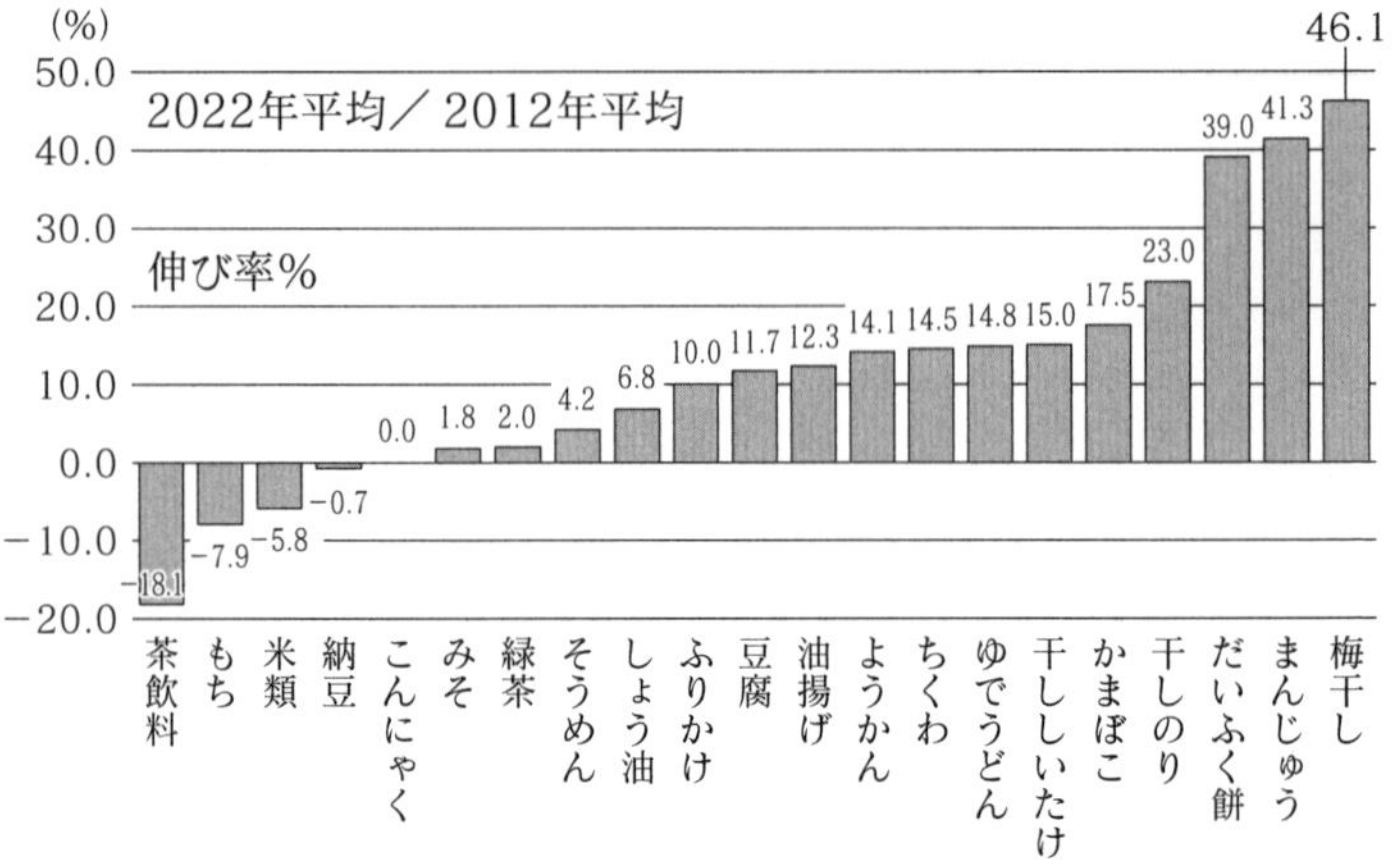

出所：総務省「消費者物価」

ある。

値下がりしている品目をリストアップして気がつくのは、それらが主に「和の食品」であることだ。茶飲料、もち、米類、納豆といった和の食材・食品で占められている（図表1-2-3）。こんにゃくは、日本でしか食用にされない食材である。反対に、世界と需要がつながっている食材は軒並み値上がりしているのだ。

「和の食品」は、人口減少、内需減退によって、値下がり圧力が生じている。日本独自で、世界に需要が広がっていかない「和」の文化は地盤沈下しているのが実情だ。これは日本文化全般に共通する傾向だ。

ジャパニーズ・アニメや、秋葉原のコスプレのカルチャーは、日本から海外に文化輸出されて、愛好者が何千万人にも広がっている。しかし、五月人形、こいのぼりや雛人形《ひなにんぎょう》はどうだろうか。東京都内には、かつて五月人形などを扱う問屋街が集積していた場所があるが、今そこはすっかり廃《すた》れている。これは、海外に需要拡大の活路を開くことを推進してこなかったために、少子化とともに産業が衰退しているのだ。ほかにも、東京都内や横浜にも30年前は駄菓子屋や花火の問屋街があった。よく「日本文化が世界で人気だ」という話を聞くが、これは誰かが率先して需要の活路を切り拓《ひら》いたから、今日の人気があるだけなのだ。米類、もち、茶、こんにゃく、納豆は、高齢化で内需が細った結果、10年間を通じて需要減＝値下がりしているのだろう。

和の食材が軒並み値下がりしている中で、意外なことに値上がりの上位ランキングに、「梅干し」という品目があることに目が留まる。梅干しは、10年間で1・46倍にまで値段が上がっている。生鮮食品以外で見たときは、1位が焼き魚（76・3％）であり、次いで梅干しが2位だ。

なぜ、梅干しが値上がりしているのかという理由を調べると、開発輸入という構造が浮かび上がってくる。日本の商社や食品メーカーは、１９９０年代から円高環境を利用して、様々な食品（野菜、果実、水産物、冷凍食品、食肉加工品など）を海外で企画・製造して、日本国内に輸入してきた。かつて、１９９０年代の円高期に価格競争に苦戦する国内事業者から「海外産の安値輸入品に押されて」という嘆きをよく聞いたものだ。この中には、海外メーカーの製品ではなく、国内メーカーが海外で企画した開発輸入品も多く含まれていた。

梅干しは、もともとは1960年代から1990年代までは台湾産が輸入されてきた。それが1990年代になって、当時、生産コストが格安だった中国へと生産拠点をシフトさせて、日本企業が開発輸入を活発に行った。中国では、甘みをつけて乾燥させた「梅干し」が昔からお菓子として普及していた。ご飯のお供として日本人が食べるのとは異なる消費スタイルだ。それでも、日本企業は中国の「梅干し」業者を利用して、日本に逆輸入をしてきた。昨今は、梅干しのシェアの50％は輸入品だとされる。2012年以降の円安局面は、一転、こうした梅干しなどの開発輸入品の仕入価格を今度は割高にしたのである。

かつては、アジアで作って日本に逆輸入してくることが、安値を武器にシェアを広げる有効な戦略となったのに、皮肉なことに、2012年以降はこの戦略が逆回転してしまっている。現在、日本の消費者が、割高になっても輸入品を買わざるを得ない理由は、円高期に供給元が国内から海外に切り替わったことが大きい。

③家電の値上がりは誰のせいか？

生活コストの値上がりを牽引するのは、食料品とエネルギーである。そのほかの分野でも、

（図表1-2-4）各種の耐久消費財の価格上昇

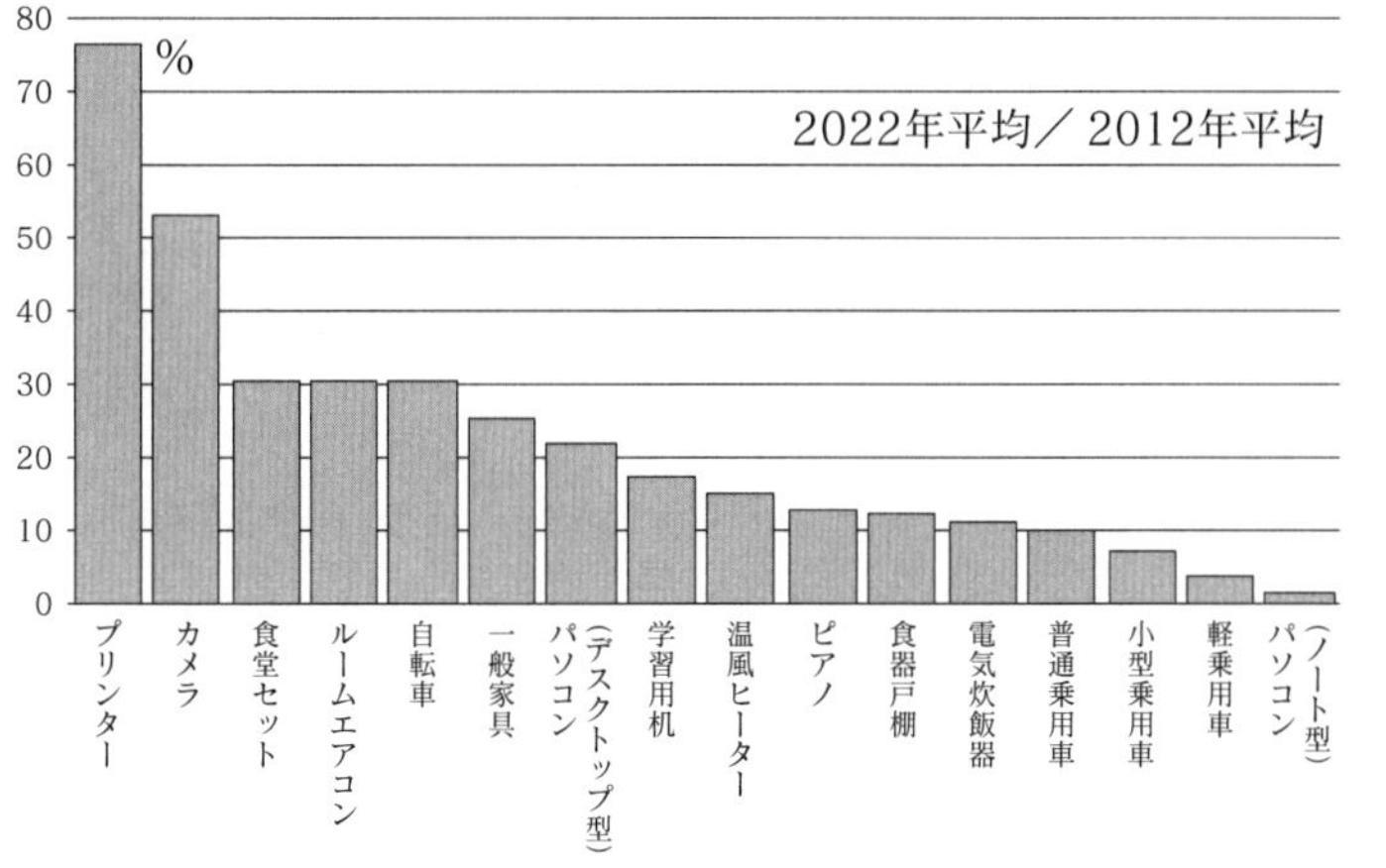

出所：総務省「消費者物価」

かなりの値上がりが起こっている品目がある。耐久消費財である。白物家電と呼ばれる冷蔵庫、洗濯機、電気炊飯器などだ。黒物と呼ばれるテレビ、パソコン、プリンターも同様に値上がりしている（図表１-２-４）。過去10年での比較で言えば、白物家電（家庭用耐久財）は10・４%の値上がり、黒物家電（教養娯楽用耐久財）は４・８%の値上がりである。

この白物と黒物を合計した家電製品（家庭用耐久財＋教養娯楽用耐久財）という項目の物価を調べて、その前年比伸び率を見てみると、興味深いことがわかる（図表１-２-５）。過去、１９８０年代から家電製品は、ほぼ一貫して値下がり傾向の品目であった。特に、デフレと呼ばれていた２００１〜２０１２年にかけては10〜20%の大幅なマイナスであっ

（図表1-2-5）家電製品の価格変動

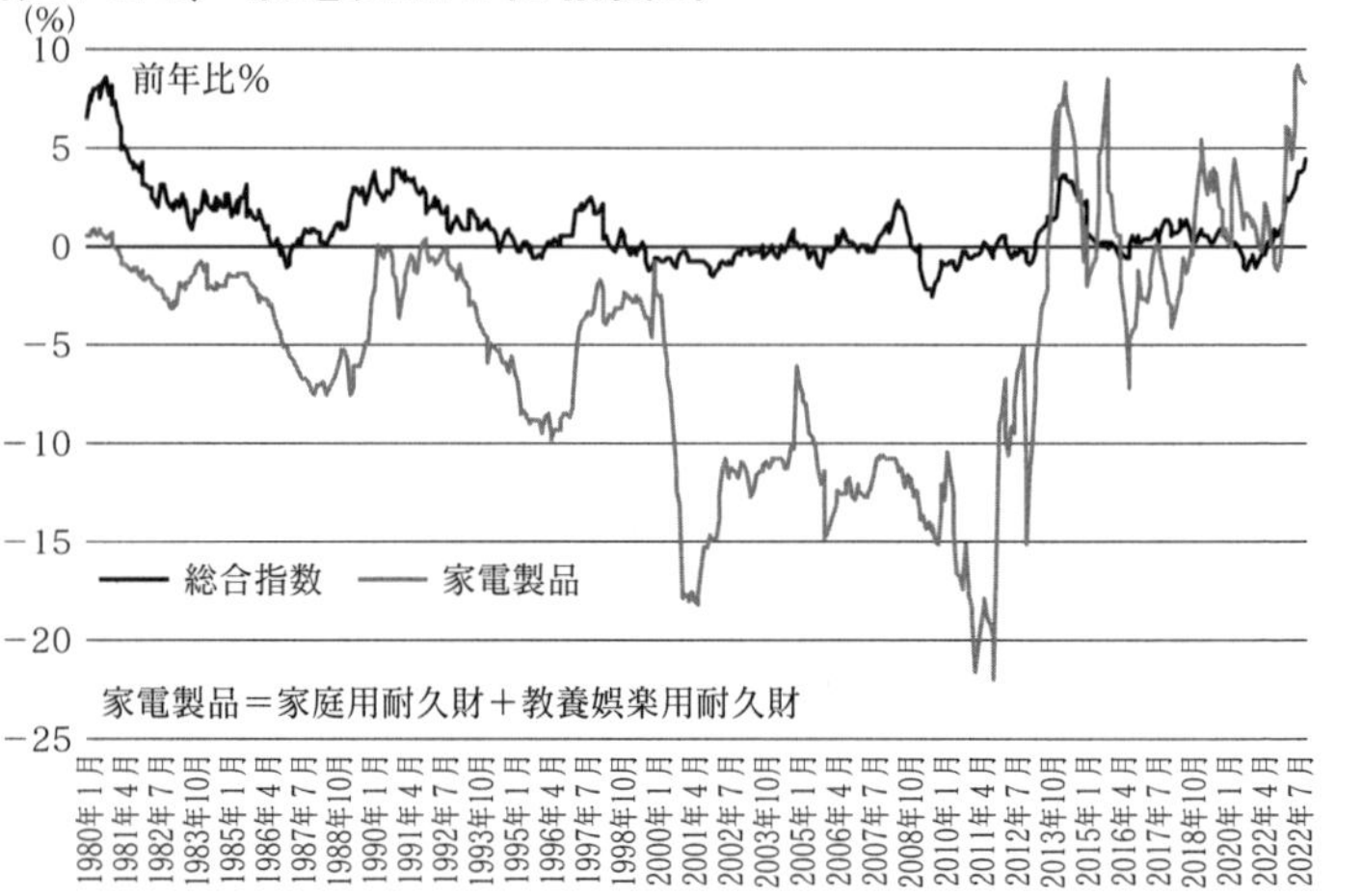

出所：総務省

た。それが２０１３年頃から一転して値上がりの方向に転じてしまっているのである。近年は、ほかの品目と同様に値上がりする品目に変わってしまった。「デフレでなくなった」ことの一因は、値下げの主役だった家電製品が、値上がりに転じたことが大きい。

以前、筆者は、この２００１〜２０１２年にかけての家電の値下がりを「デフレ」と呼んでよいかどうか迷ってきた。なぜならば、家電製品の価格が下がるのは、消費者にとって嬉《うれ》しい話だからだ。物価下落には、技術進歩によって製品価格が下がるという「良い物価下落」と、賃金下落を伴って消費者の購買力を低下させる「悪い物価下落」の二つがある。家電製品が値上がりに転じたことは、「良い物価下落」がなくなるという意味で歓迎できない。

では、なぜ、家電製品の値下がりが2013年に上昇へと転じたのだろうか。大きな理由は、家電製品のかなりの割合が輸入されていて、2012年以降の円安＝輸入価格上昇を引き起こしていることにある。これは、「梅干し」の開発輸入に似ているが、それだけではない。もっと産業全体が抱える問題が、そこには隠れている。

まず、家電製品を製造している日本の電機メーカーのことを考えてほしい。彼らは、1985年のプラザ合意以降、幾度も超円高に悩まされてきた。だから、2000年以降に門戸を開放してきた中国に生産拠点の移管を進めてきた。これは製造コスト、とりわけ人件費の安さを求めた中国進出である。その後、中国マーケットは巨大に成長し、日本の電機メーカーは消費拠点として中国を重視するようになった。しかし、想定外だったことは中国企業が競争力を高めて、逆に日本の電機メーカーが凋落《ちょうらく》していったことである。かつて白物家電で輝いていた日本メーカーには、台湾企業に買収されるところもあった。大手の総合電機メーカーで、家電部門を中国企業に売却したところもある。

日本企業は、当初は逆輸入を念頭に中国進出をしていたが、巨大化する中国市場を目当てに生産拠点を移し、成長する中国が「主」で、成長しない日本市場が「従」になった。2013年以降、為替レートが円安トレンドの方向に変わっても、日本企業は成長力の乏しい日本市場に生産拠点を戻してくるようなことはせず、日本へ輸出する選択を採った。海外生産・現地販売を重視する流れである。そうした生産拠点を海外に移すという企業の選択が、日本の消費者物価が上がっていくような構造を生み出しているのである。

④牛肉に見る内外価格差問題

輸入品の価格高騰によって、国内産の価格競争力が回復するような気もする。しかし、実際のデータを見ていくと、そう単純でないことがわかる。事例を紹介しよう。

牛肉には、和牛と輸入牛がある。和牛・ロース100グラムの価格は、807円である（2022年平均）。これに対して、輸入牛は100グラムで305円である。まだ2・6倍の価格差がある。

長年の価格変動で両者の価格差がどう変わったかを確認してみた（図表1-2-6）。輸入肉は2012〜2022年までの10年間で1・75倍も値上がりした。牛肉の輸入先は、米国とオーストラリアが半々で併せて86%（2020年）を占めている。これで10年間の価格差は、多少は埋まったが、それでもまだ2・6倍もの和牛と輸入肉の価格差が残っている。

一つの理由は、和牛の値段も上がっているからだ。国産牛の食べる飼料は、その6割（重量ベース）が輸入飼料である。和牛の価格は、円安で飼料価格が上がったこともあり、過去

（図表1-2-6）牛肉の価格変動

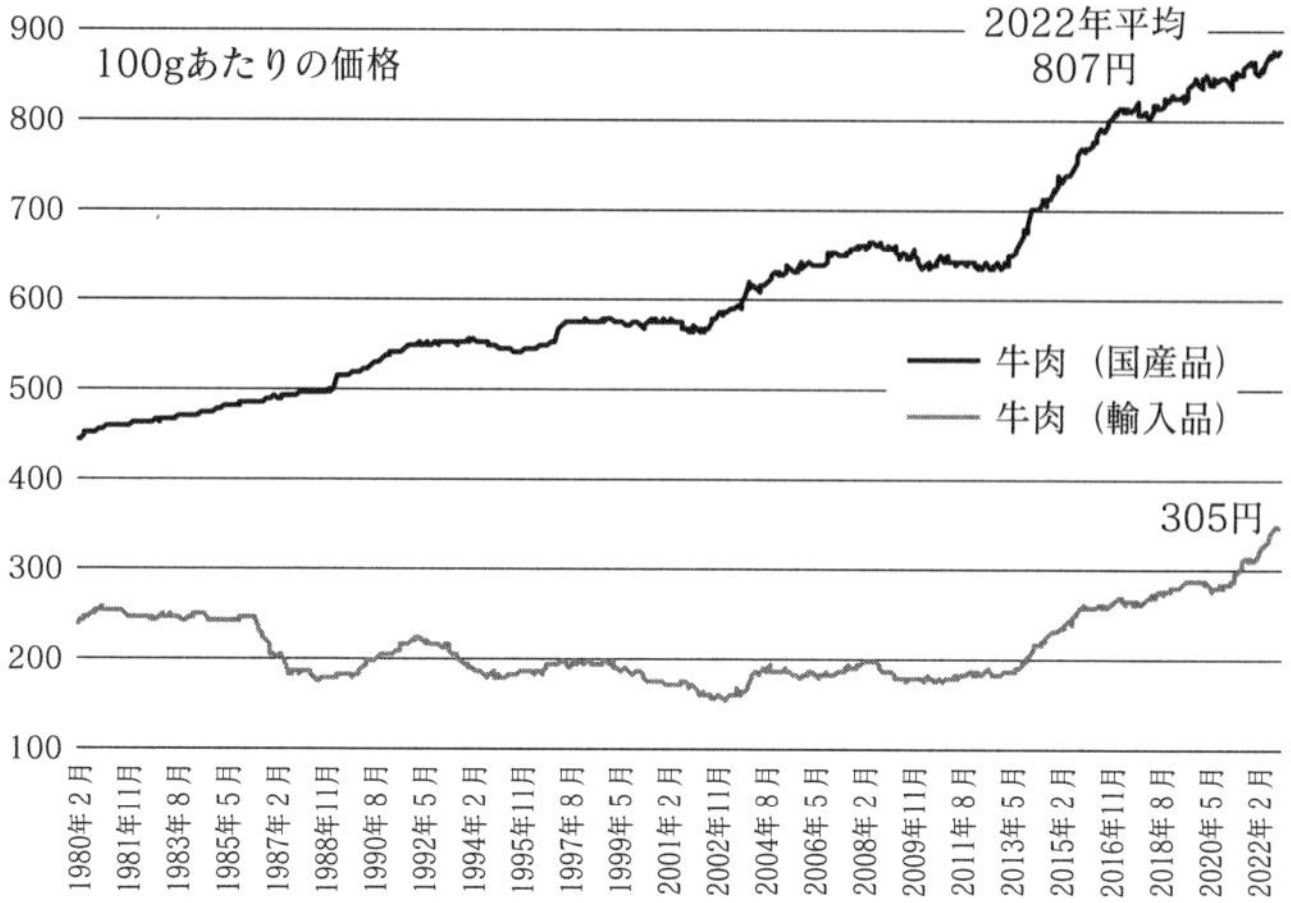

出所：総務省「小売物価統計」、「消費者物価」

10年間で１・35倍にも高騰している。過去10年間の価格差は縮小しにくかったというわけだ。

価格差は、１９８５年が１・８倍だった。それがプラザ合意以降の円高によって、１９８６～１９８８年の価格差は３倍以上にまで広がった。しかし、１９９０年初めにバブルが弾けると、高級品需要が冷え込んで、和牛は輸入品に押されていく。畜産業の生産額は、１９８５年をピークに２０００年頃まで下がり続けた。２００２年になると、和牛と輸入牛の価格差は３・６倍と最大に広がった。そこから、最近の価格差が２・６倍まで縮小したとはいえ、和牛は高級化の路線を変えられない。過去数年間で、和牛の需要を支えたのは、国内の高齢化である。家計調査を調べると、70歳以上の高齢世帯の牛肉の消費量は割に多く、しかも単価が高いことがわかった。高齢化すると、高級で柔らかい牛肉へのニーズが高まる。健康を維持するために牛肉を食べる習慣がある高齢者は少なからずいる。

それでも、大幅な価格差が依然として存在する中で、さすがに牛肉の国産回帰というのは、難しいだろう。むしろ、円安メリットを基本に考えて、輸出の利益を追求する方がよい。和牛は高品質を武器にして海外市場での販路の獲得を目指すことだ。２０１０年以降に訪日外国人が増えて、日本で和牛を食べて、その美味《おい》しさに魅了された外国人は多い。その食体験をビジネスチャンスに変えるのだ。

日本からの牛肉の輸出は、今後、ＴＰＰなど貿易連携を組んでいる域内向けに伸びるだろう。各国が設けている国内保護のための関税率が段階的に下がっていく見通しである。日本にとっては、販路拡大のチャンスがあるということだ。

すでに、和牛のうち、神戸牛・近江牛《おうみ》・松阪牛《まつさかうし》といった高級肉の産地では、輸出に力を入れている。ステーキ需要の大きな欧米向けには、サーロイン、リブロース、ヒレ肉など高級部位のニーズがある。アジア向けは、しゃぶしゃぶ用など薄い肉に人気がある。従来、日本国内のブランド牛は、東京の百貨店など大都市向けを販路にしてきた。しかし、２０２０年にコロナ禍が始まり、東京などを含めて飲食店需要は一時的に急減した。その窮地が、輸出という販路開拓に本腰を入れさせたと考えられる。

牛肉の主な輸出先は、1位がカンボジア、2位が台湾、3位が香港、4位が米国、5位がシンガポールとなっている。1位のカンボジアは、そこから中国へと再輸出される部分も多いとされる。中国の潜在需要は大きいということだ。

この中で、米国向けの輸出量はまだ伸び代が大きいとされる。食肉に関して、米国人の消費重量は、日本人の2・4倍（2018年）もある。米国の牛肉生産量は、世界の18・1％（2019年）を占めている。円安を生かすとすれば、潜在需要が大きな米国に対して、販路拡大を目指すことだろう。

⑤貿易戦争とインフレ

日本に輸入インフレが押し寄せてくる原因は、円安のほかに、海外のインフレがある。海外主要国では、2021年後半からインフレ率が上昇している。海外におけるインフレの発生は、その発端がコロナ感染だったことは先に説明した。先進国各国が大規模な財政出動と金融緩和を一斉に行った。しかし、原因はこれだけではない。もっと複雑な要因が絡んでいて、2020年のコロナ禍の発生以前から、インフレの火種はあった。その火種をつくったのは、トランプ大統領が仕掛けた米中貿易戦争である。2017年に就任したトランプ大統領（任期2021年1月まで）は、2018年3月から中国からの輸入品に制裁関税をかけ始めた。米国の貿易赤字は、中国に一方的に責任があると、懲罰的な最大25％の関税率の追加的な引き上げを行ったのである。関税率を追加的に25％も引き上げると、米国の物価に対してはコスト高になる。自由貿易は、世界中で最も安い生産コストで製造できる国から安く買うという原則なので、インフレを起こしにくい作用を持つ。トランプ前大統領の方針は、日本やEUにも追加関税をかけて、反グローバリズム、アンチ・ビジネス的であったと見ることもできる。

過去、歴代米大統領は、原則として自由貿易を推進した。自由貿易は、世界中で一番安いところから輸入するという方針だ。そこには競争原理が働き、消費者は恩恵としてより安価に貿易財を買えた。経済学では、アダム・スミスやデヴィッド・リカードが築いた枠組みに沿って、自由貿易の恩恵を唱える。この枠組みは、貿易相手国の双方で恩恵を享受できるメリットを説いたが、トランプ大統領はあからさまにその原則を否定しにかかった。

対中国の強硬策は、その象徴だったように思える。はじめは貿易赤字を問題視していたが、だんだんと焦点は中国の技術移転や安全保障上の危険性へと移っていく。経済安全保障という方針もその延長線上にある。

不幸なことに、トランプ路線に批判的だったはずのバイデン大統領（任期2021〜20

25年1月）もまた、このアンチ・ビジネスの路線を踏襲する。いや、民主党政権はさらに強硬さを増した感さえある。

一連の対中強硬策の中で、物価高に響いたのは、半導体に関する中国締め出し策だった。2020年12月に米国は、輸出管理規制（EAR）を使い、米企業のサプライチェーンから中国企業を排除した。携帯電話大手のファーウェイが排除されたことは有名である。もう一つ、中国の半導体受託生産企業（ファウンドリー）のSMIC（中芯国際集成電路製造）への事実上の取引禁止措置も大きかった。半導体のサプライチェーンの中で組み立てを担っているのが、ファウンドリーである。世界の半導体生産の9割を、台湾・韓国・中国の三つのファウンドリーが占めていた。その分業体制からSMICを排除したことは、今までSMICと取引をしていた米企業が一斉に台湾・韓国のファウンドリーにシフトすることを強いるものになった。半導体生産は停滞し、世界中で半導体不足が起こった。

タイミングが悪いのは、それがコロナ禍が峠を越えて、世界的な生産回復の時期にあったことだ。IT需要は、コロナ禍でのEC取引を増やし、働き方がテレワークに移行したことで、急激に高まった。PC生産が増えて、クラウドサービスの事業者は、データセンターを拡充する。スマホは5G対応へのシフトが進む。これで、半導体需要が高まり、片方で半導体供給が滞った。極端な需要増・品不足がインフレを助長した。

半導体不足がより厳しかったのは、自動車業界である。コロナ禍の当初は、自動車生産が減ると予想して、車載用半導体の生産計画を減らすことをファウンドリーに通告していた。それが2020年後半から需要が回復する。ファウンドリーは、急遽《きゅうきょ》の増産計画への見直しに対応できず、車載用半導体の生産を後回しにした。そのため、新車の納品は大幅に遅れる。代わりに、中古車の価格が上昇する。米国の消費者物価では、中古車価格の上昇が目立つようになった。

半導体の用途は幅広い。スマホなどの通信機器、家電製品、工作機械などは半導体不足で、供給が滞った。2022年は、日本でも家電量販店に行くと、まず欲しい製品が「入荷待ち」かどうかを確認しなくてはいけなかった。供給不足である。店舗に行けば製品をすぐに入手できるという以前の常識は変わった。それは、世界的に電気機械分野で、需給バランスが崩れて、インフレ傾向になっていることの証左であった。

⑥ロシア発のエネルギー危機

インフレ傾向に輪をかけたのは、2022年2月24日に開始されたロシアによるウクライナ侵攻である。米国をはじめ、各国は対ロシア制裁に動き、ロシア経済を封じ込めるように行動する。これも、インフレ傾向を決定的にするものだった。

対ロシア制裁は、ロシアの主要輸出品である資源輸出を制限することを狙っている。産油国と言えば、中東を思い出す人は多いだろうが、一次エネルギーの世界一の輸出国はロシアなのだ（図表1-2-7）。一次エネルギーとは、石油に石炭、天然ガスを加えたものだ。対ロシア制裁は、ロシアが資源輸出で稼ぐことをできなくし、その経済力を完全に殺《そ》ぐことを目的としている。

しかし、逆に世界一の一次エネルギー輸出国を排除するのだから、世界の需給バランスは崩れて、原油高騰を招く。日米欧は、そうした犠牲を承知で、対ロシア制裁に踏み切った。原油価格は、ウクライナ侵攻後に1バレル（159リットル）が一時120ドルを超えた。

おそらく、今後、ウクライナとロシアが停戦合意を決めたとしても、対ロシア制裁は長期間にわたって継続されるだろう。ロシアの経済規模は、日本のちょうど1／3の1・78兆ドル（2021年）である。カナダや韓国よりも小さい。だから、その経済力をもっと低下させることで、近隣諸国への侵攻ができないくらいまでロシアの国力を低下させようというのが、米欧の狙いである。

世界の貿易取引からロシアを外していこうとすると、エネルギーだけではなく、レアメタル・レアアース、小麦など穀物の需給バランスを崩すことにもなる。ロシアでは、白金、パラジウム、ニッケルや半導体製造用のネオンガスなど、工業生産で使用される資源が多く産

(図表1-2-7) 一次エネルギーの純輸出入

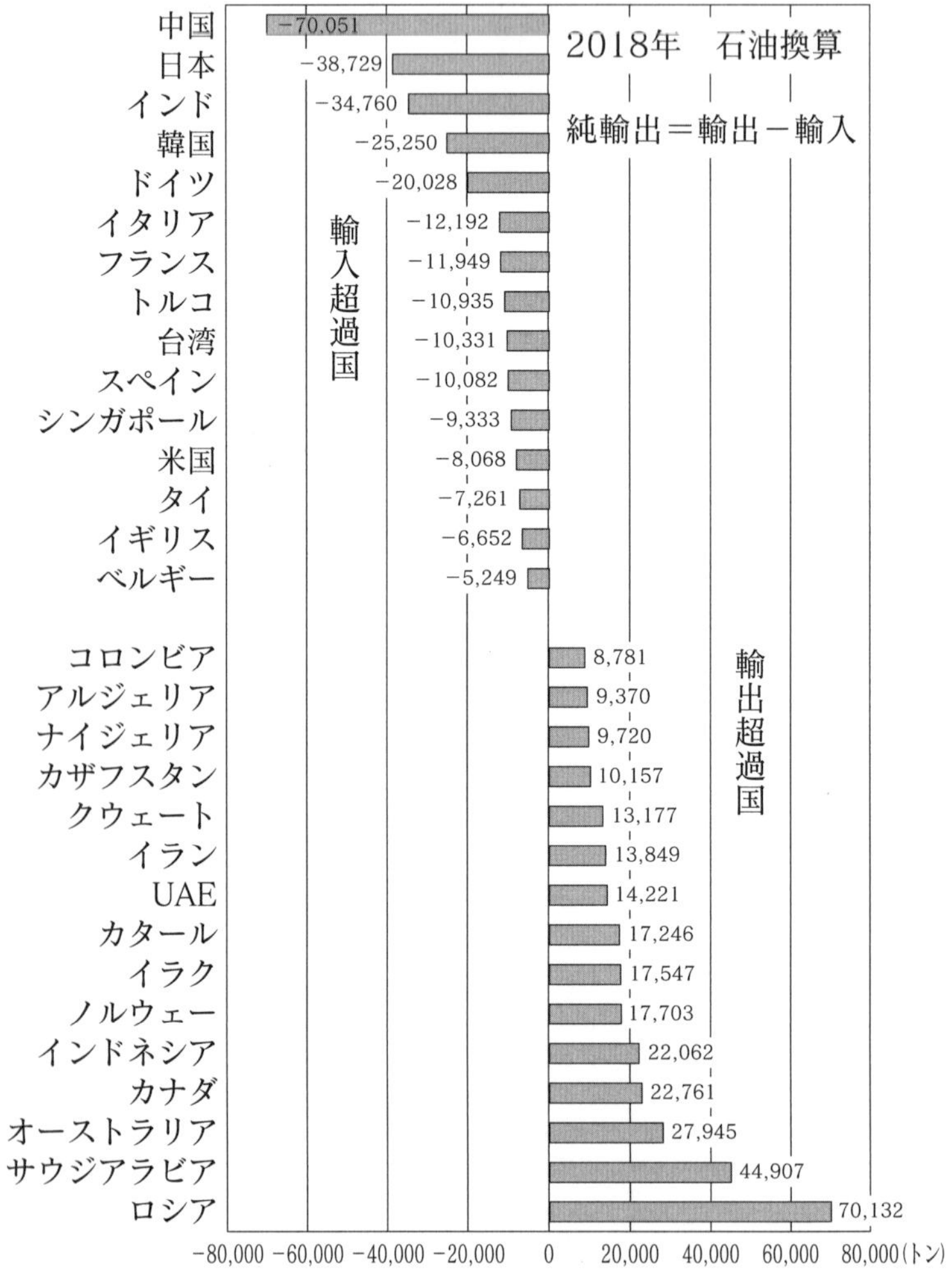

出所：「World Energy Statistics and Balances」

出される。穀物では、小麦、大麦、てんさいはロシア産が多い。小麦輸出では、ウクライナが世界第5位、ロシアは世界第1位である。ウクライナ侵攻では、ロシアが黒海を封鎖したため、ウクライナの小麦輸出ができなくなり、小麦市況が高騰した。ウクライナは穀倉地帯を持ち、とうもろこし、大豆の有数の輸出国でもある。

日本でも、小麦価格の上昇が2022年初めに話題になった。小麦粉のほか、パン、麺類、カレー粉、餃子《ギョーザ》の皮、まんじゅう、ビスケットなど食料品に占める小麦関連のものは多く、それが食料品価格を押し上げた。国際商品市況は、小麦が上がると、それに同調して大豆、とうもろこしの市況も上がる。

輸入品のコスト高には、ほかにもウクライナ侵攻要因が絡んでいる。各国がロシア制裁に動いたことで、ロシアに向かう輸送船では、禁輸品目が紛れ込んでいないかを積み荷検査で調べる。これが、作業負荷の増加を招き、人件費高騰の要因になっている。物流コストは、コンテナ不足や港湾労働者の不足、そして燃料費の高騰などが相まって、ウクライナ侵攻を機にさらに上昇した。

エネルギー価格を抑えたいのならば、原油の増産をすればよいという考え方もある。しかし、OPEC（石油輸出国機構）などの産油国は、自国の利益のために原油高を望み、先進国の増産要請にはなかなか応じなかった。毎月1回のOPECプラスの会合では、2021

年初めから大幅な増産には消極的な姿勢を採っている。米国の利上げで世界経済が減速することが予想されていて、その手前で大幅増産すれば、原油価格がより大きく下落して、自分たちの利益を損なうおそれがあると警戒するからだ。さらに、産油国は数年先には脱炭素化によって、化石燃料の需要が長期的な下落に転じることを懸念している。将来的に原油を買わなくなるであろう先進国の増産要請に同調する気持ちになれないというのは無理もないことだ。

日米欧が、対ロシアの封じ込めのための長期的方針として念頭に置いているのは、脱炭素化である。パリ協定に基づき、２０５０年に実質的に温室効果ガスの排出量をゼロ（カーボンニュートラル）にし、２０３０年には半減を目指す。ロシアは、世界第4位のCO_2排出量の国である（２０２１年、ＢＰ《ビーピー》統計）。２０１９年にパリ協定に批准しているが、各国の中で最も脱炭素化に消極的な国に見える。欧米は、すでに計画している脱炭素化を加速させることが、ロシアのエネルギー輸出を減らし、ロシアの経済力を奪うことになると考えている。

脱炭素化の不都合な事実としては、それがどうしてもコスト高を招くことだ。CO_2排出量が多い電力、鉄鋼など素材産業、自動車産業では、新しい脱炭素化の技術を採用すると、今まで以上にコストがかかる。再生エネルギーの普及が、電気代を上げるという説明はわかりやすい。

結局、地球環境問題という「外部不経済」（社会的コスト）によって、農産物価格が上昇したり、災害が多発して防災コストが上がるのに対して、私たちは脱炭素化を推進しなくてはならなくなった。このことは、やはり経済活動にとってはコストアップにつながる。「外部不経済」対策（社会的コストの対策コスト）もまたインフレ要因になる点で、私たちは二重のコストを支払わなくてはいけなくなっている。

脱炭素化がインフレ要因になるという実例は、２０２１年春に起こった銅価格の高騰だろう。銅の国際商品市況が上がったとき、ＥＶ車は銅の使用量が1台80キログラムになり、普通のガソリン車の4倍になると言われた。自動車の電動化によって「銅が新しい石油になる」とも語られた。そうしたＥＶ車へのシフトの予想は、加速度的に銅需要を増やすという連想を生み出し、銅の市況を上げることになった。

銅以外にも、素材需要が高まるものが現れた。アルミだ。自動車を軽量化しようとすると、アルミ需要は高まる。ほかにも、バッテリーの需要増は、コバルト、ニッケル、リチウムの使用量の増加につながる。

供給サイドでは、そうした希少金属は、ロシア産のシェアが高かったりする。中国資本も、積極的にアフリカ進出を行い、鉱山を押さえにかかっている。そうした資源の奪い合いもインフレの種だ。

世界では、米国が主導して、中国とロシアを貿易取引やサプライチェーンから外そうとしていることが、半導体やエネルギー、各種資源の高騰する遠因になっている。こうした外交姿勢が続く間は、かつて、自由貿易を通じてコストを割安にしていた流れには戻らない。経済安全保障がある程度必要だとしても、その路線を過剰なまでに強化することは、代償として「供給インフレ」を招いてしまうのだ。

3．日本政府の物価対策の限界

①選挙という動機

物価上昇が、国民の不安として急浮上したのは、2022年初めからである。当初は、原油高に対する反応だった。経済産業省は、ガソリンの高騰に注目して、それが1リットル170円以上にならないように工夫した。ガソリンが値上がりしないように、供給元である石油元売り会社に、コストの補填金《ほてんきん》を渡して、値上がり分を価格転嫁しないように手当てした。「石油元売り会社」とは、原油を輸入してそれを精製し、さらにガソリンに加工する事業者である。それから、特約店・給油所・灯油販売店に販売する会社でもある。過去十数社あった石油会社は、合併統合を繰り返して、現在は3社になった。そこが卸売りするガソリンが小売価格1リットル170円を超えないように固定して、コスト分を政府に申請して赤字にならないように手当てしているわけだ。

この補助は、2022年1月27日に開始された当初、最大5円の幅だった。ところが、原油コストはあっという間に上昇し、5円は25円、35円と拡大していく。最初の期限は3月末だったが、随時延長される。ウクライナ侵攻が始まったことで、経済産業省は止めるに止められなくなった。

この仕組みの呼称は、当初、燃料油価格激変緩和措置だった。その名称から察すると、一時的な痛み止めのつもりだったのだろう。しかし、原油高騰が激しくなったことで、一時的では終わらず、価格維持政策に変わる。2023年9月末まで累計6兆円もの税金投入が行われる予定である。足抜けできなくなった様子がわかる。

私たちも日常で「とりあえず」と先のことは考えずに始めて、止められなくなることはよくあることだ。政府も全知全能からは程遠く、その「とりあえず」の罠《わな》に陥った。物価高は、時間が経過すると、原油などに止《とど》まらずに、電気代・ガス代や食料品、日用品に広がった。燎原《りょうげん》の火のごとく、とはこのことだ。

政府は4月26日に「原油価格・物価高騰等総合緊急対策」を打ち出す。その物価対策で目を引く第一弾は、低所得者向けの対策だ。子育て世帯のうち、低所得世帯に児童一人当たり5万円を給付する。住民税非課税世帯にも、2022年度に新たに対象になった人に、2021年度に配った金額と同じ10万円を配ることにした。

岸田政権は、2021年11月に「コロナ克服・新時代開拓のための経済対策」と銘打って財政支出55・7兆円もの対策を打っている。物価対策の僅か5か月前のことである。ここでは、今までのコロナ対策とは変わり、今度は物価対策という名目で1600万世帯に10万円を配っている。テーマは「コロナ対策」から「物価対策」に変わっても、同じように10万円を配る対応は変わらなかった。

振り返って、給付金配布に向けて堰《せき》を切ったのは、安倍政権下での2020年5月の全国民への一律10万円の特別定額給付金だったのだろう。このとき、所得制限はなかった。未曽有の危機だから、国民一人ずつにお見舞金を渡すことが正当化された。当時、安倍政権下で政調会長として党内の意見の取りまとめに当たった岸田首相は、その手前で新型コロナウイルス等の影響で収入が大きく減少した世帯を対象に1世帯30万円で調整していたが、連立与党内からの意見にひっくり返されて国民一人当たり一律10万円になった。その負い目もあって、給付金に人一倍熱心になった可能性はある。

その後も給付金配布は、対象者を住民税非課税世帯に絞って行われる。2022年9月の物価対策の第二弾では、住民税非課税世帯に1世帯5万円を追加給付することを決めた。2021年7月の参議院選挙では野党のばらまきを批判していたはずの与党が、選挙後は給付金重視に方針を変えた。政府は、2020年にコロナ禍が始まって、たがが外れたように、何かと給付金を配ることが習慣づいてしまった。

住民税非課税世帯は、「住民税を課税されない低所得層」というイメージがあるが、実質はその72・5%が65歳以上の世帯となる。勤労者世帯の場合は、年収制限が100万円以下と厳しい。高齢者は、夫婦二人（配偶者を扶養している場合）で年収211万円以下と制限は緩い。高齢者ではないワーキングプアの人は住民税非課税世帯の恩恵に与れない。

より本質的な問題は、高齢者が本当には優遇されていないという点だ。2022年4月〜2023年3月の公的年金の受給金額は、前年比0・4%ほど削減されている。これは、マクロ経済スライド制で2021年の賃金が減少したことを受けたものだ。勤労者の待遇が悪くなるから、それに合わせて年金生活者も待遇を切り下げるという発想だ。

なぜ、政府が給付金を支給するのかについては、年金生活者が制度に不満を訴えないようにするためだと考えられる。2004年に改定された実質年金カットの枠組みを今さら変えたくない。歴代内閣は、年金不安で何度も窮地に陥っている。それを避けたいという思惑もある。

2023年度は、年金の物価・賃金スライド制が適用されて、2022年の消費者物価が2・5%のプラスになったのに対して、68歳以上の年金受給者は1・9%の年金増加が決まった(65～67歳は2・2%)。相対的に0・6%ほどの「割り負け」での支給である。筆者は、年金のマクロ経済スライド制を1年遅れではなく、半年遅れにすれば痛みは少なくなると考える。

また、もう一方で筆者はマクロ経済スライド制も見直した方がよいと考えている。しかし、一度作った枠組みは、既得権益のように堅持される。漸進的に制度を見直そうという発想をせず、痛み止め的に財政出動で対応する。大仕事は避けておいて、「とりあえず」が長期化する発想とも根っこではつながっている。「国民のために働く内閣」であってほしいものだ。

②有効な物価対策を考える

日本を襲うインフレには特徴がある。食料品とエネルギーの二つの値上がりが目立つことだ。2022年6～12月の消費者物価を例にとると、約8割の上昇要因はその二つだ。食料品の寄与度は4～6割、エネルギーの寄与度は2～4割である。

石油元売りへの補助金は、ガソリン・軽油・灯油・重油の4油種の値上がりを抑制する。これは、家計消費の8%に相当する。確かに、自家用車を多用する地方ではガソリン消費量は多い。灯油は、北海道・東北・北陸地域で、主に高齢者世帯の消費量が多い。

もっとエネルギーで大きいのは、電気代・ガス代である。この二つで家計消費の6・2%のウエイトがある（「家計調査」2022年）。企業にとっても電気代は負担が大きい。政府は、2023年1〜9月には電気代・都市ガス代を2割削減する経済対策を実施している。

電力会社の懐事情を察すると、2022年は値下げどころか、値上げをこれ以上はできなくなった。仮に、電力会社に値下げを無理強いすれば、経営が赤字で脅かされることになる。

もう少し長い目で見ると、電力会社の高コスト化は、2011年の東日本大震災が遠因になっている。原発を止めて、火力発電への依存度を高めてしまったところに、円安が襲ってきた。原子力規制委員会が許可をしても、原発稼働に地元の自治体が反対することも多い。岸田首相は、2022年7月、9基の原発を再稼働する方針を示したが、仮に、全国商業用原発33基がすべて稼働すれば、いくらか高い電気料金の水準は是正される余地が生じてくるのではないか（2023年3月時点の稼働中は7基）。

政府は、2022年9月に追加的物価対策（第一弾は2022年4月）を打ち出して、小麦価格を10月に据え置くことを決めた。こちらは、食料品価格の抑制に効果がある。同じ年の4月には、政府が製粉会社に売り渡す小麦価格を一気に17・3%も引き上げた。それが2022年4〜9月にパンや麺類、餃子、カレー、調理食品の値上がりに波及した。

筆者自身も、輸入物価の動向から、政府の小麦の売渡価格を推測してみた。すると、2022年4月には3割以上の値上がりになる計算だった。だから、4月に政府が小麦の売渡価格を17・3％の値上げに止めたことは、物価高騰への配慮が感じられる。その後、2022年10月は売渡価格を据え置き、2023年4月は5・8％と、人為的な押し下げを継続している。

もっとも、石油元売りや政府買入小麦への税金投入は、投入資金が膨らむので、いつまでも継続できない性質のものだ。物価上昇を税金で肩代わりすることは、その分、隠れた財政負担が大きくなり、永久には続けられなくなるというジレンマが生じる。

エネルギーと食糧のコスト増は、輸入インフレのせいである。GDP統計に基づいて、2022年の輸入デフレーターがどのくらい対前年比で増えたのかを計算すると、プラス11・8兆円であった。日本全体で考えると、このプラス11・8兆円が川上から川中、川下へと価格転嫁される。原材料を輸入する企業から、材料を加工する製造業、卸売・小売、そして、最終的にそれを購入する消費者が、価格の上乗せを受け入れることになる。

③電気料金を引き下げる荒技

2022年の物価高騰で目立って上がったのは、電気代である。2022年は1月から12

(図表1-3-1) 電気代の推移

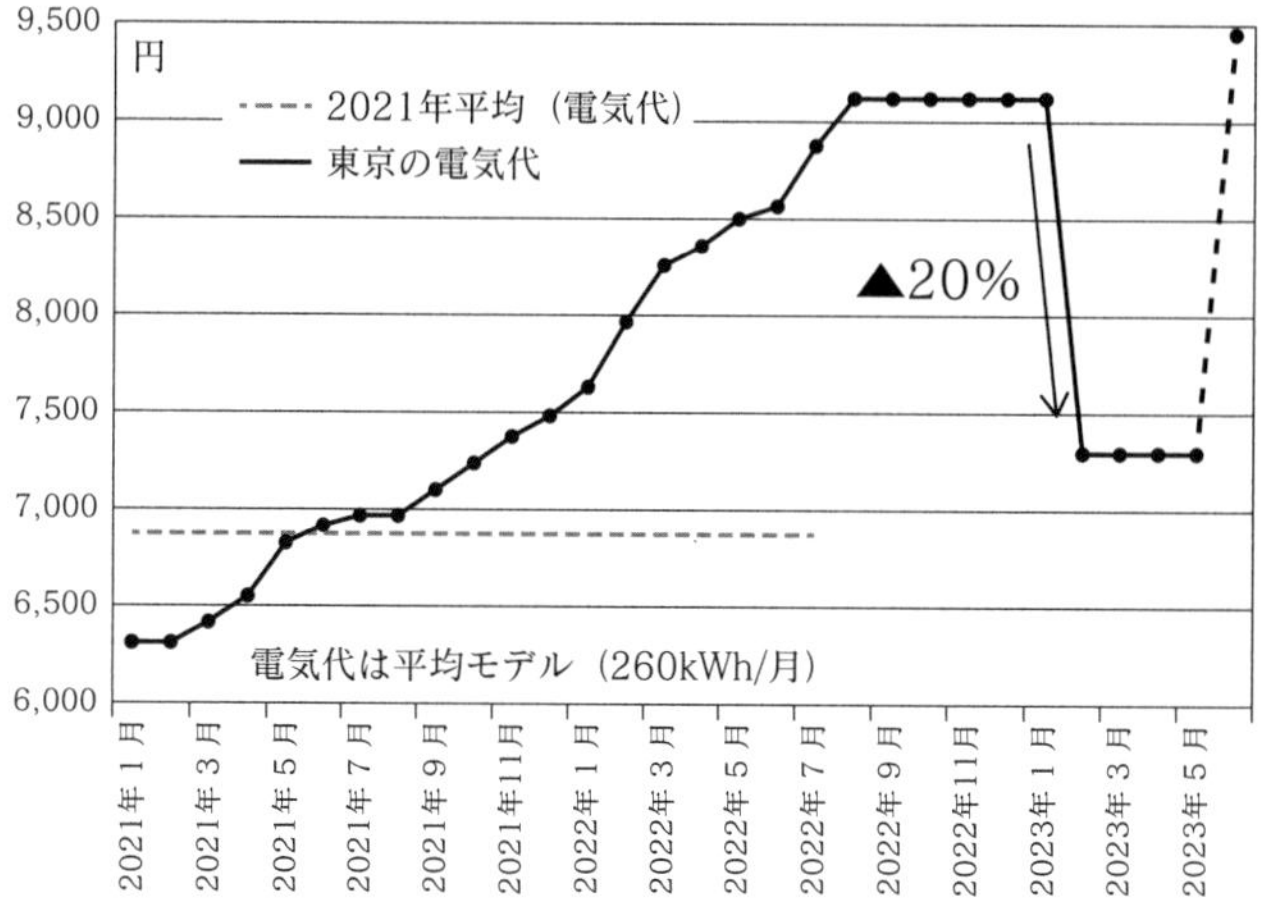

出所：東京電力のホームページ

月にかけて約20％も上がった。東京都の場合の平均モデルで調べると、1〜9月まで燃料コストの高騰で上がり続け、とうとう10月には基準燃料価格の1・5倍という上限に達した（図表1−3−1）。

政府は、電気料金と都市ガス料金の値上がりを緩和しようとして、2022年9月に発表した経済対策では、2023年1月から9月にかけて補助金を支給するかたちで電力・ガス会社に20％の料金引き下げを打ち出した。ところが、電力会社は2023年4月以降の料金改定で従来の約30％の値上げを相次いで申請した。全国10社の電力会社のうち5社が4月に値上げ申請をして、2社が6月に値上げ申請をする。10社のうち残りの値上げをしない3社中の2社は、すでに原発を動かしている会社だ。さすがに岸田政権は、4月の申請の受け入れには「待った」をかけている。

電力会社の値上げ申請は、政府にとって、補助金で料金を引き下げる従来の価格維持政策の限界を感じさせるものだった。筆者は、一般会計・税収からの支出を使わずに、何とか電気代・ガス代を引き下げる方法はないものだろうかと考えてきた。

一つのアイデアは、外貨の含み益を利用することだ。この外貨の含み益は、政府が保有する外為特別会計に蓄積されている資金から得られるものだ。日本政府の持ち分は、外貨準備高という。国が対外債務の支払いなどに充てるために準備している外貨保有分だ。2022年8月末には1・29兆ドルに達する。正確な取得レートはわからないが、1992〜2022年の為替介入資金の平均取得レートを計算すると、1ドル102・3円であった。仮に、その平均レートで、1ドル130円での含み益を計算すると、36兆円の含み益が存在すると試算される。

この外貨準備の増減は、為替介入によって動くことが知られている。2001〜2004年の介入額は48・5兆円、2010・2011年の介入額は12・9兆円（取得レート79・2円／ドル）であった。円高に歯止めをかけるためのドル買い・円売り介入をすると、政府の外貨保有は増える。逆に、2022年9・10月のような円安に歯止めをかける介入では、実績値として9・19兆円のドルを売っている。そのときに得られた実現益は2・9兆円近くになると予想できる。この実現益は、税外収入ということで、補正予算の財源に回った模様である。外貨準備の含み益の大きさを感じさせた。

しかし、難点はドル売り介入をしなければ、実現益は使えないという点だ。そのため電気料金を引き下げるために用いることはできないように思われる。何とかこの含み益を利用して、電気代とガス代を安くする方法はないものだろうか。

例えば、いつも輸入をしてドルで支払いをしている電力会社に、必要な外貨を貸し付ける。輸入している原油・天然ガス・石炭など資源輸入に充てている資金に外貨準備のドルを使う。

その方法は、外貨準備を国際協力銀行を通じて、電力会社に貸し付け、その返済資金は円で行うこととする。その円の換算レートは、政府が外貨を取得したときのレート（簿価）とする。そうすると、差益が電力会社に還元されて、電気料金を引き下げることができる。日本の1年間の鉱物性燃料の輸入額は33・5兆円である（2022年「貿易統計」）。これを外貨準備からの貸付で賄うだけで、輸入コストは22％引き下げられると試算できる。電気代も同様に引き下げることが可能である。

この方法であれば、ドルと円の取引には直接的な影響を与えない。強いて言えば、電力会社などが輸入のために行っている外貨調達が減少するので、ドル買い・円売りの圧力が弱まる。円安圧力が弱まるのだ。

ただし、この方法には欠点がある。企業や消費者がエネルギーを安く買うことは脱炭素化にも逆行するおそれがあるからだ。その弊害をなくすためには、一定期間だけ電気・ガス、石油製品の値下げを行っている間に、ＥＶ化や脱炭素化を進めて、省エネ体制をつくり、脱炭素化促進策を同時に推進する必要がある。

そのためには、政府は実現された為替差益の一部（プラス5〜10％のプレミアム・レート分）を財源にして、脱炭素化を同時に進めるという手法を採るのが良い。筆者は、エネルギー価格の引き下げを期限付きで行い、その期限のうちに別途、脱炭素化を促進することが中長期的な国家戦略として適切と考える。

④日銀の金融緩和と円安

もしも、物価高騰を是正するとすれば、財政支援よりも金融政策を見直す方が遥かに大きな効果を発揮できる。過去、日銀が政策金利を極力低くすることでデフレ対策を行っていたことは、今さら、説明する必要がない。ここで言いたいのは、その超低金利政策が、為替にも大きく影響して、円安圧力を生み出してきたことだ。つまり、円安バイアスの作用である。「バイアス」とは、偏り、先入観という意味だが、ここでは円安方向に偏らせる作用のことを円安バイアスと呼ぶ。日銀が低金利を強調すればするほど、国内の投資資金は、ずっと上が

（図表1-3-2）米長期金利とドル円レートの推移

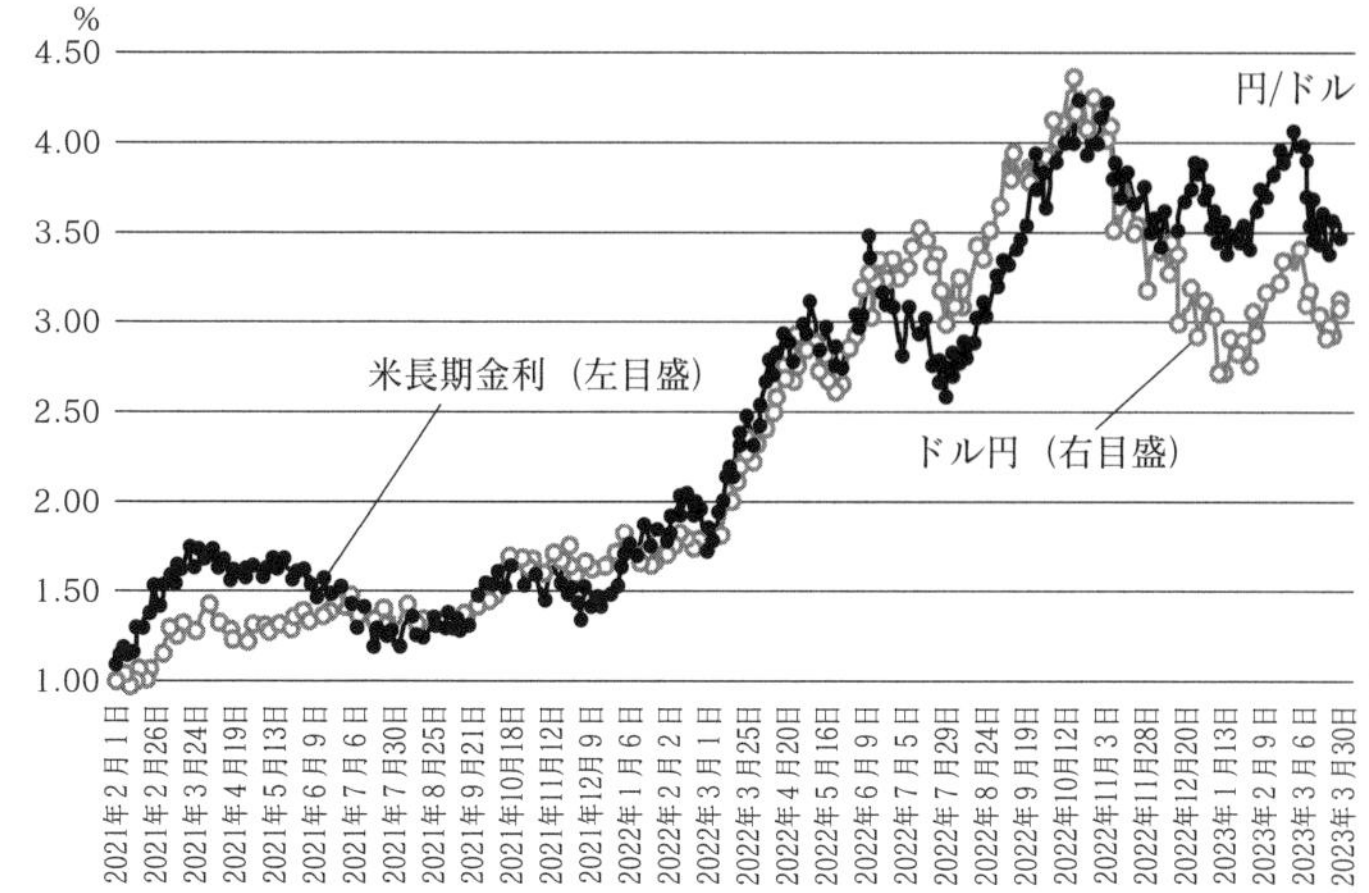

出所：Yahoo! finance

らない国内金利に嫌気がさして、海外に流出する。これが、低金利による円安バイアスである。

　長期金利の内外金利差は、日本の長期金利が0~0・50%の幅に固定されている（2022年12月までは0~0・25%の幅）。このため、日米長期金利差のほとんどは、米国の長期金利水準で決まっている。そして、ドル円レートは、その米国の長期金利の変化によって為替変動が決まるような流れである（図表1-3-2）。この図式は、日銀が長期金利を0%近辺に釘《くぎ》づけにしているから、成り立っている関係である。間接的な円安容認政策である。

　なぜ、日銀がそうした円安容認政策を採るようになったかといえば、1985年9月のプラザ合意以降、円高圧力を強く警戒するようになったからだ。すでに円高シンドロームの話をしたと思う。そして、日銀も自分たちの役割として、なるべく為替を円安方向に向けておくことが、景気対策なのだと考えるようになった。

日銀がどのくらい人為的に長期金利を押し下げているのかは、消費者物価と長期金利の関係から計算すれば、だいたい押し下げ幅を推定することができる。日銀が、全く長期金利を押し下げることを意識しなかった1990〜1995年までは、日本の長期金利＝消費者物価の前年比プラス3・5％という関係であった。それが、1999〜2001年辺りまでは少し曖昧になる。デフレが本格化したということだ。

日銀は、1999年2月にゼロ金利政策を開始して、先行きの金利水準にまで金利低下の予想を浸透させる「時間軸効果」という作用を働かせた。しかし、当初はそれほど長期金利を押し下げる効果はなかった。

もしも、日本の長期金利が人為的に押し下げられているのならば、米国の長期金利よりも大きく下がる関係になると考えられる。2003年3月に福井俊彦氏が日銀の総裁に就任してから、2013年に黒田前総裁が登場するまでの2003〜2012年の間は、日本の長期金利が、米国の長期金利を大幅に下回ることはあまりなかった。2003〜2012年の量的緩和が及ぼす長期金利の押し下げは、0・34％ポイントだと考えられる。

（図表1-3-3）日本の長期金利の推移

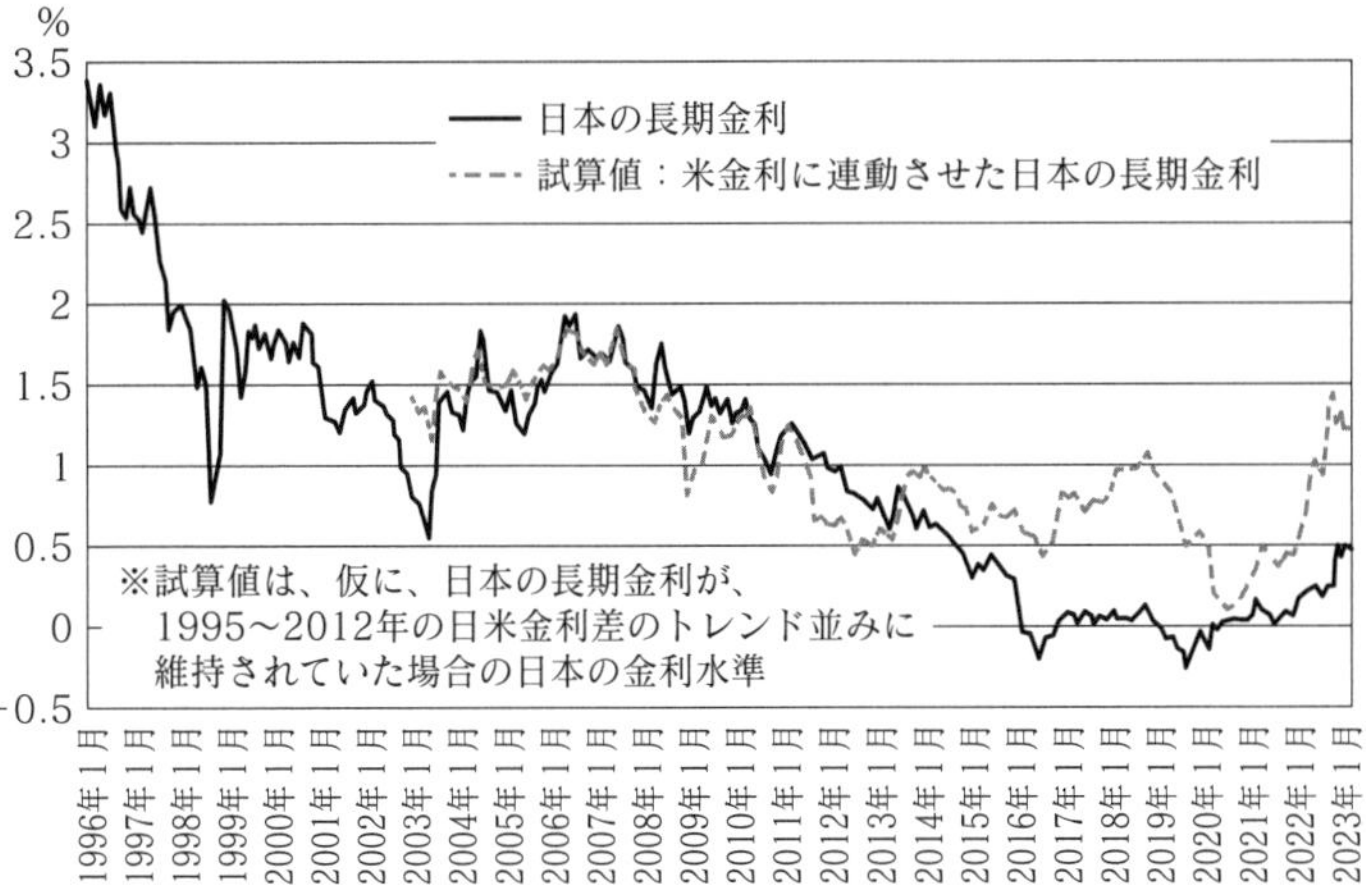

出所：財務省　注：試算値は筆者計算。

それが、２０１３～２０２２年の黒田前総裁の時代になると、量的・質的金融緩和によって、長期金利の押し下げは、０・51％ポイントまで広がっていく（図表１‐３‐３）。この日本の長期金利の押し下げは、ドル／円レートへの効果に換算すると、為替を21円ほど円安方向に押し下げるものになった。

黒田前総裁は、常々、為替をターゲットにした政策をしているわけではなく、「低金利の結果として円安になっている」と述べてきた。例えば、１ドル１４０円のときは、黒田緩和によって１１９円のレートがプラス21円ほど押し上げられていることになる。

筆者は、日銀の過剰な金融緩和措置は、徐々に解除していくことが望ましいと考える。そうしたプロセスに着手することを「出口政策」、「出口戦略」と呼んでいる。過剰な円安、過剰な長期金利低下をいつまでも必要とはせず、緩和の終わりがやってくることを金融市場に考えさせるのが、出口戦略の意味である。おそらく、植田日銀はいくらか時間をかけて、長短金利の上昇を容認して、政府の長期国債の発行についても市中消化をメインに切り替えていく。長期金利の変動幅も大きくなり、日銀はそうした変動を容認していくことになる。

この出口戦略を用意周到に組んでおけば、無理に長期金利を低位に抑え込んだ結果として、不用意に長期金利の跳ね上がりを誘発することは防げるであろう。徐々に、長期金利の居所を市場の実勢に任せていくことが出口戦略のスタートとも言える。

⑤為替介入は効くのか？

政府は、物価上昇の原因が円安であることは、十分に認識してはいる。しかし、黒田日銀の金融政策が、円安是正へと動かないため、どうしても有効な手が打ち出せなかった。

政府は、2022年9月20日に岸田首相が追加的な物価対策を発表した。財務省もそれに呼応して動かざるを得なくなった。為替介入の発動である。政府・日銀は、ついに9月22日に2・8兆円ものドル売り・円買い介入を実施した。その後も、10月21日、24日の2日で月間の額としては過去最大となる6・3兆円の介入を継続する。

新聞などでは、為替介入を実施する主体について、「政府・日銀」を主語にすることが多い。これをもっと正確に言えば、介入を判断するのは、財務省国際局為替市場課であり、その指示を受けて動くのが、日銀の金融市場局為替課になる。日銀は、実働部隊となり、実質的判断は財務省（＝政府）が行う。介入が行われたときは、そのトップとして、財務省の財務官というポストの人が説明をする。黒田前総裁は、その財務官を1999〜2003年にかけて務めていた経験があり、為替介入の手の内はすべて知り尽くしている。

円安に対して、黒田前総裁が円安是正に動かない分、政府の側で動員可能な手段として、為替介入に踏み切った。2022年9月22日の為替介入は、2011年11月以来の11年ぶりで、このときは円高を止める介入だった。円安を止める方の介入は、1998年4月以来、実に24年ぶりになる。円安を止める介入は、円を買ってドルを売るという取引になる。財務省は、9月、10月の介入でおよそ9・2兆円もの円を買った。ドル売り介入は、政府保有の外貨残高が尽きるまで継続できる。過去、アジア通貨危機のときは、各国保有の外貨が尽きて、介入ができなくなる国があったが、日本にはその心配がない。なぜならば、日本は中国に次いで、巨大な外貨準備を抱える国だからだ。2022年末時点で約1・23兆ドル（約160兆円、1ドル130円換算）もある。

もっとも、その介入効果は一時的だ。数日間で元の流れに戻ってしまう可能性が高い。筆者は、もしかすると、この介入という手法自体が旧式化してしまっていて、効果が以前よりもずっと希薄になっているのではないか、と考える。為替介入が効かない理由として、1日の為替取引量（ドルと円）は975兆円と大きく、それと対比して介入額が小さいからだ（7・5兆ドル、国際決済銀行〈BIS〉の統計、2022年データ）。1～2兆円の介入額ではあっという間に存在感がなくなる。

筆者は、ほかにも質的な要因もあると考える。現代は、為替取引の中で、システム取引が主流を占めていて、介入によって相場の流れを変えようと政府が考えても、需給に影響力を行使できなくなっている。以前の介入時期（2011年）から11年間も時間が経《た》っている間に、為替取引の構造が大きく変貌しているのだ。介入方法が陳腐化してしまっている可能性が高い。

例えば、為替市場で誰が金融取引をしているかといえば、それは主にAIなどを使ったコンピュータだろう。株取引は高速・高頻度取引が主流の時代になり、直感に頼った手動の取引では勝てなくなったとされる。短期取引では特にそうだ。ある米大手投資銀行では、2000年に600人もいたトレーダーが、2017年にはたった二人になった。代わりに全従業員の1/3がITエンジニアに置き替わったという。従業員は、金融取引をするためではなく、アルゴリズム取引を研究して、より進歩した取引手法をシステム化するための要員に変わった。

ならば、為替介入もそれに対抗できるように、仕組み自体を創意工夫して新しいものに置き換えてもよいはずだ。政府はもっとどうすれば有効性を回復できるかを研究して、そこに十分な資金を投じてもよい。

なお、2022年9月、10月の為替介入では、それ以前のドル買い・円売りとは反対取引を行っているから、そこに巨大な為替差益が生じているはずだ。例えば、1ドル102円で買ったドル資金600億ドルを、1ドル150円でドル売り介入で使えば、9・0兆円の円資金に換金できる。計算上、2・9兆円の差益が国庫に入る。その1000分の1の29億円でよいから、介入手法の研究開発とシステム構築に使ってはどうか。介入方法を昔のままに放置し、今後、何兆円もの資金を使い続けることは誠に残念な結果を残すことになる。

しかし、政府がいくら研究しても有効な為替介入などは開発できないかもしれない。市場は、利用可能なあらゆる情報を織り込んで価格を形成する。作為的に価格を動かそうとしても、すぐにその効果は消える。これを市場の効率性と呼ぶ。市場の自律的価格形成に打ち勝つには、一つしか方法がない。それは無制限に介入が続けられると、市場参加者に思わせることだ。市場の価格形成を歪めて、無制限の資金力で歪みを継続させる。しかし、現実的に考えて、為替市場は巨大だから、そうした無制限介入は無理だと思う。

それ以外に、政府にできることがあるとすれば、日銀と協力して長短金利を動かして、内外金利差を調整して為替に影響力を行使することだろう。

第二章　【円安分析編】

円安は私たちを幸せにしない、輸出メリットは過去の話

1．輸出促進の限界

①円安より所得効果

急速な円安によって、輸出数量の拡大が期待できるのではないかという見方がある。為替レートは、2022年3月上旬から10月中旬までの約半年間に1ドル115円から152円近くまで円安が進んだ。24％の通貨下落である。この大幅な相対価格の変化が、輸出刺激になって、日本から海外への輸出数量を増やすのではないかという期待があった。

しかし、残念ながら、日本の貿易構造はかつてに比べて、円安だけで輸出は伸びにくくなっている。輸出数量に影響を与える効果は、為替変動以上に、海外経済の成長に同調する効果が大きいからだ。これは「所得効果」と呼ばれる。例えば、米国の経済規模が2倍になると、為替レートが一定の下でも、今まで売れていた日本車の販売台数は2倍になると考えられる。そうした所得効果の影響力がより大きく働いて、今後の輸出数量は決まる。

2023年の世界経済は、米欧の金融引き締めもあって、成長率が大幅にスローダウンする見込みである。アフター・コロナの世界経済は、着実に減速過程に入っている。

より具体的に、世界経済の動向と為替変動の影響がどのように日本の輸出に関係するのだろうか。筆者は、輸出が何の要因によって変動するのかを計算した方程式（輸出関数）をつくった。

そこでは、①世界輸出数量と②実質実効円レートを説明変数にして、具体的な影響度を測ってみることにした。世界輸出数量は、世界経済の変動を受けて動くので、それが所得効果を表していると考えた。為替レートは、ドル／円レートではなく、ユーロ、ポンドなど他通貨をウエイトづけして、各国との物価格差を加味した実質実効円レートを使った。ドル／円レートが動けば、この実質実効円レートも動くから、同様に円安を反映して動くと言える。為替変動が輸出数量に与える効果は、「為替効果」と言える。

実際に、輸出数量についての方程式を作ってみると、所得効果は大きく、２００１～２００７年（金融危機後・リーマンショック前）では、世界輸出が１％伸びると日本の輸出数量は１・43％も伸びていた。この７年間では、増加分の所得効果は83％にとどまり、為替効果はほとんど説明できていなかった。また、期間を変えて、２０１２～２０２２年の過去10年間では、世界輸出が１％伸びると、日本の輸出数量は１・11％の伸びだった。所得効果の感応度は32％も下がっていた。世界の輸出が伸びても、日本はそのペース以下でしか伸びなくなっている。コロナ禍での感応度は、この数字よりもさらに下がっている可能性がある。

（図表2-1-1）世界と日本の輸出指数

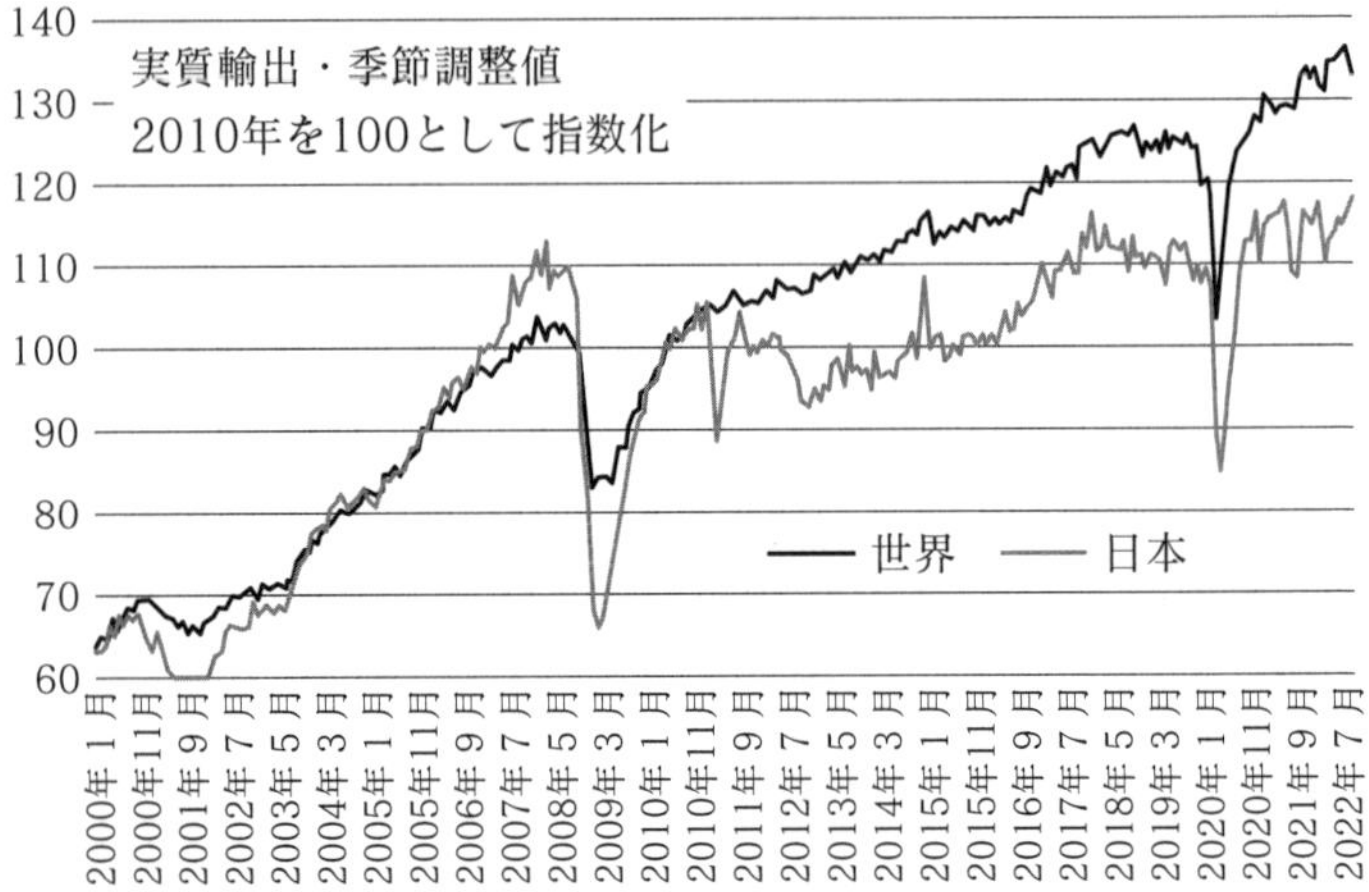

出所：オランダ経済政策分析局（CPB）

上記の結果は、データ分析の結果を踏まえているが、グラフを目視するだけで、同じような結論は直感できると思う（図表2‐1‐1）。世界輸出数量と日本輸出数量を並べたグラフでは、2002〜2007年は両者がほぼ連動していた。2011年の東日本大震災以降は、その連動性はかなり曖昧に変わってしまっている。世界輸出が伸びる分ほどは日本の輸出数量は伸びない。その原因としては、日本企業の輸出競争力の低下が暗示される。

為替レートと日本の輸出数量のグラフでは、たとえ円安（実質実効円レートの低下）が起こっても、それに反応して、輸出数量が増えてこなくなっている。やはり為替効果の方も、寄与度がそれほど高まらないからだろう。

多くの人が、「円安で輸出が増えるのではないか」と期待しているかもしれない。それと裏腹に、「昔よりも円安による輸出刺激の効果は落ちている」という人もいる。筆者が計算したところでは、為替効果は、20年前（２００１〜２００７年）も、10年前（２０１２〜２０１９年）もそれほど低下はしていなかった。いずれの期間も、為替効果よりも所得効果の方が大きかった点では共通している。２００１〜２００７年の輸出の伸び率は、中国の高成長に支えられていた。その後は中国の成長率が大幅に鈍化したため、かつてのような輸出数量増が得られなくなった。

日本が輸出を伸ばすためには、他国の高成長の力を借りて、日本の輸出を伸ばすしかない。日本の国別輸出を見ると、高成長しているのは、台湾、ベトナム、マレーシアに限られる。しかし、３か国併せても９・８兆円（２０２１年）だ。中国（２０２１年18・０兆円〈除く香港〉）の約半分だ。

日本の貿易の課題は、まだ開拓できていない国・地域に輸出を伸ばすことだ。日本の輸出比率（輸出÷名目ＧＤＰ）は14％と、アジア各国よりも低い。国際比較データを見て、日本の「伸び代」は輸出増加にあると考える人は多いはずだ。

日本の輸出額は２０２１年７６８９億ドルと、韓国６１５０億ドルに接近されている。韓国は、日本の経済規模の１／３でしかない。これを見ても日本の輸出比率がまだ低いことがわかる。将来、日本がどこに輸出を増やしていくべきかを改めて考えてみる必要がある。過去20年間は、日本は中国の高成長に助けられた面が強いが、今後10年間は中国の成長率は鈍化していく。だから、より高成長する国々をターゲットに輸出拡大を考える必要がある。

今後を考えると、日本と同様に、欧米の成長率も低迷するだろう。日本にとって、米国と中国という「輸出の両輪」の成長率が、ともに鈍くなる。筆者は、円安効果への期待などよりも、米国や中国経済の減速の方を心配しなくてはいけないと思う。

また、貿易構造の変化として、企業内貿易の拡大もある。通常、私たちは、国と国とが貿易しているという世界観で話をするが、実際はそうではない部分もある。それは、日本企業が日本と海外にそれぞれ生産拠点を持ち、グループ内で日本から輸入するか、現地生産・現地販売をするかを決めているという構造だ。「輸出」に見えるものは、多国籍企業の現地工場が日本から仕入れている取引であったりする。企業内取引が国境をまたぐとき、輸出にカウントされる。多国籍・製造業の企業内仕入れ（＝輸入）は２０２０年度は15・4兆円だった。これは輸出額全体68・4兆円のうちの23％に相当する。海外に進出する日本企業が増えるほど、現地生産が増えていき、日本からの仕入れも拡大していく図式である。この図式は、「円安によって、販売価格が安くなるから輸出が増える」のとは違う。なぜ、日本企業が現地生産を増やすのかというと、進出地域が高成長するからだ。

ところが、現地企業の売上を調べていくと、その金額は右肩上がりで増えていくが、徐々に日本からの仕入れは減っている。これは、現地企業が現地調達・現地販売を増やしているからだ。そのことが、2010年代になって、日本からの輸入を減らしている。

かつて、大企業が海外進出するときは、その下請け関係にあった中堅・中小企業も一緒に出て行ったものだ。そうしたパターンは近年はかなり少なくなったようだ。ならば、日本の輸出を増やすには、これまで下請けとしてついて行っていた中堅・中小企業が海外市場での取引を自前で増やしていくことが目標になる。2010年代以降、輸出が増えにくくなってきた変化は、すでに海外展開を進めてきた日本の大企業グループの海外展開が成熟期を迎えてしまったからだとも言える。その成熟を超えようとするのならば、さらに中堅・中小企業が自前で海外進出することが課題になるであろう。

②競争力の低下

かつて、日本は巨大な対米貿易黒字を稼ぎ出し、その黒字の結果として円高が起こっていた。貿易黒字は、輸出超過だから、日本企業が受け取った輸出代金をドルから円に交換する圧力が高まり、ドル売り・円買いになるという理屈である。

円安の原因の一つは、輸入拡大である。2011年の東日本大震災の後で全国の原発が停

（図表2-1-2）貿易収支・経常収支の推移

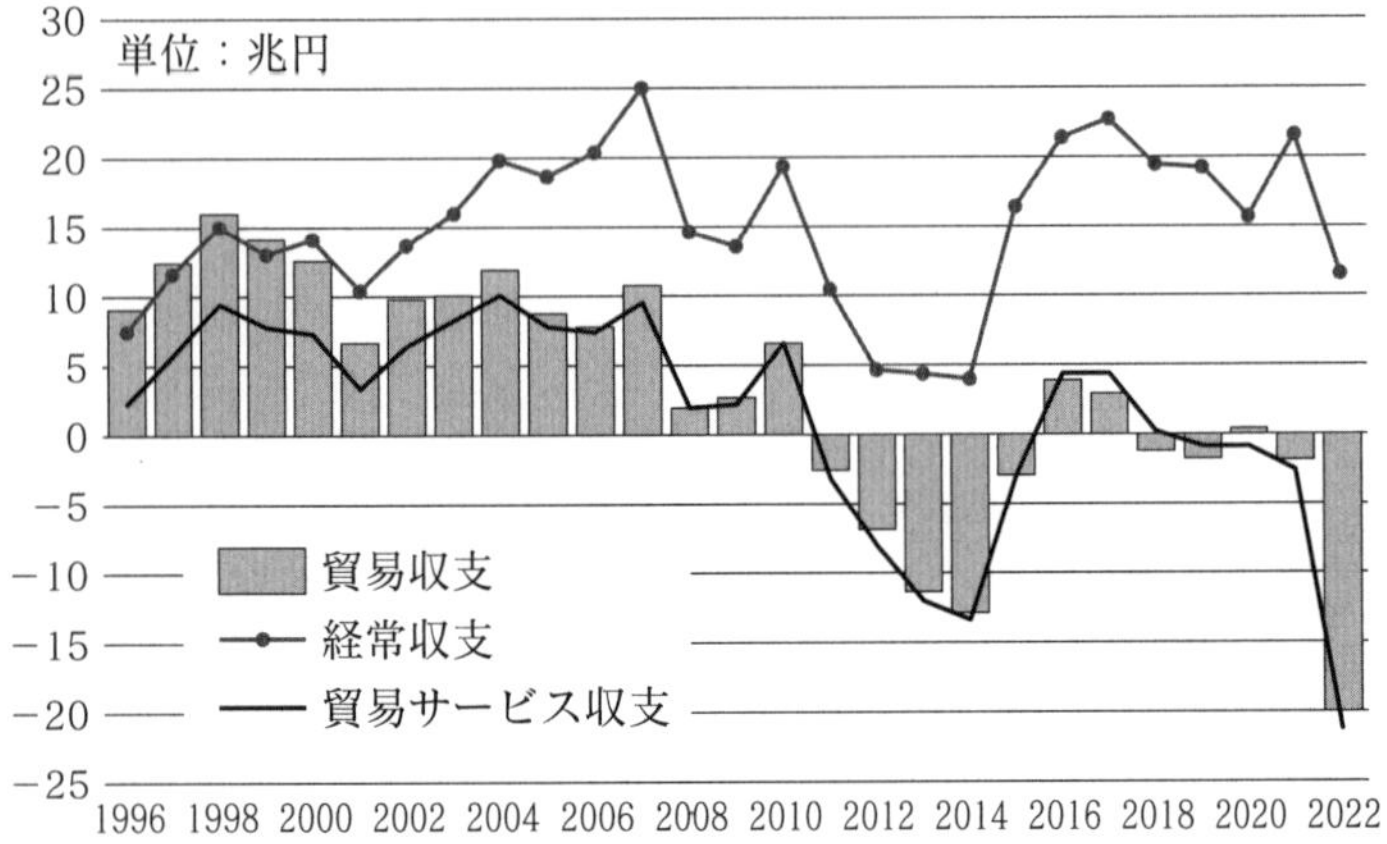

出所：財務省「貿易統計」、「国際収支統計」

止した。その代わりに火力発電を増やした結果、輸入金額が増えて、貿易収支は大幅な赤字に転落した（図表2―1―2）。貿易赤字にサービス収支の赤字、所得収支の黒字を加えると、経常収支になる。経常赤字になると、日本の資産（対外純資産残高）が取り崩されることになる。それが円売り・外貨買いになって、さらなる円安を招く。エネルギー輸入の増加が円安の原因になる。原発再稼働を進めなくては、日本は、円安・原油高で貿易収支が赤字になり、それが円安を招く。円安がさらなる円安を引き起こす「円安スパイラル」を招くのだ。

　もう一つの原因が、輸出競争力の低下であろう。以前ほど輸出が伸びなくなって、貿易赤字化していく。「円安が原因で輸出が増え

(図表2-1-3) 民生用電子機器の輸出・輸入額

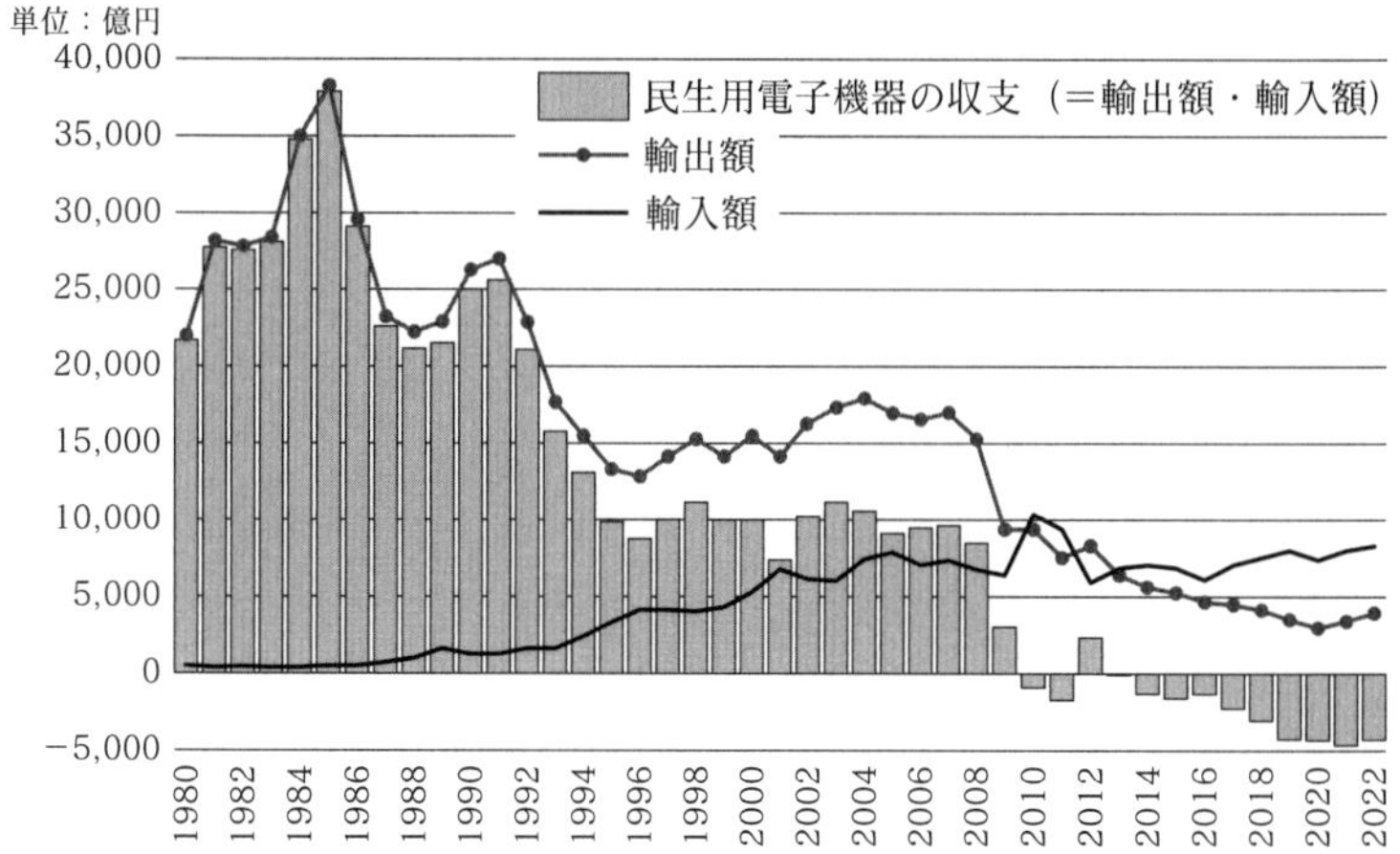

出所：電子情報技術産業協会、財務省「貿易統計」

る」のではなく、「輸出が増えなくなった結果として円安になった」という理解である。

先に、世界全体の輸出数量の増加に、日本の輸出数量の増加が連動しにくくなっていることを見た。かつて、日本の輸出は、その所得効果が高かった。なぜ、所得効果が低下したのかという理由を考えると、そもそも日本の輸出競争力が低下してきている可能性がある。

この競争力の低下について、その中身を見ていきたい。最も輸出の変化を象徴するのは、民生（家庭）用電子機器の輸出入の推移である（図表2-1-3）。リーマンショックの2008年以降は、がくんと輸出額が減った。その代わりに、輸入額が輸出を上回って伸びている。

日本の輸出が最も勢いよく伸びたのは、1980年代であった。当時の主力は、ブラウン管テレビ、ビデオテープレコーダー、ビデオカメラ、ファクシミリなど通信機、コピー機（複写機）が主流だった。当時の通商産業省（現・経済産業省）の資料を読むと、輸出拡大の理由には、「通信機（ファクシミリ）、ビデオカメラがあります。いずれも新製品であり、かつ、日本以外の生産がほとんどないため当然の結果として輸出数量が大幅に上昇しています」（「日本の貿易」〈1990年発行〉、通商産業省貿易局）とあった。当時、ビデオテープレコーダー、ファクシミリなどは米国で生産されておらず、米国の経済成長は即、日本からの輸出増につながっていた。要するに、日本製品の独壇場《どくだんじょう》だったのである。その日本の競争力は、90年代から凋落していく。IMD（国際経営開発研究所）の国際競争力ランキングでは、1992年までは日本が1位を維持していたが、1993〜1996年までは2位〜4位。ところが、1997〜2002年までは27位へと急落していく。この経過は、半導体産業における日本の地位が低下するのと歩調を合わせていると考えられる。[*1] 半導体メモリー（DRAM）の生産量は、1998年前後に韓国に逆転されている。

90年代は、家電製品がアナログからデジタルに移り変わる時期でもあった。CD・MDプレーヤー、DVDレコーダー、カーナビ、デジカメ、携帯電話などの登場である。それが2000年代になると、スマホが登場して、次第にデジタル家電のいくつかのカテゴリーが、スマホの機能の中に入って消滅していく。アナログ家電がなくなり、デジタル家電がスマホに駆逐されていくと、日本国内に半導体の大口ユーザーがいなくなってしまう。川下のユーザーを失うことは、日本の半導体産業の弱体化へとつながっていく。

さらに、半導体業界では、大きな地殻変動が、90年代後半から2000年代にかけて起こる。垂直統合型から水平分業型へのシフトである。従来の日本の半導体産業は、設計から製造まで一貫生産する垂直統合型が当たり前だった。川上から川中、川下まで同じ企業内で担っている。これは、自動車や工作機械でも同じことだ。

しかし、世界の主流は、半導体の設計、製造プロセスは、それぞれ別々の企業が担うという分業体制に変わった。ファブレス／ファウンドリーの体制が全盛期を迎える。ファブレスとは、ファブ（自社製造工場）がない（レス）という事業形態である。半導体の開発・設計、マーケティングを担う、巨大スマホ企業はファブレスだ。

代わりに、設計を自社で行わず、効率的な受託製造を行うのは、製造専業のファウンドリーである。熊本に進出を決めた台湾のＴＳＭＣ（台湾積体電路製造、２０２４年末操業予定）は、その筆頭格だ。２０２２年には、熊本に別に第二工場を作るという計画が持ち上がった。ファブレス・メーカーが水平分業をするかたちで、ファウンドリーに製造委託する。

90年代後半には、日本の半導体産業から聞こえてきた不安は、このまま集積度が上がると投資額が数千億円に膨れ上がって、国際競争についていけなくなるという声だった。しかし、これは、総合デパートのように、何もかも自前製造しようという発想から抜け出せないがゆえの限界だった。水平分業体制では、1社が担う分野を小さくできるので、投資額を抑えるとともに、得意分野に特化できた。総合デパートには手が届かない技術力を蓄えて、競争優位の分野をつくる戦略だった。日本メーカーは、そうした柔軟な業界の仕組みの変化についていけなかった。従来の流儀にこだわり、勝つことを優先できなかった。

こうした経緯を踏まえると、単純に「日本は、80年代以降、仕組まれた円高によって潰された」という見方は、的外れだとわかる。敗因を認めたくない心理を、円高のせいにしている。この言い訳を真に受けて、為替が円安になれば、日本企業の競争力が復活すると信じることは、誤解に誤解を上塗りする二重遭難めいた論理だと思われる。

日本の輸出産業が、80年代の繁栄を失った理由は、ほかにもある。重要な環境変化に、中国の台頭がある。2000年までの統計データを見る限り、中国の存在感はないに等しかった。1989年の対中国（除く香港）の輸出額は85・2億円と、香港115・3億円や韓国165・6億円よりもずっと小さかった。それが2001年の中国のWTO（世界貿易機関）加盟以降、経済規模が飛躍的に大きくなる。この中国の成長は、日本や米国からの直接投資を受け入れて、生産拠点を自国に引き込む戦略であった。海外資本を招き入れることで、企業の競争力を高めて、日本や韓国・台湾に比肩する力を蓄えた。1997年に香港が中国に返還されると、香港を窓口にして、アジアや米国に輸出する販路が開拓された。2010年代になって振り返ると、米国の対日貿易赤字はそっくりそのまま対中国の貿易赤字にシフトしていったのである。日本企業は、中国に生産移管して、貿易摩擦を避ける意図もあったが、次第に中国企業自身が力量をつけて、日本の地位を脅かしたという側面もある。

最近デジタル社会において、リープフロッグ（カエル跳び）という言葉が使われることが多い。これは開発途上国などが最先端技術を導入することで、既存の技術で成長してきた先進国を跳び越えて発展することを意味する。

1990年代に登場したインターネットは、中国のリープフロッグを可能にする魔法の仕掛けだった。それまでのアナログ型のビジネスの製造・流通・販売のプロセスを跳び越えることを可能にした。国境の壁、商慣習の壁、人的ネットワークの壁も跳び越えた。中国はネット社会に順応して、米国企業の強力な競争相手となった。

対する日本は、製造技術では世界一だったとしても、斬新なソフトウェアの勝負では劣っていた。ソフトウェアの勝負となると、当然、人材の多様性や、発想の転換、組織の俊敏さが優位性を生み出す。

残念ながら、日本の多くの製造業では、いまだに競争力とは「低コスト化」だという発想が染みついて、そうした発想の罠からどうにも逃れられない。なぜ、日本企業が賃上げを渋っているかと言えば、賃金がコストだと思っているからだ。コストを高めると価格競争に負けるというトラウマがあって、賃上げは進めにくい。人材とか、人づくりと口で言っても、賃上げに拒絶的な組織はある。賃上げは、人材への「先行投資」という意味があるはず。

日本がリープフロッグできない理由には、組織の問題が抜き難くある。組織では斬新なアイデアを口にする人は排除されやすい。斬新なアイデアがあっても、組織の中で古い発想の人々と話し合いながら進めると、ものにならなくなる。組織の中の調整コストは大きくなり、スピード感も失われる。調整コストをかける日本企業を尻目に、アジア企業は、成長を続けた。筆者の数少ない経験でも、アジア企業の担当者たちは即断即決であった。権限を持った人物が直接交渉の場に出てくる。そうした場合、「これはかなわんな」と思ったことが何度かある。

イノベーションの競争は、常に従来の発想法（パラダイム）を壊そうと挑戦することから起こる。摩擦を恐れる人は絶対にイノベーションなどできない。筆者は断言できる。

ならば、パラダイム順応型の人間が多い組織では、自《おの》ずとイノベーションから遠ざかっていくのは当然のことだ。大勢に順応する人は、挑戦者に対して、自分たちの存在意義を脅かされるように感じられて、潰しにかかる。その結果、挑戦者は、傍流でしか生きていけないことになる。

パラダイムに挑戦する人間のことを、日本社会ではよく「若者、バカ者、よそ者」と呼ぶ。しかし本当は、そうしたマイノリティを経営者は大切にしなくてはいけない。滅多には起きないが、何かの弾みで、彼らが主導権を握ったとき、組織のパラダイムは変わっていく。

③意外な農林水産物輸出

今後、日本企業が輸出を増やしていこうとするとき、参考になる変化がある。農林水産物の輸出増加の実例である。これは、日本の産業の中でニッチ市場がうまくグローバル化した好事例だと思える。しかも、この実例は、政府が率先して旗を振ったことと、これまでの民間事業者の長年の地道な努力が実を結んだことの双方が寄与した点でも高く評価できる。

まず、2022年の農林水産物・食品輸出額は前年比14・3%で増えている。2021年に輸出額は目標としていた「1兆円輸出」[*2]の大台を超えて1・2兆円になった。さらに、2022年は1・4兆円を超えた(図表2-1-4)。これは、2015年の7451億円と比較して、約2倍になる。7年間で倍増の勢いは驚異的だ。ポイントは、必ずしも円安に依存せず、米中などの海外市場を開拓できたという実例であることだ。

振り返ると、過去、東日本大震災で風評被害が起こったときは、農林水産物輸出が落ちた。

(図表2-1-4) 農林水産物・食品の輸出額の推移

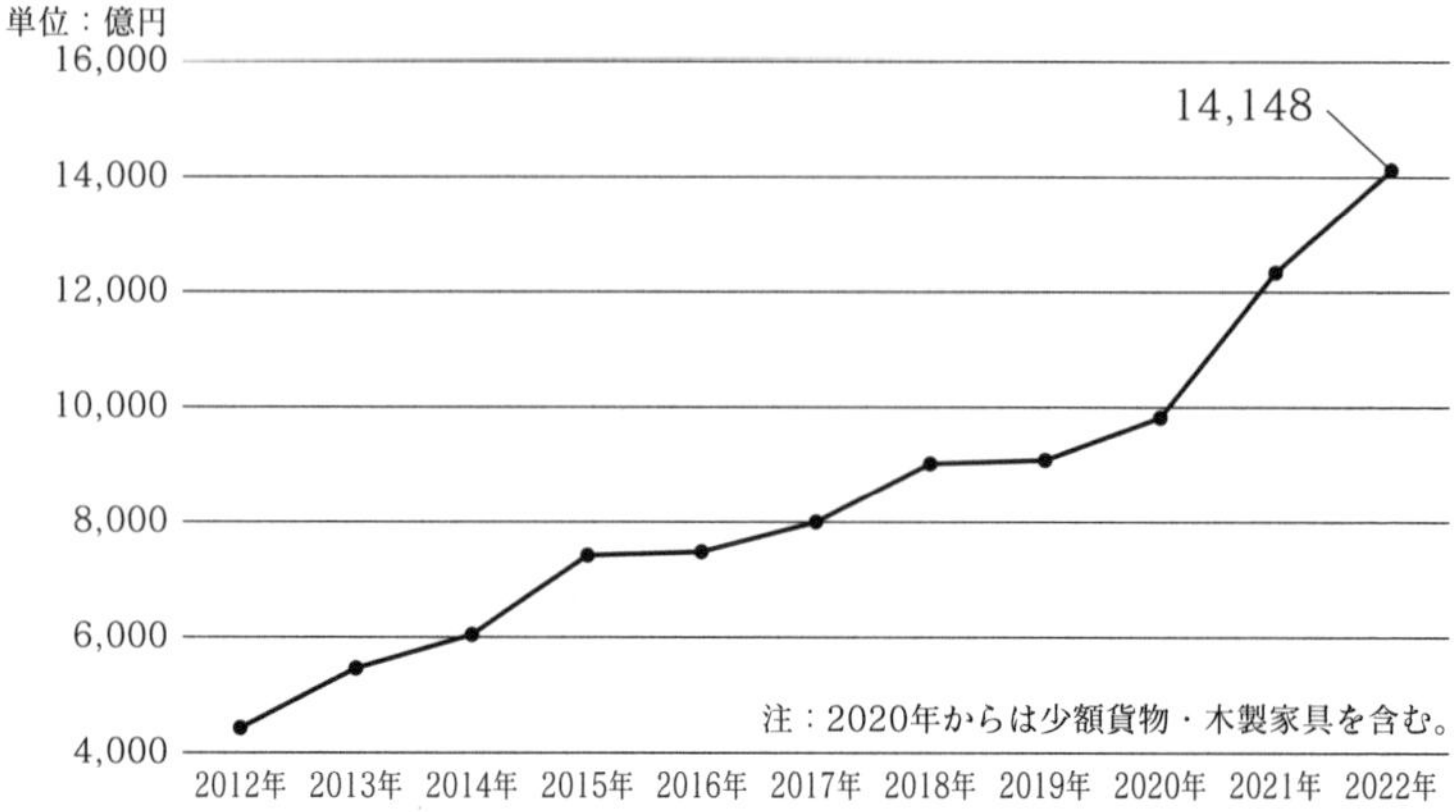

出所：財務省「貿易統計」

しかし、その後、2012年以降の10年間では、2017年を除く9年間の伸び率は常に、全体平均を上回っている。特に、コロナ禍では2020年の輸出額全体の前年比2・0%に対して、農林水産物輸出は同13・7%と大きく伸びた。

こうした説明の仕方では、まだ驚きが伝わらないかもしれないが、農業などの生産額が低迷する中で、輸出分野に限って伸びたと言えば、その異例さが伝わると思う。農・林・水産物の国内生産額と対比した輸出額の割合は、農業が10・3%、林業が11・9%、水産業が28・5%となっている。

輸出の伸びと言えば、円安効果だと直感する人も多いだろう。しかし、為替レートの推移を調べると、必ずしも円安依存の成長では

（図表2-1-5）農林水産物・食品の品目別輸出額

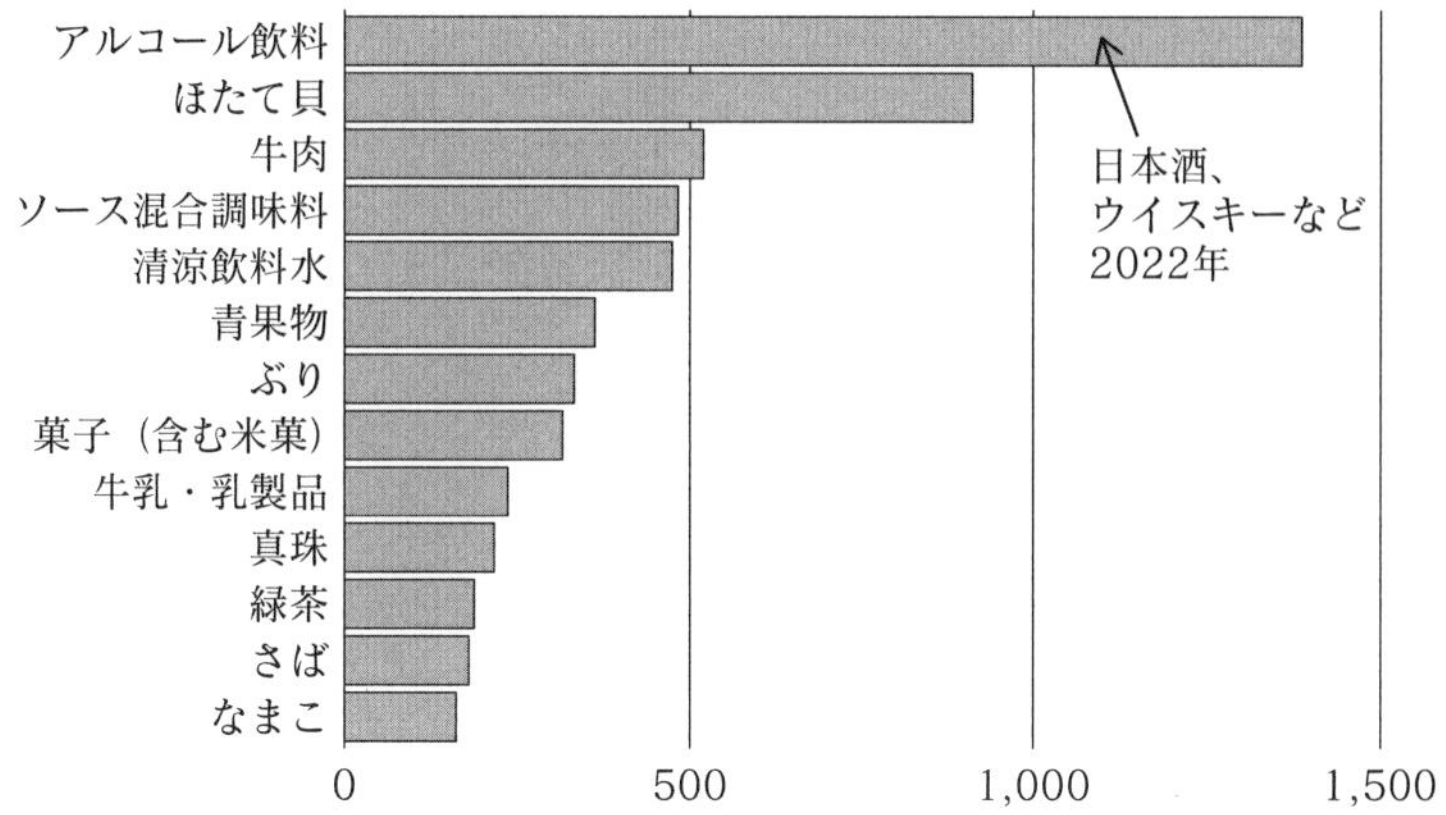

単位：億円

出所：財務省「貿易統計」

ないことがわかる。ドル円レートは２０２０年１０６・７円／ドル（前年比マイナス２・１％）、２０２１年１０９・９円／ドル（前年比３・０％）、２０２２年１３１・３円／ドル（前年比19・５％）となっている。２０２０〜２０２１年はそれほど円安になっていない。ということは、２０２０〜２０２１年の輸出の伸びは、必ずしも円安を追い風にしていない。

農林水産物・食品の輸出増の内訳を見ると、一つの特徴がある。「売れ筋」がより大きく伸びていることだ。２０２１年のデータでは、全品目で首位のアルコール飲料（ウイスキーの割合40％、日本酒35％）が前年比61・４％と伸びた。２位のほたて貝は、生鮮・冷凍・冷蔵が前年比１０３・７％、調製が前年比

73・9%と大きい。3位の牛肉も前年比85・9%だ（図表2-1-5）。上位三つが「売れ筋」にあたる。

このうち、首位のウイスキーは中国でのブームの効果がある。値上がり益を狙った保有もあるだろう。日本酒は、地道なマーケティングが奏功して、米中で一気に伸びた格好だ。また、日本酒の世界では、酒米を芯まで磨けば味が洗練されてくるという技法が近年は普及した。筆者の出身地の山口県で、一つの酒蔵が酒米を2割近くまで磨いて大成功すると、全国の酒蔵も同様に極端なまでに米を磨いた。そして、うまい酒を次々に製造するイノベーションの波が起こった。日本酒は、たとえ価格が従来よりも高くても、品質がよければ海外で高く評価される。

ほかにも、牛肉では、和牛のブランディングが浸透して販路を拡大して、２０２１年は大きく伸びた。ほたて貝と牛肉の順位は、２０２０年に4位と5位だったのが、２０２１年は2位、3位に繰り上がっている。躍進の背景には、市場の大きな米中輸出の伸びがある。大きな市場での従来からのマーケティングが奏功したおかげであろう。

趨勢的な流れとしては、過去数年間で海外展開する和食レストランが増えたことで、レストランからの仕入れが増えたことがある。いわゆる日本食ブームである。農林水産省の資料では、海外展開する日本食レストランは、２０１５年に8・9万軒だったのが、コロナ前の

2019年は15・6万軒と、4年間で1・75倍に膨らんでいる。立地は、アジアが10・1万軒（65％）と多く、次いで北米2・9万軒（19％）となっている。2021年は飲食店の再開が、日本からの輸出をより大きく押し上げた。さらに、需要の裾野は、各国のレストランで日本食を食べた人の経験が積み重なり、家庭での日本産食材の消費を広げたと考えられる。

輸出先の国別動向を調べると、輸出国の首位は中国（除く香港）で、2022年は2783億円で前年比25・2％増。米国も1939億円で前年比15・2％。この二つの大国のマーケットを開拓していることが成功をもたらしている。政府は、2020年に基本計画を立てて、2025年に輸出額を2兆円、2030年に5兆円にする目標を設定した。2022年に1・4兆円を達成できたので、あと41％増で中間目標2兆円をクリヤーできる計算になる。目標である2025年からの前倒しも視野に入る。もっとも、これが5兆円という規模になると、そう簡単ではないだろう。国内生産能力を拡充しなくてはいけなくなるはずだ。計算上では5兆円の輸出額は、国内生産を1・5倍にしなくては供給を賄えないので、農林水産業事業者がそうした能力増強の投資ができるかどうかという課題も起こる。従事者の高齢化、後継者問題など、成長の足枷《あしかせ》への対処を2030年までにどう行っていくのだろうか。

筆者が、この農林水産物の輸出に注目した理由は、農林水産省が各省庁の中で輸出拡大にことさらに熱心だったからだ。農業輸出が伸びたことは、長い下準備の好影響があると考えられる。2020年の基本計画では、かなり細かく品目の増加見通しが立てられている。輸出促進活動が効果的な品目として、牛肉、ほたて貝、真珠などの28品目を輸出重点品目に選定している。農林水産省の方針では、この品目の事業者には、海外市場で求められるスペックに応えることを要求した。なぜならば、現地で要求される量・品質・規格・価格といったスペックに継続的に応え続けられなければ、一般小売店の棚に置いてもらえないからだという。さらに、相手国の衛生検疫体制や規格基準をクリヤーする必要もある。そうしたきめ細かい努力があって、海外に新しい販路を切り開いていった。

農林水産省は、こうした開拓方法を「マーケットイン」と呼んでいる。市場ニーズに合わせて商品を売るという手法をマーケットインという。これに対置されるのは「プロダクトアウト」の考え方だ。こちらは、「良い製品を作れば売れる。売れるために良い製品を作る。ニーズは後からついてくる」という発想だ。従来の日本の製造業の発想は、プロダクトアウトに偏っていたのではないかという反省が、農林水産省にはあるのだろう。

ビジネスの世界では、イノベーションを起こすために、マーケットインに偏らず、プロダクトアウトを追求すべきという考え方は根強い。確かにそうした側面を否定することはできないのだが、何よりも両者のバランスが重要なのだ。

2. 賃上げだけでは救われない日本経済

①平均賃金は24位に転落

円安が進んで、輸入物価が急上昇している。これは、円の購買力が低下して、ドルと交換できる円の数量が増えるという「交易条件」の悪化が起こっているということでもある。交易条件の悪化は、日本で働いて稼いだ給料で、どのくらいの輸入品が買えるか、という購買力の低下をも示している。

まずは、国際比較データを見てほしい（図表2-2-1）。OECDは、2021年までの平均賃金の34か国の国際比較データを示している。これはドルベースで換算してある。日本は、2021年は34か国中で24位である。順位が下位の方にあることは今に始まったことではないが、1991年から見ると時間とともに順位が落ちていることがわかる。1991年13位（23か国中）、2000年18位（34か国、以下同）、2010年21位、2015年24位、2021年24位である。この間、2013年に韓国に抜かれた。2018年にはイスラエルに抜かれた。驚くのはOECDに加盟した中東欧諸国に次々に抜かれていることだ。2016年に

(図表2-2-1) 平均賃金の国際比較

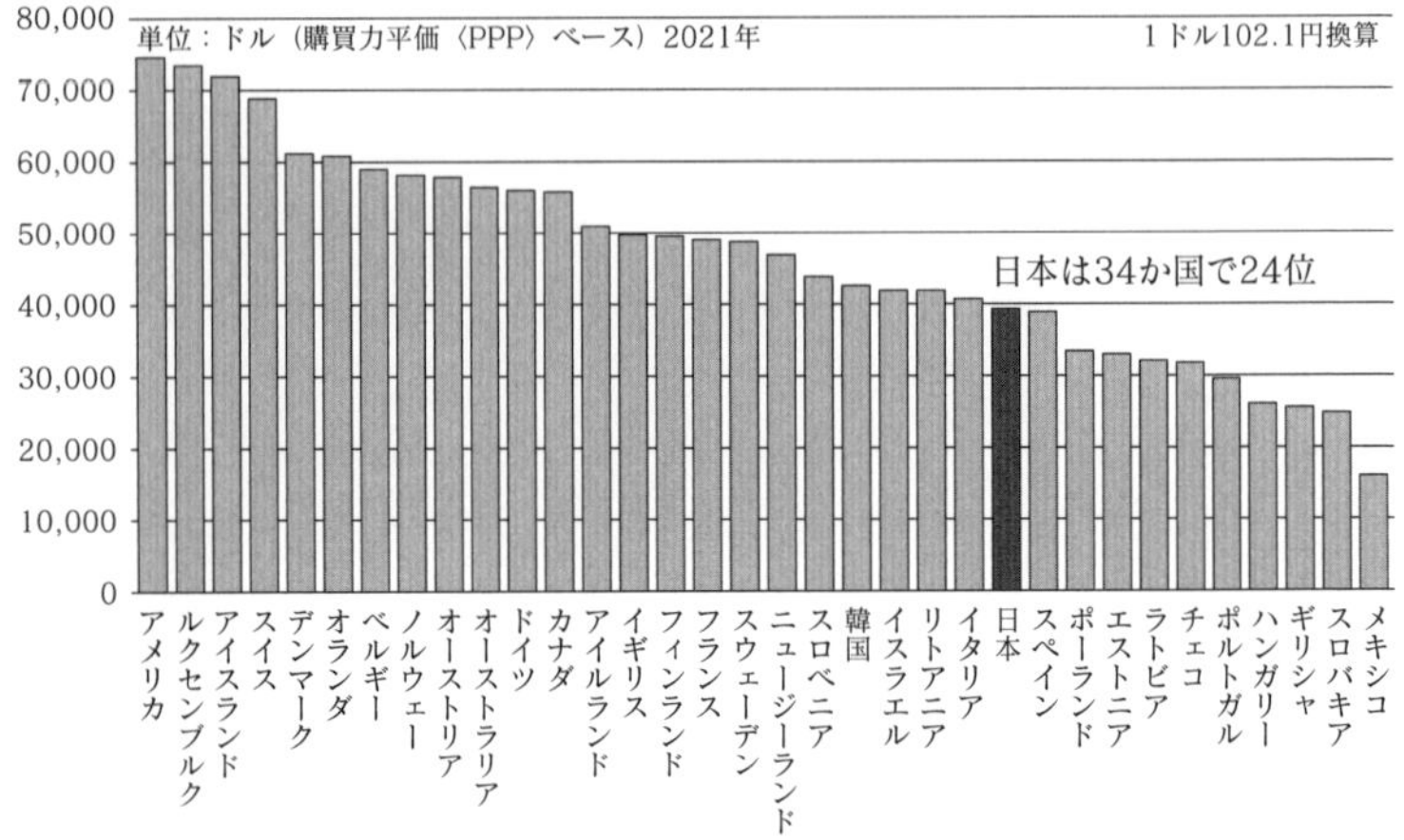

出所：OECD（経済協力開発機構）

はスロベニア、２０２０年にはリトアニアに抜かれている。

中東欧のＯＥＣＤ加盟国の平均賃金を見ると、日本に接近する国々として、ポーランド（２０２１年の日本との差17・1％）、エストニア（同18・３％）、ラトビア（同22・０％）、チェコ（同22・３％）が挙げられる。これらの国々には追いつかれる可能性がある。

このランキングの前提になる為替レート（購買力平価）は、２０２１年１ドル１０２・１円で計算されている。仮に、為替レート（実際のレート）が２０２３年に１３０円になると、日本のドル建ての平均賃金は、27％ほど低下する。すると、ポーランドなどの中欧や東欧の国々にも抜かれてしまう。日本のランキングは、為替次第でもっと低くなる。

日本の賃金が円安によって割安になるのを見ると、「安い日本」もここまで来たかと思わせる。

では、日本を抜いていく中東欧の国々と日本の違いは何であろうか。それは、円安もあろうが、成長する国と成長しない国の違いである。残念ながら、日本は成長が止まった状態が長く続いて、平均賃金が追い抜かれた。

ＯＥＣＤ加盟国の平均賃金の推移を見ると、ほかにも日本と同じように平均賃金が増えない国があることに気づく。イタリア、スペイン、ポルトガル、ギリシャである。南欧諸国の4か国は、日本に似ている。日本と南欧4か国の共通点は、まず政治的基盤の類似性が挙げられるが、それを除くと人口高齢化率が高いことである。日本は世界一で28・7％（直近２０２２年12月29・０％）。それに続き、イタリア（23・6％）、ポルトガル（23・1％）、スペイン（20・３％）となっている。

この高齢化率は、その国の平均年齢とも重なる。日本は、全人口の平均年齢（中央年齢）は48・４歳（２０２０年）で、世界一である（国際機関の比較データでは、55・４歳のモナコが1位で、日本は2位というものもある）。平均年齢が上がると賃金が下がる理由は、賃金の低いシニア労働者が多く労働参加していて、その人たちが非正規形態、あるいは自営業で働いていることの反映だろう。同じようなことが、南欧諸国にもきっとあるのだろう。

翻って、日本は、人口が減少しているからこそ、生産性を引き上げて同時に平均賃金も上

（図表2-2-2）民間主要企業の賃上げ率

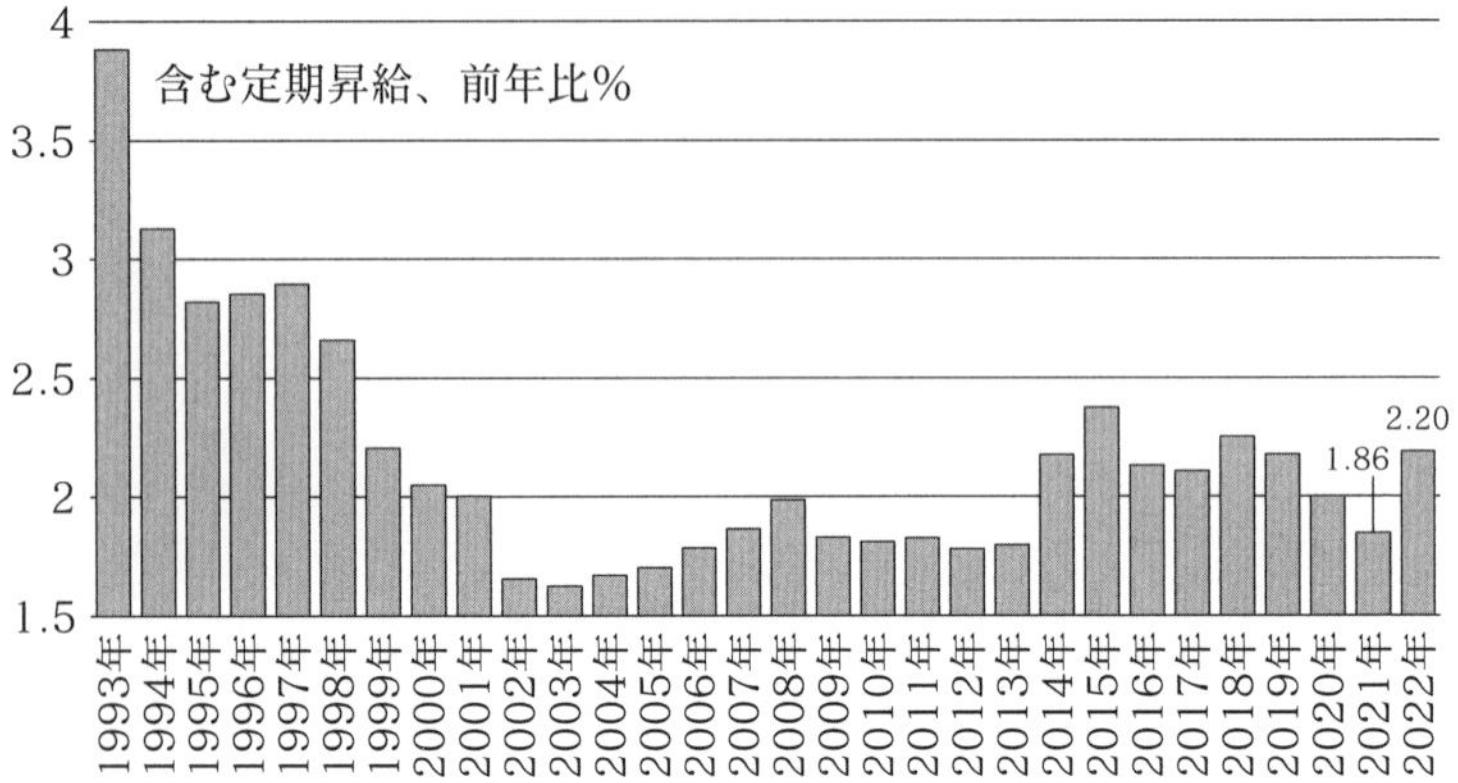

出所：厚生労働省

げなくてはいけない。そうしなければ、人口×一人当たり所得＝総所得は増えていかない。生産性とは、「稼ぐ力」だ。しかし、人口減少と同時に起こっている高齢化は深刻だ。人件費に占める7割強の部分は、中堅・中小企業である。この中小企業こそ、従業員の高齢化が進んでいる。従業員が高齢化しても、その中小企業が年々、生産性を上げられるように、政府は、成長戦略を考えなくてはいけない。

②なぜ、十分な賃上げが起こらないか？

最近の賃上げの状況について、どうなっているかを紹介しておこう（図表2-2-2）。2022年度は、調査対象の広い厚生労働省の統計では2・2%（含む定期昇給）になる。

（図表2-2-3）大企業と中小企業の労働分配率

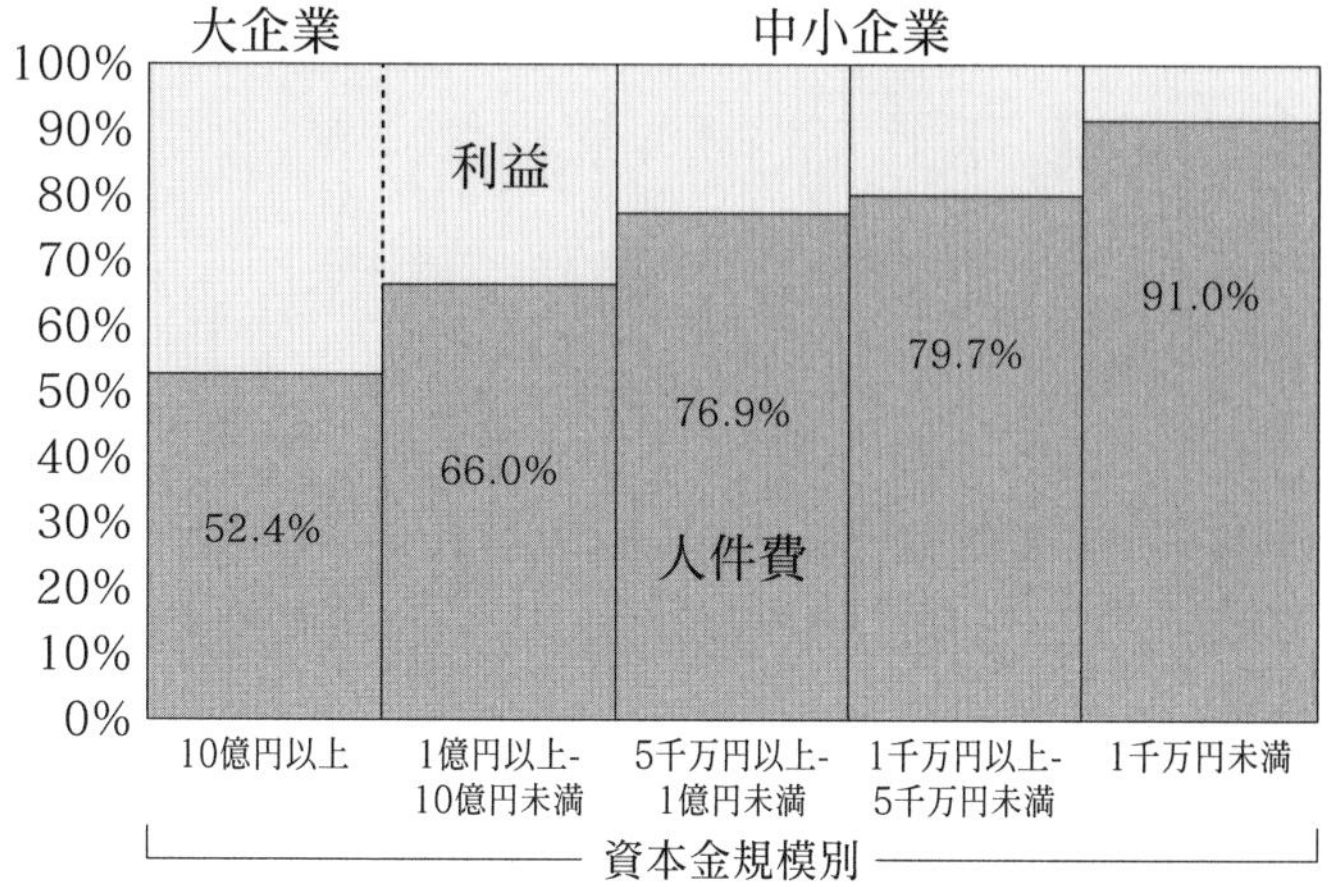

出所：財務省「法人企業統計年報」（2021年度）

賃上げ率のうち、ベースアップ率は、連合の最終集計で2022年度0・63％（前年度0・55％）であった。これでは、2022年の2・5％の消費者物価上昇に対して、実質マイナスになる。

改めて賃上げを考えるとき、説明を要するのは、「なぜ、今まで賃上げが起きなかったのか」という疑問である。なぜ、賃上げが進まなかったのかという理由は、価格転嫁が全般的に進まなかったことと同根である。コストアップが許されないから、人件費コストも同様に価格転嫁が許されないという理屈だ。

賃上げの余地は、大企業と中堅・中小企業では大きく異なる。大企業は、労働分配率が低く、賃上げの余地はある（図表2－2－3）。中堅・中小企業はそれに比べると労働分配率は高い。資本金1000万円未満の小企業は、労働分配率が91・0％である。もう分配率を引き上げる余地などない。だから、順番として大企業が賃上げをして、それが消費拡大に波及した後、中小企業の売上拡大へと進む。そうやって初めて、中小企業の付加価値が増えて、人件費が増えていくのである。

今、経済環境は、2022年になって少しずつ変化が生じている。すなわち、国内物価の上昇は、輸入物価上昇を受けて、徐々に進んできた。ここで重要なのは、企業が自分の力ではコントロールできない原材料高騰の波がやってきていると認識したことだ。これは、いわば「外部からの力」である。よく「自助努力ではどうしようもない」と値上げの理由が語られる。この説明は、「自助努力で何とかできる」ときには値上げを企業はしない理屈と表裏一体である。企業は、「外部からの力」には抵抗できず、自助努力の範囲であれば抵抗する。この自助努力の範囲を「内部の力」と呼ぶことにしよう。その企業にいくら利益があっても、賃上げは「内部の力」で最小限に抑えられる。企業にとって、賃上げはコストアップだからだ。だから、賃上げも「外部の力」が不可欠になる。

企業の賃上げが十分にできないのは、「内部の力」だけでは弱いからだ。特に、大企業では、2000～2013年にかけて財務リストラによって、経常利益を捻出する経営的技巧を高めた。コストを抑える圧力はこの期間に極端に強まった。

企業は、トップライン（損益計算書の最上段）と呼ばれる売上がそれほど増えなくても、ボトムライン（損益計算書の最下段）の利益を増やせることに自信を持ってしまった。そのため、中長期計画で人員・人件費削減の計画を立てて、利益重視の方針を打ち立てた。これは基本姿勢として賃上げはしないということだ。末端の中間管理職が賃上げは必要だと考えても、彼らは権限がないから賃上げは行えない。日本企業では、なかなか内部から既定の方針を覆そうという機運は生まれない。労働者の側も、経営層に敢えて抵抗はしない。

そうした内圧は、1990年代以降に強まり、近年は逆に「他社も上げないから自社も上げない」というかたちで強まった。外側の力すら働かず、賃上げをお互いにしない作用に変わっている。

賃上げをするには、この「内部の力」を「外部からの力」でねじふせる必要がある。「外部からの力」が強く意識されるとき、経営者は仕方なく賃上げに応じるだろう。

例えば、労働組合の要求は、重要な「外部からの力」である。2022年は、英国では30年ぶりという鉄道ストライキが行われた。鉄道、地下鉄、バス、郵便、船員、空港職員など多岐にわたる。4万人以上が参加し、2022年6~9月にかけて行われた。9月にエリザベス女王の葬儀が盛大に執り行われるのと同時に、首都ロンドンでは各地でストライキが行われた。フランス、ドイツ、米国でも航空・港湾の労働者のストライキがあった。対する日本は、ほとんど目立たない。2021年の労働争議件数は297件と、1957年以来で2番目の低さだ。労働者が声を上げないことは、経営者に対して「外部からの力」を意識せずに済むという環境を作っている。

「外部からの力」には、他社がやっているから自社もやるというものもある。日本の経営者は、他社がやっていることを非常に、本当に強く意識する。これは先の横並びと全く同じ力学だ。例えば、日本企業は海外では結構柔軟に賃上げを認めている。なぜならば、海外の労働者はそこで賃上げをしなければ、ほかに引き抜かれたり、離職するからだ。日本企業の経営者は、海外活動では「外部からの力」があることを明確に自覚している。だから、海外の従業員の賃上げには寛容になるのだ。

筆者は、2023年の春闘はよくやっていると見る。やはり、業界での同調圧力が働いたことが勝因だろう。しかし、その先を続けて日本企業が賃上げができるとはまだ思えない。だから、二の矢、三の矢が必要になる。例えば、政府が公務員の賃金を率先して引き上げ、地方公務員や公益法人でも賃上げが積極的になされれば、横並びが崩れる業界も現れてくる。しかし、政府は公務員の賃金を引き上げることへの世論の批判を恐れて、「まずは隗《かい》より始めよ」の故事を実践することができない。

ほかに、賃上げをしたくないという「内部の力」を打ち崩すにはどんな方策があるだろうか。筆者が考えている一つのアイデアは、時の政権が賃上げを積極的に行っている企業を「表彰」することである。上場企業でも、資本金10億円の大企業でもよい。その中から賃上げに積極的な企業を100社選んで「賃上げベスト100」を毎年表彰するのだ。そうすると、同業他社の企業もそれに倣って賃上げをする。日本企業は同業他社がすることに異様なくらいに高い関心を持っている。だから、その効果は絶大だ。「あの会社は賃上げしている」という視点で、個々の企業が注目されることは、外部からの力を強めることになる。

政府ではなく、その役割をメディアや情報サービス業が行ってもよい。そうした情報がもっと流布《るふ》されれば、積極的に紹介された企業は優秀な人材を集めやすくなる。

③本質は生産性の問題

私たちは物価が上昇して、勤め先に何とか賃上げをしてほしいと願う。生活コスト増加の1万円分に対して、賃上げによる1万円の収入増加でカバーができればと思う。これは、極めて明快な理屈である。

それは正論なのだが、事情はそう簡単ではない。世の中は、皆が賃上げをし始めると、労働コストの増加分をそのまま価格に転嫁し始めるからだ。世の中全体の変化を「マクロの変化」と呼ぶ。物価上昇率は、このマクロの変化だ。賃金が3%上がったとき、価格転嫁が進んで物価上昇率が3％上がってしまうと、実質賃金の上昇率は0％である。単なる賃上げでは、実質賃金が上がらなくなるという問題が起こる。

次に、その理屈を簡単に説明したい。多くの企業では、2021年頃から値上げを実施してきた。輸入インフレによって原材料コストが上昇してきたからだ。企業にとっては、売上原価率が上昇すると、付加価値率（＝付加価値÷売上）が圧縮される。だから、販売価格を引き上げて、付加価値率を一定に保つように、価格転嫁に踏み切ったのである。

これまで企業の価格転嫁の作用は働きにくいと見られてきたが、2021年以降の経験では必ずしもそうではなかった。仕入コストの増加は、販売価格にそれなりに転嫁されてきた。食品などでは、1社が値上げをすると、他社も追随して値上げに走る。それまでの値上げはしないという横並びが崩れて、値上げするという横並びへと動かされた。

今後、賃上げによって人件費が増えると、企業はやはり値上げに踏み切るだろう。理由は、利益を維持するためには、人件費の上昇率と同じ程度に付加価値を上昇させて、労働分配率を一定に保とうとするからだ。

ここで考えたいのは、すべての勤労者が賃上げされると、物価が上昇してしまい、結局は実質賃金は上がらなくなってしまうという矛盾についてだ。このロジックは、経済学では「合成の誤謬《ごびゅう》」と言われる典型的なパラドックスである。

では、このパラドックスを前提にして、私たちはなすすべがないのだろうか。この点について、筆者は打開の道があると考えている。それは、物価上昇率と賃金上昇率の間に、「生産性上昇」という伸び代があるので、それを高めていく。

生産性とは、労働生産性＝一人当たりの労働の成果を高めることである。勤労者一人当たりの生産物が増えるとき、企業にとっては一人当たり人件費に対する生産物もまた増える。

財務的な視点で考えると、労働生産性が向上するときは、生産物の増加によって、付加価値額（＝販売価格×付加価値率×生産数量）が増えている。労働投入量1単位当たりに対して、生産数量が増えている。このとき、労働分配率を一定にしていても、付加価値の増加率に併せて、同率で一人当たり賃金を増やすことができる。労働生産性上昇＝実質賃金上昇率になっている。

ここでのポイントは、販売価格が据え置かれていることだ。生産性が上昇するとき、物価を抑制しながら、賃金を増やせる。つまり、実質賃金を上昇させるには、生産性上昇が不可欠になる。繰り返しにはなるが、「単なる賃上げ」ではなく、「労働生産性を引き上げながら、賃上げをする」ことが重要なのだ。

一方で、物価対策として最低賃金を上げることは、生産性上昇を伴わないので、効果的な対策とは言えない。日本の最低賃金は、２０２１年10月に３・１％、２０２２年10月に３・

（図表2-2-4）1人当たり生産性の推移（実質GDPベース）

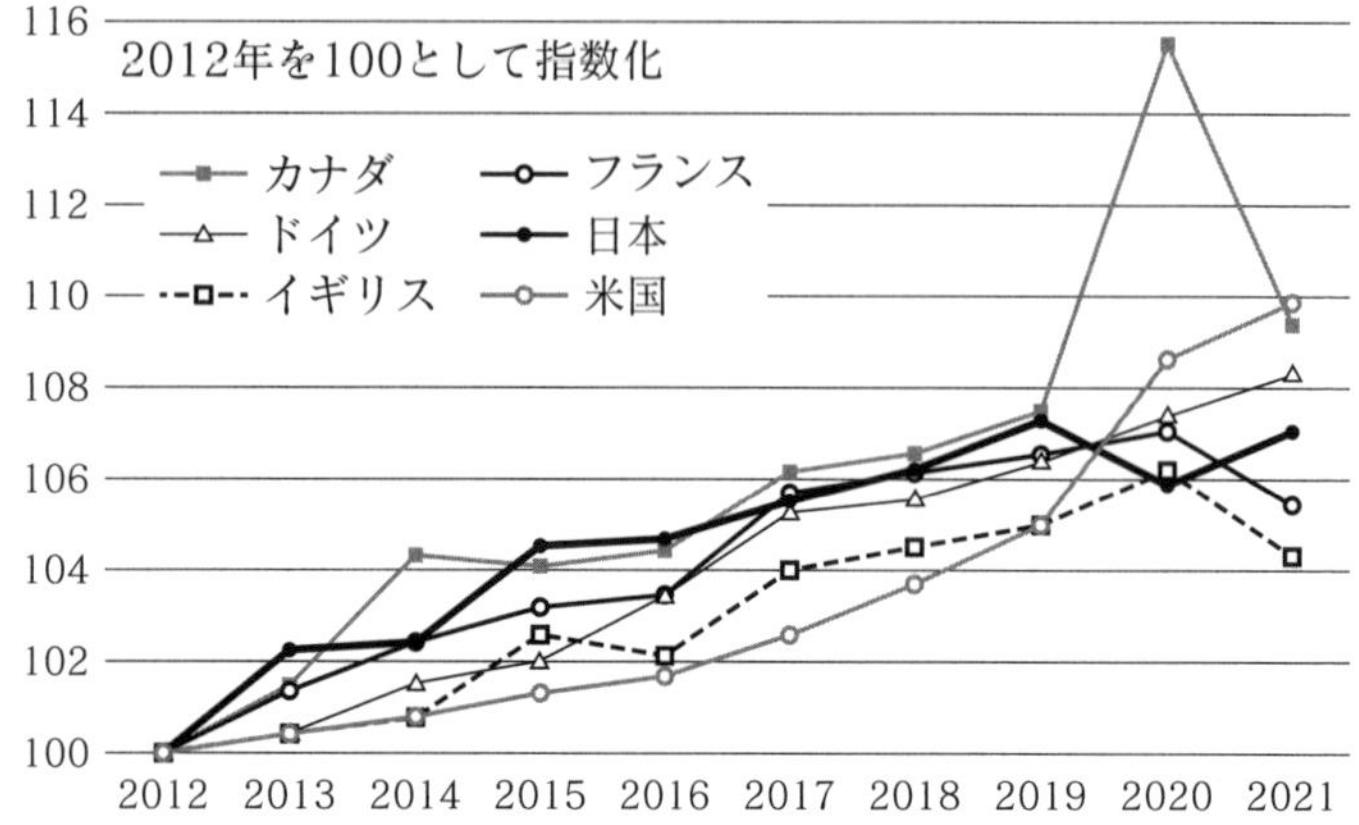

出所：OECD

3%と連続して過去最高の伸び率を記録したが、パート・アルバイトの賃金上昇は2022年は0・8%と鈍かった。最低賃金の引き上げは、低所得者対策であり、すべての勤労者にあまねく利益を還元するものではない。追求すべきは、マクロの生産性上昇ということになる。

生産性に関して、日本は国際的に低い国だとされている。日本生産性本部が毎年発表しているランキング表（労働時間1単位当たりの生産性）では、38か国中で27位（2021年）になっている。カナダや韓国よりも一人当たりの労働生産性は低いという結果である。

しかし、生産性の伸び率自体に注目すると、それほど絶望的に低くはない。過去10年間（2012〜2022年）の生産性の推移は、コロナ前（〜2019年）は他の先進国と同じくらいのペースであった（図表2-2-4）。問題は、コロナ禍の2020〜2022年に再び他国との差がついたのではないかという点である。コロナ禍で日本企業は相対的に出遅れてしまった可能性がある。グラフでも日本は2020年の生産性は一段低くなってしまった。

コロナ禍では、世界中でデジタル化を梃子《てこ》にして、企業の生産性を飛躍的に高めようということが叫ばれた。DX《ディーエックス》化である。そのためには、仕事のプロセス自体を見直して、成果を追求することがDX化の肝《きも》である。しかし、そうした「絵に描いたようなDX」は進まなかった。DXとは革命的転換を指すが、組織のあり方を変えようとは思わずに、道具であるデジタル機器だけを新しいものに取り替えても、何か新しい付加価値は生まれない。テクノロジーの性能を前提にして組織を変革することが本筋だ。

そうでなければ、余計な作業が増え続けて、デジタル化は生産性を高めない。最近、日本企業の生産性が高まらないのは、過去に排出された余計な作業＝ブルシット・ジョブを処理できないからだという意見が多く見られる。

日本の生産性は、順位こそ低いが、伸び率だけで見ると、コロナ前（2012〜2019年）は順調に伸びていた。伸び率は低くないのに、水準が低い理由は、日本の生産性の足を引っ張っている何らかのファクターが重石《おもし》のようにあるからではないか。

その正体の一つが企業内に巣くっているブルシットだろう。ブルシットとは、品のないスラングで、「くそどうでもいいもの」を指す。「いまいましい」という感じだろうか。利益とは無関係に、無意味なルールを盾に仕事の効率を下げる行為だ。過去の個人的な体験でも、他人の仕事に割り込んできて、無意味な手続きを押しつけることしかしない人がいる。わかっていながら誰もそれを制止できないこともある。だから、経営者はよほど鋭く監視の目を光らせておかないといけない。会社の中には、ブルシット・ジョブを量産する人が隠れている。上から眺めて見ても、面従腹背の人は見分けにくい。

さらに、日本の組織の課題は、そうした体質をデジタル化と同時に滅菌することだ。日本企業にたまった長年の澱《おり》のようなものを一掃する。口だけではなく、皆が勇気を出して、非効率なことにNOをいうことが絶対に必要だ。私の知っているある辣腕《らつわん》の経営者は、口癖のように「あんたたちは本気で稼ぐ気があるんか?」と言っていた。この問い掛けは、ブルシット・ジョブを殺菌する魔法の言葉になるだろう。

生産性を上げることに関して、不都合な事実は多くある。いろいろと調べていくと、内閣府の「世界経済の潮流」(2022年)では、日本は生産性の変動に対して、賃金が連動しにくい国だという*3(図表2-2-5)。労働生産性と賃金の伸び率の間の相関係数を求めて、OECD加盟国のうち35か国で比較したものだ。日本は35か国中で、26位と低い順位だ。相関係

（図表2-2-5）労働生産性と賃金の相関係数（1991〜2020年）

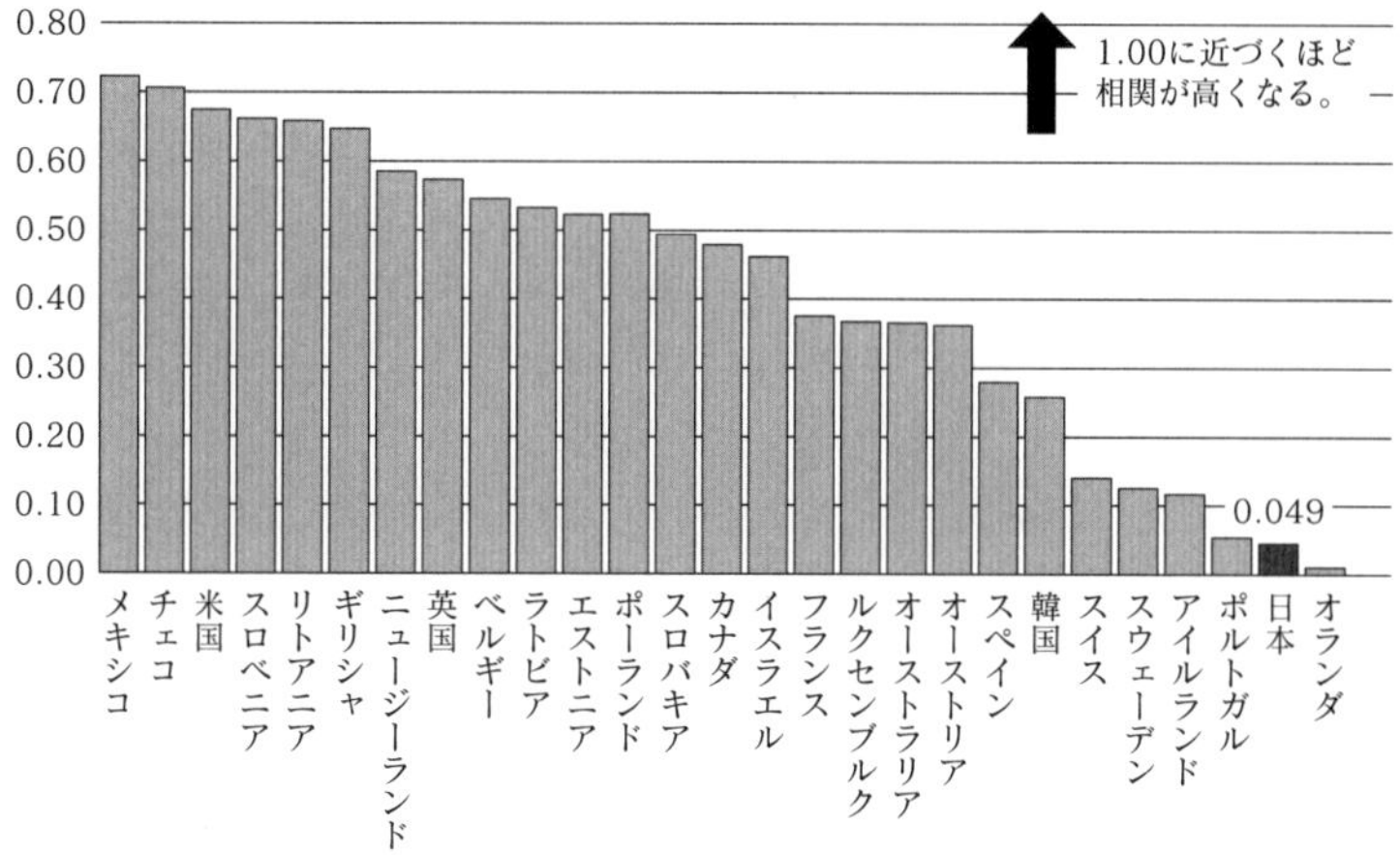

出所：内閣府「世界経済の潮流」（2022年）

数は、0・049とほぼ無相関である。これは、日本の賃金が、生産性と連動していないことを示している。

生産性の高まっている米国は、相関係数が0・674と日本よりも遥かに高い。近年、日本の賃金を抜いてきたイスラエルや韓国、東欧諸国はいずれも日本より相関係数が高い。つまり、日本の賃金は変化に対して上方硬直的だから、成長する国々に次々と抜かれるのだ。この内閣府のデータは、私たちの心をくじくに足る内容だ。

なぜ、日本の賃金がこれほど硬直的なのかを考えると、「安定重視があだになった」という見方ができる。日本企業は不況になっても、雇用を守り、所定内給与もそれほど下げない。その代わりに、好況に転じても、すぐには賃金を上げない。リスク回避型で賃金を支払っていることが、硬直性の原因になっている。

　この傾向は、経営者の慎重姿勢とも符合する。過去20年間を振り返ると、リーマンショック（2008年）、東日本大震災（2011年）、コロナ禍（2020年）と、数年に一度のペースで、大きな経済ショックに見舞われている。企業はそのたびに雇用を守り、所定内給与を下げ渋ってきた。その代償として、危機から数年を経なければ、名目賃金を上げようとしない。しかし、名目賃金を上げ始めると、すぐに次の危機が起こって賃上げがストップする。この循環が繰り返されてきたのだろう。

　こうした傾向は、日銀の金融政策にもそっくり当てはまる。慎重すぎて超低金利の是正がいつまで経ってもできないでいる。過剰なくらいに安全運転だから、スピードが出せない。安定志向があだになっている。

　あだになっていると言えば、ここ数年、日本の勤労者の労働意欲が低下していることが指摘されている。かつて1980年代まで、会社への忠誠心が非常に高いというのが日本人像だった。それが今では完全に過去のものになっている。その原因は、日本企業が生産性に見合った賃金を必ずしも支払わなくなってきたからだ。米国のジャネット・イエレン財務長官の学者時代の業績には、効率賃金仮説というものがある。賃金水準を生産性水準に比べて高めに設定すると、その労働者は割高の賃金水準を失いたくないと考えて、一生懸命に働く。忠誠心も高くなる。逆に、生産性に比べて賃金が低いと、忠誠心も低くなる。日本はいつの間にか、後者になってしまっている。

ほかにも、内閣府「世界経済の潮流」（2022年）は、様々に興味深いことを指摘している。米国はそもそも生産性が高まっていて、それが賃金を上昇させているが、さらに別の要因もあるという。それは労働市場の流動性である。米国では、転職をして労働移動をすると、そこでさらに賃金が上昇する。内閣府は、アトランタ連銀の研究を引用して、継続雇用者に対して、転職者の賃金が高まるデータを紹介している。それに比べると、日本は継続雇用を重視し、賃金が上がりにくい。技能職や管理職、経営層での雇用の流動性が極めて低く、労働移動によって賃金が上がることも起こりにくい。日本企業の賃上げには、競争圧力を通じた作用も小さいということだ。

この労働市場の改革を進めることは、日本企業が硬直的な賃金を変えていくことにもなる。仮に、外部労働市場（転職市場）が厚みを増せば、企業が過剰に雇用安定を重視しなくてもよくなるだろう。労働者側も、生産性に比べて賃金を支払わない企業を敬遠して、もっと優遇してくれる経営者の下に移ろうとするだろう。時間がかかるかもしれないが、日本人が安定重視を犠牲にして、柔軟に選択できる環境を作ることができれば、賃金は上がりやすくなるだろう。

④高成長へのアプローチ

岸田政権は、分配政策という名称を使って、賃上げを促進しようとしている。それが実現できれば、物価上昇の痛みを緩和できる。給与が増えると、暮らしの負担が軽くなるという話は、誰でもわかる理屈だ。

しかし、どうすれば賃上げができるのか、その方法についてははっきりしない。政府がそれを誘導するにしても限界がある。政府に直接動かせるのは、公務員の給与と介護・医療従事者の報酬を上げるくらいに限られる。賃上げ促進税制を使っても、賃金を上げて企業収益が増えるわけではないから、インセンティブ効果は乏しい。もともと、賃上げをするつもりだった企業が、賃上げ促進税制を利用して、法人税の還付を受けやすくなるということだろう。

賃上げができるかどうかを机上で論じていても実りが少ない。そこで実例に学ぶこととしたい。「週刊東洋経済」の2022年10月1日号[*4]に、年収アップ企業のランキングが掲載されていた。上場企業の「従業員の年収増加率」を上位1～50社ほどリストアップしていた。個別の事例は紹介できないが、特徴だけは説明しておきたい。

直近期の従業員平均年収を3期前（コロナ前）と比べた増加率で見たランキングでは、3年間の増加が20～35％増だった上位8社のうち、5社が半導体関連、電子部品などであった。さらに上位50社の中では半導体関連が22社を占めている。世界の半導体市場の中で日本企業は影が薄くなったと言われて久しい。それでも、半導体製造装置、計測機、電子部品・素材のところでは収益を上げる企業が多くある。連結従業員数1000人以上の企業では、従業員の平均年齢が40・8歳であった。平均年齢が若いと賃上げがしやすい。その顔ぶれは、半導体などを含めて、特定分野のトップのシェアを持つ企業が目についた。特定分野で、世界シェアの1、2位を争う企業のことを、グローバル・ニッチ・トップ企業と呼ぶが、そうした企業が、日本企業に多くなれば、賃上げはもっと進むはずだ。

逆に言えば、成熟した市場に幅広い事業分野を持っていて、かつ平均年齢の高い企業は、賃上げをしにくいのだろう。ほとんどの日本企業が、成長しない分野で多くのシニア社員を抱える会社になってしまっている。

筆者は、「週刊東洋経済」と同じことを財務省「法人企業統計」（季報）で試みた。3年前（コロナ前）と比べて、一人当たり人件費（賃金）が大きく伸びた業種はどこかを調べたのだ（図表2-2-6）。

ランキングのトップは、金属製品製造業である。3年前比で賃金は8・2％増だった。全

（図表2-2-6）業種別に見た賃金上昇幅〈上位15位〉

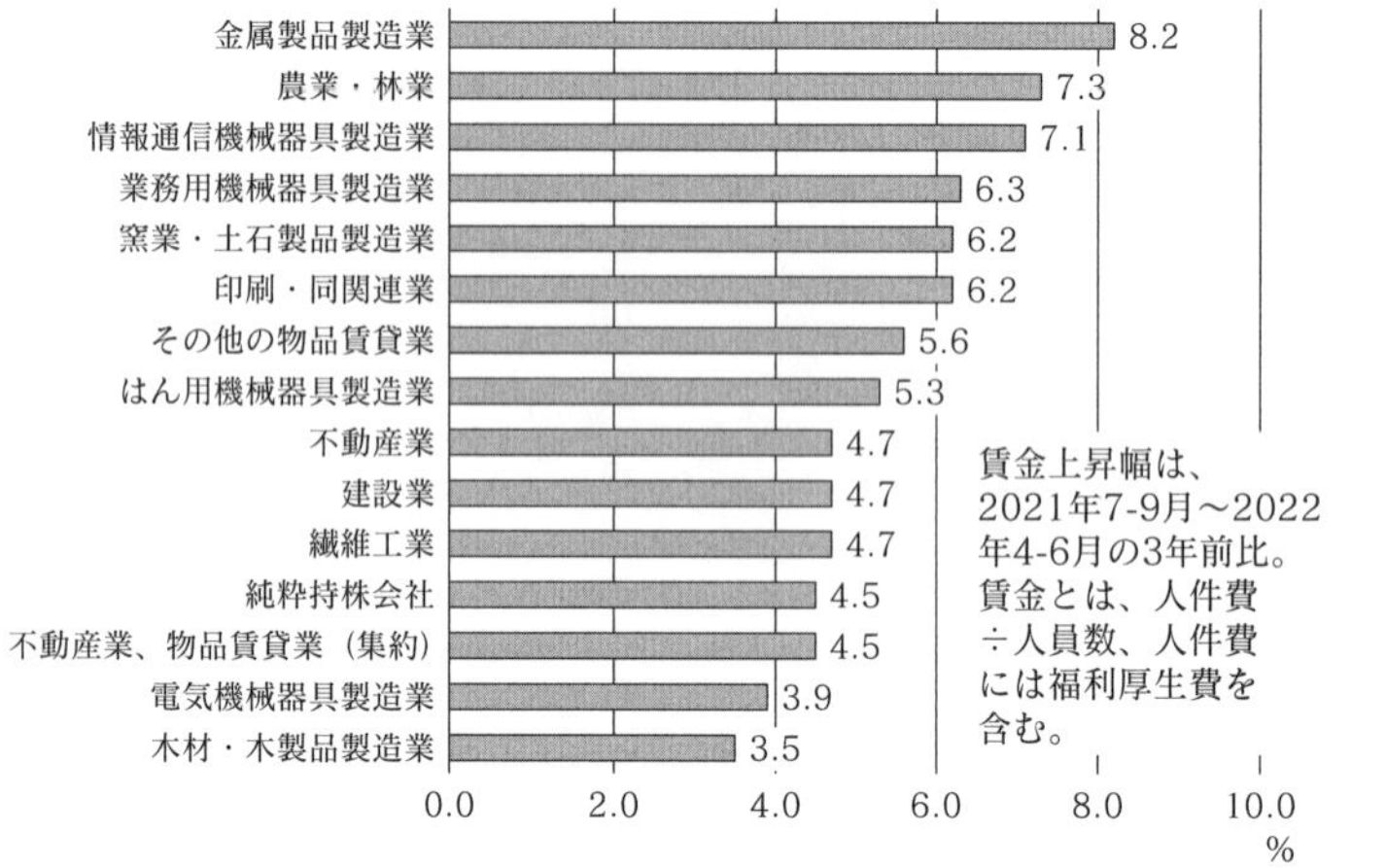

出所：財務省「法人企業統計」

産業（除く金融保険業）では、３年前比０・２％と微増だった。

２位は農業・林業、３位は情報通信機械器具製造業、４位は業務用機械器具製造業であった。半導体は、３位の情報通信機械に多くが入るだろう。そのほか10位のランキング外だが、電気機械器具製造業は14位、生産用機械製造業は16位である。そこにも半導体関連の企業は多く含まれているだろう。

製造業というカテゴリーで、ランキングに当てはめると、18位になる。３年間で賃金は２・９％増えている。銀行業は、３年間で１・３％の増加と小幅だった。製造業は、コロナ禍でも需要の活路を海外に求めることができた。もしかすると、海外で人材を獲得しようとすると、賃金水準を引き上げなくては優秀な人物を獲得できないということを、グローバル化した企業の経営者はより自覚していることが、他の企業よりも賃上げに寛容になっている理由かもしれない。

反対に、一人当たりの人件費が下がった業種はどこだろう。下落の1位は、教育・学習支援業となる。しかし、3年前比と5年前比の振れが大きい。これは、法人企業統計のサンプル替えで、コロナ前の人件費のデータが大きくなった可能性がある。少し割引いてみた方がよい。2位の漁業は、ここ数年の不漁を反映しているのだろう。3位の宿泊業、10位の飲食サービス業はコロナ禍の打撃のせいであろう。

非製造業の中の業種では、賃下げが目立っている。非製造業の賃金は3年前比でマイナス0・7%である。広い範囲のサービス業は3年前比でマイナス3・6%と賃金の減少幅が大きい。労働者派遣業は3年前比マイナス1・4%、運輸・郵便業は3年前比マイナス4・7%、ガス・熱供給・水道は3年前比マイナス5・4%である。

マクロの賃上げを成功させるには、成長することが難しい国内サービス業や、価格を引き上げにくい公益事業（電気・ガス・水道）の扱いを変えることが必要になる。法人企業統計の中には含まれていない公務員も、やはり賃上げが難しい分野の一つだと言える。

賃上げをするために、何が必要なのかを整理してみよう。政治的願望として、賃上げを実現するには「金あまりの企業が、内部留保を取り崩せばよい」という話になりやすい。スト

（図表2-2-7）世界の半導体市場の市場規模

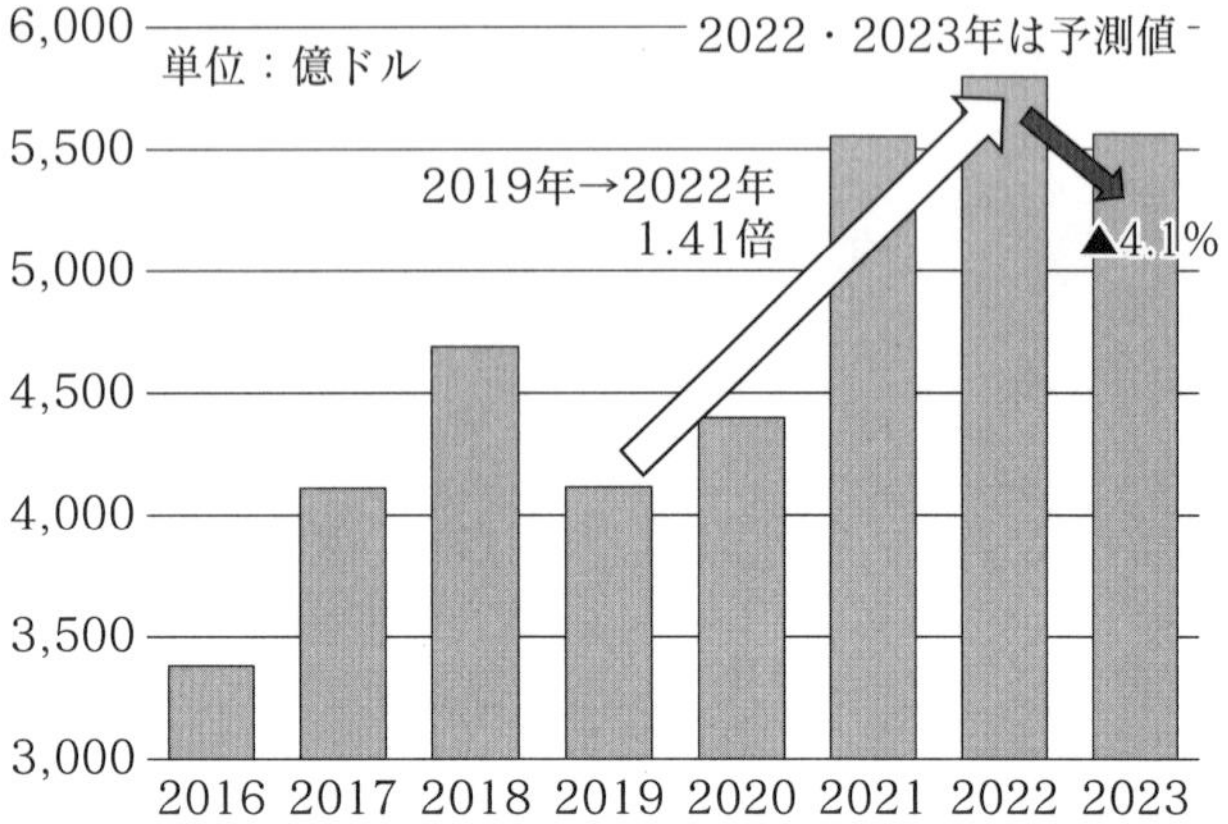

出所：WSTS（世界半導体市場統計）
（2022年11月推計）

ックの内部留保を取り崩すと、フローの経常利益は赤字になる。そのようなことをする企業経営者はどこにもいないだろう。

　実例に学ぶと、大幅な賃上げをしていた企業には、半導体関連が多かった。なぜ半導体なのかと言えば、世界の半導体市場が著しく成長しているからだ。そこで多くの日本企業は稼いでいる。それは、たとえ日本企業が主役級のプレイヤーでなくても、強かに稼げている。

　世界の半導体市場の規模は、２０１９年から２０２２年（予測）までに１・41倍に膨らんだと見られている（ＷＳＴＳ〈世界半導体市場統計〉調べ、図表2-2-7）。破格の成長である。その恩恵に浴せる企業は賃上げができる。企業はグローバル化して、そうした成長分野の鉱脈を掘り当てることが課題になる。

反対に、賃上げができない企業は、従業員の平均年齢が高く、国内で規制やルールに縛られている分野の企業だろう。従業員の年齢が高いと、ベースアップの恩恵に与れない従業員も多くなる。

平均年齢が高くなると、経営者がシニアの従業員に新しい仕事に挑戦させることをためらう。畑違いの仕事をさせても成果は乏しいと、人材活用に消極的になる。人員構成が高年齢化すると、それが足枷だと感じる経営者は多いはずだ。一定年齢に達した従業員の給与はルールをつくってカットする。仕事はなるべく同じことをさせる。これでは、賃上げなどできるはずがない。根本からカルチャーと発想を変える必要がある。

⑤ドイツに追い抜かれて日本は世界4位に転落か？

近々、ドイツの経済規模が、世界3位の日本を抜く可能性がある。日本は、世界4位に転落する。1968年に日本は、当時の西ドイツを抜いて世界2位に躍り出た。それが2010年に中国に抜かれて、世界3位になる。これは、人口の多い中国が高成長するのだから仕方がないと、諦められる。しかし、ドイツは日本よりも人口が少ない。G7の中でも、日本が米国、ドイツの次になるのは衝撃的だ。

（図表2-2-8）ドル表示の日本とドイツの名目GDP

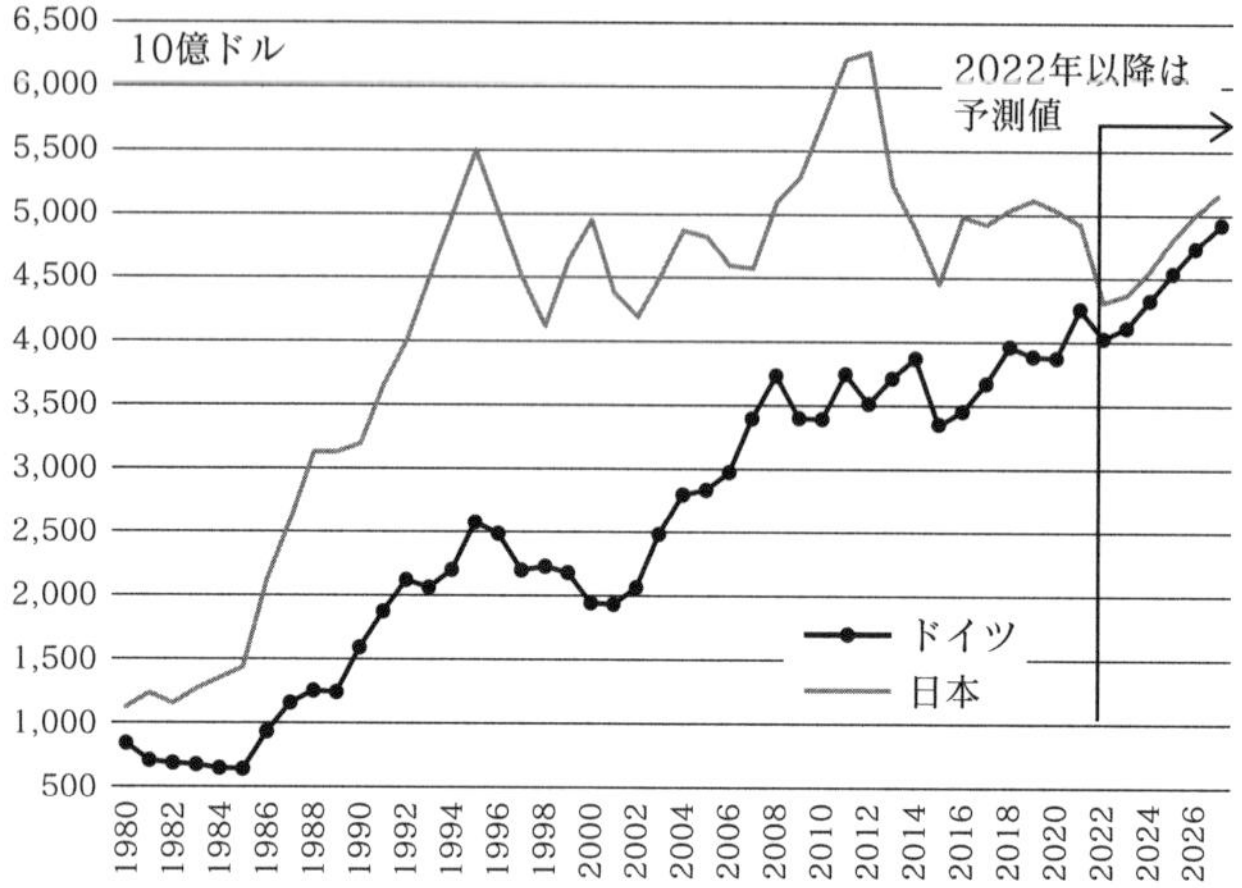

出所：IMF（国際通貨基金）

ＩＭＦ（国際通貨基金）の経済見通し（２０２２年10月）では、日本の２０２２年の名目ＧＤＰが４兆３００６億ドルで、ドイツは４兆３１１億ドルである（図表２‐２‐８）。まだ、両者には６・７％の開きがある。２０２３～２０２７年までの予測値でも辛うじて日本は逆転されない見通しになっている。しかし、今後のドイツのインフレ率、実質成長率、為替レートの変化次第では、日本が逆転される可能性が残る。ドイツのインフレ率は、２０２２年11月は前年比11・３％、12月は同９・６％と日本よりも遥かに高い。

その一方で、実質ＧＤＰの予想は、日本が２０２３年の前年比１・６％、ドイツが同マイナス０・３％と、日本の方が勝っている。しかし、物価を織り込んだ名目ＧＤＰでは、日本が同2・2%で、ドイツが同5・4%と負けている。そして、為替レートでは、IMFの予測の前提となっている為替レートは、2022年が1ドル128・42円、2023年が129・34円となっている。

2023年の予測値では、ドイツと日本の差は1・060倍に縮小する。もしも、2023年の平均のドル/円レートが年間平均で6・0%以上の円安(1ドル129・34円→137・06円以上)になれば、2023年に日本はドイツに逆転される計算になる。こうして見ると、日本とドイツの逆転は、2023年中に微妙な差で決まることになりそうだ。

最近までドイツの猛追に気がつかなかったのは、先進国中でドイツの景気が最も厳しいという認識があったからだ。ドイツは、ロシアが天然ガス供給を止めたために、高価格のエネルギーを調達しなくてはいけなくなっている。

では、それにもかかわらず、日本はどうしてここまでドイツに追いつかれてしまったのだろうか。1980年代初頭はドイツと日本の差はほとんどなかった。それが、1985年のプラザ合意後の円高によって、ドル表示の日本の名目GDPが増加した。しかし、その逆の効果として2012年以降の円安が、日本のドル表示の経済規模を小さくしている。「安い日本」が、日本を小さくしているのだ。

少し精緻に、コロナ前の2019年とIMF予測の2023年の経済規模の変化を要因分解してみよう。2019年時点での日独格差は1・317倍であった。当時は、追いつかれるなどとは全く想像もしなかっただろう。ところが、4年後の2023年には1・060倍まで接近を許している。

その原因は、①6割はインフレ率（GDPデフレーター）の変化、②4割は為替レートの変化に分解できる。実質GDPの変化はほぼ関係がなかった。ここ1、2年でドイツのインフレ傾向が強まったことと、2013年以降の黒田緩和の中でより円安が進んだことが、この急接近を引き起こしている。

ところで、昔から日本はドイツと似ていると言われてきた。製造業大国とか、労働者の勤勉さなどが挙げられる。国土の面積も、ドイツが35・7万平方メートルと、日本の37・8万平方メートルとほぼ同じである。失業率が、他の主要国よりも低いところも似ている。

しかし、全く異なる部分があることの方に注意を向けたい。ドイツは、財政赤字を嫌う。インフレも嫌いで、中央銀行は利上げでインフレの芽を潰すことを優先してきた。日本は、ドイツに比べると、かなりルーズである。財政は拡大し、インフレでも中央銀行は利上げしない。為替が、日本円よりもユーロの方が高くなるのは、金融・財政政策の差に起因する部分はあるだろう。

先に、日本は円安になり、ドイツはインフレだから、両者の差が縮まったと述べた。これはよく考えると不思議なことだ。インフレならばユーロは下落して円高になるはずだ。しかし実際はドイツは、インフレ＋ユーロ高でドル建て名目ＧＤＰが増えて、日本は円安で名目ＧＤＰが減る。

このねじれの種明かしは、金融政策の差によって生じるものだ。ＥＣＢはインフレ退治のために利上げをするが、日銀はインフレに寛容なのか、低金利を続けている。すると、インフレ格差ではなく、金利差によってユーロ高・円安が進んで、日本のドル建て名目ＧＤＰは減ってしまう。この変化は、ドイツがインフレ嫌いで、日本が利上げを嫌うという相違点によって生じている。この説明は、意外に状況をうまく説明できると思われる。

「日本がドイツに抜かれるのは、時間の問題だ」と思う人は多いだろう。しかし、逆転される危機感をバネにしなくてはもったいない。いや、危機感がなくて、端《はな》から諦める方がよりまずい。政治的に、日本が逆転を許さないためには、成長志向に転じる必要がある。岸田首相には、ドイツに抜かれないように頑張ることをお願いしたい。政府は、政策対応として一人当たりの生産性を高めるために、成長戦略にリソースを重点配分することが望まれる。

今さら、生産性の重要性を説明する必要はないだろうが、人口減少圧力が強いという点で共通しているドイツとの比較で改めて説明したい。ドイツの人口は、２０２２年6月に８４００万人を上回った。同じ時期の日本の総人口は1億２５１０万人だ。両者を比べると、日本がドイツの人口の1・49倍を有することがわかる。ならば、もしも、経済規模で日本とドイツが同じになるのは、一人当たり名目GDPでドイツが日本の1・49倍になったときだという算術になる（為替効果は考えない）。

これまで労働生産性は、日本の方がドイツよりも低かった。就業者の労働時間1時間当たりの実質生産物で比べると、2021年時点ではドイツが日本の1・62倍と高い。

その一方で、ドイツの方が総労働時間が短い。ドイツが1349時間、日本が1607時間だった（2021年）。だから、就業者一人当たりの生産性はいくらか低くなる。そこに人口一人当たりの就業率をかけると、一人当たり実質GDPはもっと小さくなる。

ドイツが経済発展してきた理由を、ドイツ人の気質だけに注目していては見えない部分もある。むしろ、欧州経済全体で捉える必要がある。ドイツの経済規模は、ユーロ圏の1／3～1／4を占めており、フランスとイタリアを併せた3か国では過半を占める。EUの経済発展を特徴づけると、東方拡大という言葉で言い表せる。1999年に統一通貨ユーロの通貨圏が形成された後、2004年にはチェコ、ポーランドなど10か国が一気に加盟した。2007年は、ブルガリアとルーマニアが続く。2022年は、ウクライナ、ジョージア、モルドバ、コソボが加盟申請をした。2022年2月に始まったロシアのウクライナ侵攻は、EUの東方拡大を強く警戒してのことだ。ロシアには、緩衝地域であるウクライナがEUに飲み込まれることへの危機感があった。

注目したいのは、ＥＵ経済が拡大していく中で、ドイツがＥＵ域内で貿易を増やし、それが経済成長を遂げる原動力になっていることだ。ドイツ、フランス、イタリアの三つで比べると、名目ＧＤＰに対する輸出額は、ドイツ36％、イタリア30％、フランス27％とドイツが最も高い（２０２１年）。対する日本は16％と低い。何より人口一人当たりの輸出額は、ドイツが１万７５０６１ドル、イタリアが１万52ドル、フランスが１万１３３９ドルとＧ７諸国の中でドイツが最も多い（２０２１年、日本は５６８３ドルとかなり少ない）。

平均賃金の高さと、この一人当たり輸出額の間には密接な関係がある。一人が海外（域外）から稼ぐ金額が多いほど、その国の平均賃金は高くなる。ＥＵ域内では、ドイツ企業が新しく加盟した東欧諸国に進出して、当初は安い労働力を武器にして生産を拡大し、さらに中国など域外にも輸出を増やした。筆者が驚くのは、安い労働力を目指して進出した東欧諸国の平均賃金が上昇していったことである。チェコ、ハンガリー、ポーランド、スロバキア、スロベニアといった２００４年にＥＵに加盟した国々である。

ＯＥＣＤ加盟国の平均賃金ランキング（１１４頁の図表2-2-1を参照）を見ると、２０２１年はドイツは11位５万６０４０ドルになる。日本は24位で３万９７１１ドルである。ここで日本を上回っている国として、スロベニアが19位４万３８９２ドルで登場する。日本をいくらか下回っている国々には、ポーランドが26位3万3566ドル、チェコが29位3万1711ドル、ハンガリーが31位2万6268ドルとなっている。ポーランドとチェコは、日本を射程圏内に捉えているという見方もできる。

この比較は、OECDが為替レートの変動をなるべく受けないように購買力平価102・1円（2021年）を使って計算している。1ドル130円で換算すると、すでに日本の平均賃金は抜かれている可能性もある。

なぜ、輸出拡大をすると平均賃金が上がるのであろうか。スロベニアなど東欧の平均賃金はかつては安かったのに、ドイツ企業が東欧の現地工場で生産拡大をすると、東欧の従業員はより高賃金で雇われることになった。これが、賃金収斂《しゅうれん》メカニズムである。経済学では、要素価格均等化の原理と言われる。

しかし、ドイツは東欧に生産シフトしても、賃金が下がらないことはどう説明すればよいのか。その点は、賃金収斂のメカニズムが働いても、それ以上のペースでドイツの労働者には賃金が増える上昇圧力があるということだ。ドイツは米国、中国などEU域外に輸出して、生産性・賃金を高めている。特に、ドイツは他の欧州諸国に比べて、中国向け輸出が多い。ドイツは、企業が東欧に拡大したサプライチェーンを使って、輸出・生産拡大を遂げている。

もう一つ、貿易取引が持っている生産性上昇の作用もある。日本では、米国や中国のIT

プラットフォーマーの躍進を見て、デジタル化の推進が叫ばれている。しかし、ドイツも日本と同様にIT企業の巨人がいない。ドイツの製造業と言えば、IoT（モノのインターネット化）で生産性上昇を狙うという話はよく耳にするが、それは反面教師としてドイツも遅れているからこそ、デジタル化で巻き返したいと考えているのだ。

むしろ、ドイツの強みは、製造業を中心にEU内に域内貿易の分業体制ができていることにある。貿易理論の古典には、経済学者デヴィッド・リカードの比較生産費説がある。貿易取引国は、自分たちが相対的に安く製造できるものに限って生産し、割高になるものは輸入に振り替える。得意の分野に特化して交易をすれば、相手国とともに生産性が上がる、という説だ。各国が得意なものをお互いに作って、それを交換するのが国際分業とされる。分業=生産性上昇という原理になる。リカードは1772~1823年に生きていた人物である。死後200年後の現在も、リカード原理は強力に生存している。逆に、このリカード理論を徹底させていない国は、成長ができずに低迷を余儀なくされている。残念ながら、過去十数年間は、トランプ前大統領が報復関税を多用し、ブレグジット（イギリスのEU離脱）が起こるなど、世界的に自由貿易を否定する考え方が政治的に席巻《せっけん》している。

筆者は、日本がドイツに抜かれる可能性が高まってきたことを奇貨にして、日本は生産性上昇のための取り組みを国民運動化するのがよいと考える。そのとき、ドイツの教訓が、日本の採るべき道になるだろう。

ドイツは、サプライチェーンを東欧まで広げて、域外への輸出を増やした。実は、日本企業も2000年代以降、中国にサプライチェーンを広げて、ドイツと同じ展開をしてきた。しかし、よく見ると、2010年代以降は日本より、中国がアジアなどに展開する勢いが目立つ。ASEAN諸国では、貿易相手国の首位は、軒並み中国に占められるようになっている。ドイツに最も似ているのは、実は中国だったという図式だ。

米国は、中国に対抗するため、TPPを作った。しかし、米国が2017年に脱退し、2018年にはTPP11になった。そして現在は英国が加盟することが決まり、中国と台湾が同時に加盟申請をするという混迷した流れになっている。日本は、政治的利害の前で立ち往生しているのが実情だ。

日本が輸出拡大を通じて成長を遂げていこうとするとき、中国や韓国とどう連携していくのかが大きな課題になっている。筆者は、国際的な利害対立がまさに日本の成長にとって壁になっていると見る。米国の政治的利害にあまりに巻き込まれるのは、経済的な自由の観点から見て得策ではない。むしろ、TPP11のように、米国がいない枠組みを思い切っていかに広げていくかが課題となる。

3. 円安で外資の買収が増えるか？

①活発化する外資の不動産買収

筆者は、円安の隠れたデメリットとして、日本の資産が割安だということで外資に買われていくこともあると考えている。

北海道では、外資による森林取得が増えている。林野庁「外国資本による森林取得に関する調査の結果について」では、2006～2021年の15年間に外資（非居住者）によって購入された森林は、303件、面積にして2614ヘクタールになる。国内にある外資系企業と思われる主体分を併せると、同期間の569件、面積8465ヘクタールに増える。2021年の事例を見ると、19件のうち14件が北海道である。パウダースノーで滑り心地が格段に良いニセコ・スキー場の近くに、その取得地域は集中している。森林だけではなく、ホテル・旅館の買収もあり、外資のホテル建設も相次いでいるという。

かつて、ニセコと言えば、オーストラリア人の観光客に大人気であった。ところが東日本大震災後は、観光の主役が中国人に取って代わられている。中国資本は、自国の観光客に人気のスキー場に先回りして、宿泊施設を建てて、儲けようという意図が透けて見える。また、中国国内では不動産投資規制が厳しいので、代わりに外資の規制が緩い日本に進出して、不動産取得を活発化させている面もある。投機目的の取得案件は、中国人同士で転売されて、持ち主がわからなくなっている。中国資本の資金流入は、中東オイルマネーと同じく、海外の余剰資金が溢《あふ》れ出して、日本で利鞘を抜こうと狙っているのだろう。

近年は、森林だけでなく、日本の不動産も、外資によって購入されている。ざっと話題になっているだけでも、箱根、伊豆、富士宮、軽井沢などのリゾート地で中国資本を筆頭に外資による不動産購入が騒ぎになっている。

おそらく、最も日本人の不安心理をかき立てるのは、京都の不動産を外資が買っている行動だろう。NHKの報道では、中国の投資会社「蛮子投資集団」が2018年に120軒もの町家を買い取って、「蛮子花間小路」という名前で再開発する計画を発表した。

京都の町家の風景が無惨に崩されることには嫌悪感を抱く。ただ、そうした町家の崩壊は、外資だけのせいだとも言えない。町家は2008・2009年には4万7735軒あったが、2016年には4万146軒と、15・9%も消失している。もともと人が住まなくなった町家は増えていて、京都ではそれを宿泊施設に転用することで、何とか残そうという努力をしてきた。ところがそこに、かなり多くの中国人が宿泊施設の所有者になってきているのが実情だという。町家の中には、室町時代からのものもある。2018年に解体された中京区の「川井家住宅」は、京都最古の町家とされていた。京都市は、保全のために条例を作り、町家を使用したい人を引き合わせるマッチングを始めた。しかし、それで古き良き町家の風景が守られるわけではない。

京都の名勝の周辺でも、中国をはじめとする外国人所有の住宅が増えているという。これは、セカンドハウス・別宅という扱いなのだろう。その中には、中国人同士の中で転売されているものも少なくないようだ。

中国人にとって、京都は憧れを感じるブランドだ。2021年9月に大連市で事件が起こった。京都を模した「盛唐・小京都」というテーマパークが8月25日に開業したところ、「文化侵略」という批判を浴びて、9月1日に閉鎖された。同じように「蛮子花間小路」も、京都を好む訪日中国人を狙ってビジネスを仕掛けようという試みだと考えられる。

京都に限らず、日本の不動産や企業が次々に買収されるのは、なぜだろうか。一つは、日本というコンテンツが外国人にとってビジネスチャンスとして生かせそうだという期待感があるからだろう。

しかし問題は、短期的利益を狙った開発が、地域の雰囲気を壊してしまう点だ。この点は、外資であろうが、国内資本であろうが、同様の問題が起こる可能性がある。「地域の雰囲気を壊す」という表現は感覚的に伝わりやすいから使ったが、より厳密には「社会関係資本を壊す」ということであり、観光地や名勝地の経済価値が下がるということだ。社会には規範があり、それを守ろうとする地域住民がいるから、街の美観や暮らしやすさが維持される。この「社会関係資本」は、目に見えない無形資産である。街並みが壊れると、そこの不動産地価も下がる。これは、「社会関係資本」に外部効果という要素があり、住民の満足度を損なうと、その派生価格である不動産価格を押し下げるからだ。「伝統を守る」という言葉は情緒的に聞こえるかもしれないが、それは経済合理性にも裏打ちされている。

②円安が招く企業買収

日本円の通貨価値が下落することで、買われるのは森林や町家だけではない。今後、強く警戒されるのは、企業買収の増加である。海外投資家は、今までよりも少ないドル資金で、日本企業の買収に必要な円資金を調達することが可能になる。外国人は、割安で日本企業の株式を取得できる。2022年に投資ファンドが買い手となったM&A（合併・買収）の取引総額は約240億ドル（1ドル＝130円換算で約3・1兆円）と前年比4割強に増えた（金融情報会社リフィニティブ調べ）。買い手の中心は外資系だ。

敵対的買収を仕掛けられたとき、日本の経営者は自分たちの地位が危なくなると、本能的に拒絶反応を示すであろう。その心理的インパクトは、日本の森林や家屋のような不動産買収リスクよりも遥かに大きいはずだ。人間の生活自体が揺るがされるからだ。まだ、現時点ではその現実味が乏しいが、一度、象徴的な事例が起きると、日本の空気はたちどころに変わるであろう。

過去、２００５〜２００６年にライブドア事件が起きたときがそうであった。２００５年2月に時間外取引で、放送グループの株式を大量に買うというかたちで、敵対的買収が仕掛けられた。放送グループ側からは、社員一同が経営参画に反対するという社員声明までが発表された。メディアも世論も、買収を歓迎しないムードで一色に染まった。過半の株式を保有しさえすれば、その株主に経営に関する決定が何でも委ねられるという原則は、国民感情からも受け入れにくい。そうした嫌悪感が、企業買収に向けられた。

この反発は、森林などの不動産買収に比べると、企業買収が働き手の生活を脅かすことに直結しているだけに、格段に大きかった。世論は、もしも自分が放送グループの従業員であったならば、きっと不安だろうと考えて、反発にシンパシーを感じた。不安心理の「反射」がそこに起こった。

同じような社会心理は、ほかの経済活動でも起こる。消費者マインドの悪化を研究すると、完全失業率が高まると、そこで消費者マインドと連動して、消費支出が落ち込むのがわかる。

本当に、景気が悪化して失業する人は、数%だったとしても、人々は身近な人や知人・友人がリストラに遭ったと聞くと、それがまるで自分の身に降りかかった災難のように思えてくる。人々は、周囲の人がそうなることで、もしもの災難を自分事として受け止めて、消費に慎重になる。その効果は、時間がしばらく経っても続く。

外資によって、企業買収が相次いだとき、何が起こるのかは、海外の事例に学ぶことができる。１９９７年の通貨危機で、ウォンが割安になった韓国のケースである。タイで始まった通貨危機は、アジア全体に波及して、韓国でも通貨を急落させた。大手銀行では、外貨決済不能に陥り、資金支援をＩＭＦに求めることになった。このＩＭＦ融資の見返りとして、韓国は厳しい政策要求（コンディショナリティ）の履行が求められた。財政支出を削減して、赤字を減らすなどの要求である。この政策要求を実行したことで、韓国国内ではＩＭＦへの国民的不満が噴出した。

当時、景気が著しく悪化し、巨大な財閥でさえも資金難にあえぎ、破綻する憂き目に遭った。韓国の民間銀行は不良債権を抱えた。そこで、韓国政府は、外資による株式取得の制限を緩める。銀行の主要な株主は、外資という結果になった。外資の株式保有は、通貨危機後も増えていき、２００３年には占有率は3割にまで高まり、２０１１年には5割以上になる。韓国の主要銀行は、１行を除いてすべて米系金融機関の傘下に入った。外資が求める配当性向は高く、まるで国内から海外に富が流出していくようにも見えた。

日本でも名前が知られている韓国製造業の会社は、すでに外資が過半の株式を所有している。こうした状況は、屈辱的だとされる。日本流に言えば、「第二の敗戦」というものだろう。

アジア通貨危機のときに、韓国に対して、IMFのフィッシャー副専務理事は、皮肉をこめて「日本型の経済モデルが通用しなくなった」と語っている。韓国はこの危機を境にして、雇用安定重視の日本型雇用システムを捨てている。労働市場は流動化して、近年の経済格差を生み出すことになる。

そこで韓国の経済システムは新自由主義的なものに傾いてしまった。その原因は、資本の自由化を極端に進めたことが、カルチャーの異なる外資に経営の主導権を渡すことになったためだと考えられている。経営者の地位や雇用者の身分の保証をどこまで守るべきかという価値観が、外資とその国の人々の間で大きく違っていると、文化摩擦のように感情的な反発を生む。

日本にとって、韓国の教訓は極めて重要だ。ひと頃は、経済論壇のオピニオンに、日銀がマネーを大量供給して、政府が無制限に財政支出を増やせば、インフレを起こすことで、日本経済は再生するという意見が幅を利かせていたことがあった。彼らは、インフレの痛みについては気にかけておらず、円安のことも「好ましい」の一点張りだった。

どちらかと言えば、彼らは保守主義の立場に近い人が多かったように思える。しかし、大幅な円安によって企業買収が広がれば、外資に企業が渡ってしまうリスクは高まる。保守主義の側から見て、許すことのできない事態のはずだ。致命的な論理矛盾である。

私たちは、書物の中で、古典的保守主義に出会うことができる。筆者は、彼らの思想に感銘を受けてきた。安易な改革志向を嫌い、人間の理性が正しいという姿勢を疑ってかかる。昔から経験的に良いと言われることを尊び、何事も中庸こそが望ましいとする。極端な考え方に出会ったときは、常にその考え方の偏りについて吟味する。こうした自由主義の考え方は、残念ながら最近は廃れてきた。代わりに増えているのは、新自由主義である。自由主義とはたった1文字しか違わないが、その中身は全く別物である。

極端な通貨安も、極端な通貨高もいずれも好ましくないというのが、古典的保守主義者の考え方だろう。なるべく経済活動に人為的な攪乱を与えてはいけないと考えるからだ。中庸の思想だ。筆者も、為替は円安も円高も偏っていることは望ましくないと考える。為替は安定しているのが一番よい。

③開かれた国と閉ざされた国

森林や家屋など不動産、そして企業が外資に買収されることは、国家の主権をも脅かすものと警戒されている。しかし、そうした認識は本当に正しいものなのかを考えてみたい。

象徴的な事例は、今のロシアにある。2022年2月からウクライナ侵攻が起こり、それに前後して、ロシア国内からは次々に欧米資本が撤退していった。日本の自動車メーカーも、工場休止が長引いたため、ついに撤退を余儀なくされた。ロシアに進出した外資は、別にロシア経済を支配しようなどとは露《つゆ》ほども思っていなかっただろう。

一方で、ロシアは国内に進出した外資に強硬措置を採る。資源開発プロジェクトのサハリン1、2には、大統領令を発動し、プロジェクトを新会社に移行することを決める。以前から参画していた外資は、踏み絵を踏まされる格好になった。複数の日本企業が、出資の継続を明らかにした。これは、ロシアが権威主義的な国家だから可能だと考えることもできる。しかし、基本は、ロシア国内では、ロシア政府が実効支配をしているので、その意向に従わざるを得ないという理屈だろう。その方法が強権発動になっただけだ。

いずれの国であっても、その支配下では外資であっても従わざるを得ない。最終的には、国家の力が勝る。企業が進出する国々では、それを覚悟しておかねばならない。企業買収でも同じことだと考えられる。

もしも、日本政府が外資に対して、不公正なルールを敷けば、その外資は日本から撤退するだけだ。重要なことは、経済秩序を乱させないように、政府・自治体が毅然《きぜん》として外資の活動を管理できているかどうかである。

筆者は、無秩序な外資参入を警戒するが、それを一律で管理する発想には反対だ。原則として、経済的自由を外資にも認め続ける方が良いと思う。要するに、バランスが大切なのだ。

次に、外資を警戒する姿勢とは全く反対の考え方をしてみる。「外資に国土を売り渡すのは恐ろしい」という見方を180度反対にして、「外資の日本参入を大歓迎する」という方針だ。こうした思考実験も物事の本質をつかむには役立つ。外資は、日本経済を利している面がある。

日本企業の株式を外国人に所有してもらうことは、他の日本人に所有してもらうことと変わりはない。なぜ、株式会社が、その株式をオープンに市場売買できるようにしているかと言えば、それは大量に資金を調達するためだ。公募増資をすることで、新たな資金を集める。

元手を持たずに事業を始めた人であっても、株式公開をすれば大規模に資金調達ができる。事業が加速度的に拡大することを実現させるのが、株式市場の機能である。不特定多数の事業の所有者（出資者）を株主として招き入れ、自分（経営者）は事業拡大に専念する。この「所有」の主体と、「経営」の主体の分離は、「所有と経営の分離」とされる。そのメリットは、事業の成長力を加速できることだ。もしも、その成長力が失われると株価は急落し、その企業は買収されやすくなる。その経営者は、株主によって交代させられることもある。

外資が日本企業を買収する動機は、日本企業の成長力に注目しているからだ。買収されやすくなるということはそれなりに投資先として魅力があるということである。

今後、円安が急激に進んで、日本企業が買収されやすい環境になったとき、その経営者はどうやって防衛をするのだろうか。一つの答えは、ドル資産を豊富に持つことだろう。海外事業に進出して、ドル建てで利益を稼ぐこと。ドル資産を豊富に抱えている企業は、円安になるとドル資産の円換算の価値が上がる。だから、時価評価額も上がることになる。これも、円安で買われにくくするための防衛手段だ。

「企業が外資に乗っ取られてしまう」という警戒論に対しては、政府は一定の管理体制を敷いている。例えば、外為法である。2019年11月の改正では、原子力、武器製造など安全保障に関わる「重点事業」(2019年518社)に対して、海外投資家の持ち株比率が1%以上の株式会社は、事前に届け出をする義務が課されている(それ以前は10%以上)。

米国や中国の外資規制はもっと厳しい。それでも、管理の範囲は安全保障に限定されている。原則としては、資本の自由化が保証されていて、企業には「所有と経営の分離」のメリットが享受できるようになっている。米国では、トランプ政権になって、この安全保障の範囲が、最先端技術にまで広げられた。それでも、原則は自由なのである。原則自由の姿勢はまさしく妥当なものだと考えられる。

外資の日本国内への対内直接投資を促すのは、投資資金の日本離れを防ぐためでもある。日本では、人口減少によって日本企業自身が成長しない国内から離れて、海外に資本を移そうとしていて、産業空洞化の圧力が生じているのが実情だ。投資資金を国内に呼び込むことでその空洞化を防止する。直接投資の促進は、それを防止するためでもある。

その点を考えるとき、そもそも日本にとっての根本的な課題は、今まで外資を日本国内に呼び込むことに成功していない点にある。海外企業が日本に進出してくるときの投資を、対内直接投資（Foreign Direct Investment：ＦＤＩ）と呼ぶ。対内直接投資は、過去から現在まで一貫して低調である。日本は、世界中で最も投資環境が劣っている国の一つだ。これまで小泉純一郎政権のときから、対内直接投資を大幅に増やそうという目標を立てているが、空振りに終わっている。

この対内直接投資には、それを受け入れる国に多大なメリットがあるとされる。それは例えば、日本に進出した外資系企業が、日本国内に競争圧力を働かせて、かつ、新しいテクノロジーやビジネス手法を持ち込んでくることだ。

経済学では、新しいアイデアや技術がその地域に伝播《でんぱ》していく効果を「スピルオーバー効果」と呼ぶ。２＋２＝４ではなく、２＋２＝５に膨らむのが、スピルオーバー効果だ。収穫逓増《ていぞう》とも言う。

米国と中国はともに、対内直接投資を積極的に受け入れることで成長してきた国だ。国内投資を増やし、国内の技術進歩を促すことを経済の推進力にしてきた。深圳《しんせん》やシリコンバレーを見れば、国内外のベンチャー企業が集まり、激しく競争する様子がわかる。だからこそ、技術移転には過敏に反応して、ルールづくりを強化した。

日本で外資参入をあまりに細かく管理することに気を取られると、かえって日本の閉鎖性が際立ってしまう。むしろ、直接投資を呼び込むために、海外企業を国内に誘致する優遇策を強調した方がよい。しかし森林や家屋の無秩序な買収については、それとは区別して管理した方がよい。自治体は、もっと秩序の維持に気を配って、無法な参入者には節度を求めるべきだ。政府は、直接投資の促進が主で、弊害防止が従であることを確認してほしい。世論の中には、排外主義に傾きやすい傾向があることも注意すべきだ。

④投資が逃げていく日本

円安が進んでいることの背景には、日本経済が衰退しつつあるというトレンドが重なっている側面もある。成長力の乏しい国は、投資資金を海外から引きつけにくくなる。時の政権が、日本の成長力が落ちていることを正しく認識せず、限られた財政資金をどう配分するかばかりに気持ちを向けると、数年間を経て投資資金にそっぽを向かれるだろう。

日本は円安になって、あらゆるものが、海外から見ると割安になっている。だからと言って、簡単に日本国内に投資を呼び込めると勘違いをしてはいけない。いくら安売りをしようとしても、成長力の乏しい国には魅力を感じてもらえない。

仮に、日本に進出してきた企業が、利益を円で稼いだとしよう。円安・ドル高で時間の経過とともに円建ての利益が減価するとなれば、その企業はすぐに円からドルに資産を交換するだろう。それは円安圧力である。もっと言えば、通貨が減価する国自体、収益性は低いと見られ、投資先としては不利なことになる。

象徴的なデータは日本の対内直接投資と、日本から流れていく対外直接投資を並べたグラフである（図表2-3-1）。国内の投資資金は、２０１０年代になって急速に海外へと向かうように変わった。コロナ前ですでに年間28兆円ペースに達している。全体の設備投資が２０２１年度90兆円程度だから、約１／３近くが海外に向かったことになる。日銀短観の調査でも、製造業の連結ベースの設備投資は４割（２０２１年度37・64％）近くが海外向け投資となっている。いかに日本から海外へと投資資金の主流が変わっているかがよくわかる。

理由は、明白である。持ち株会社が、投資収益を高めようとするとき、成長力の低い日本国内は敬遠されてしまう。中国、ＡＳＥＡＮ、オーストラリア、欧米、そして米国のうち、一旦投資して、そこで稼いだ資金が再投資されたときに一番資金が増えそうな地域に投資は

（図表2-3-1）対外・対内直接投資

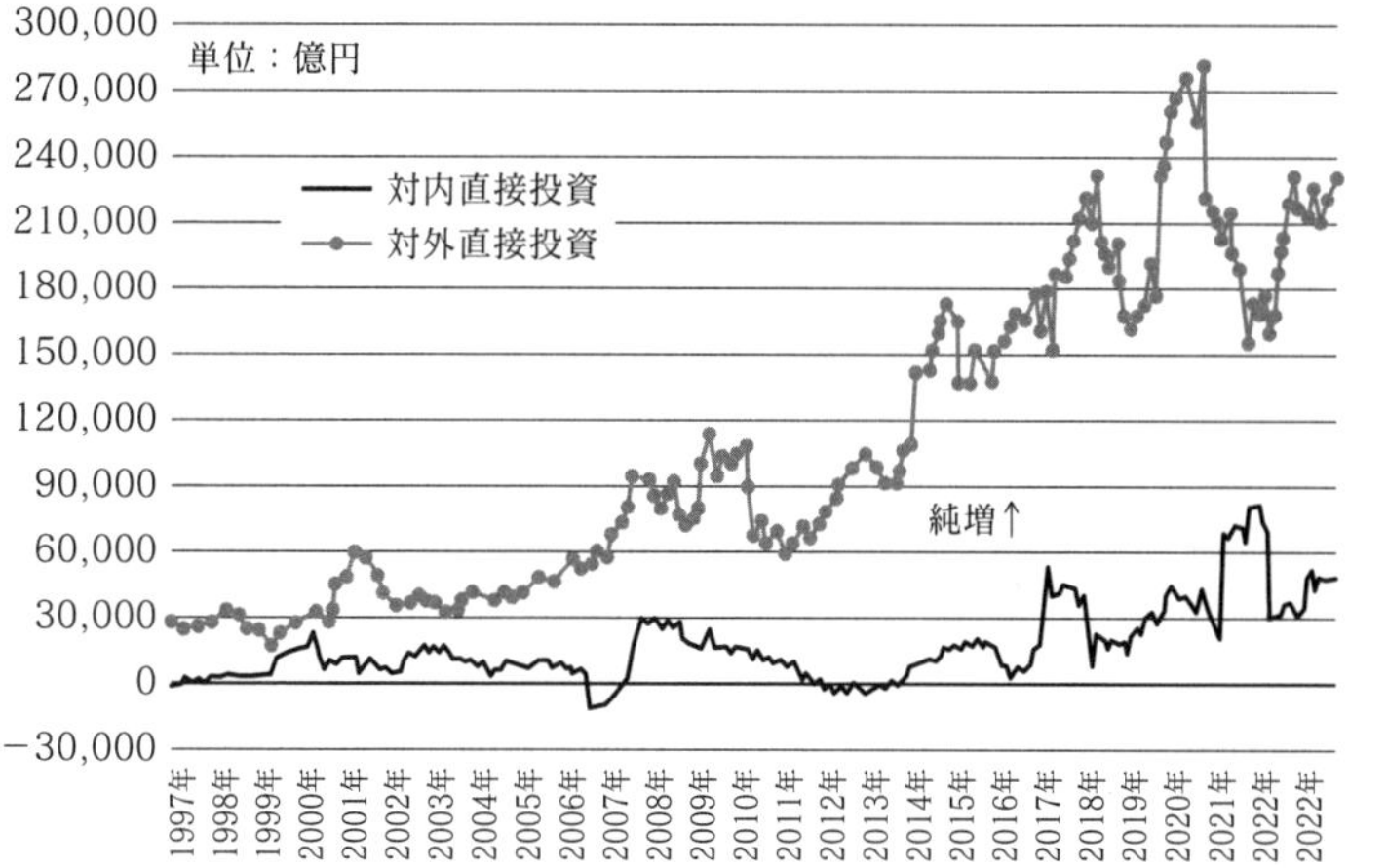

出所：財務省「国際収支統計」

向かう。２０００年代は、中国の成長力が特に高かった。２０１０年代以降は、米国が相対的に成長する国になった。これは趨勢的なドル高を生み出す経済的基盤となっている。日本国内はそうした投資先選びの競争の中で劣位に置かれている。この流れは、まさしく資本の論理とでも言うべきものだ。いくら日本が大好きな経営者であっても、その経済的利害から逃れることは不可能なのだ。

「なぜ、日本企業の賃金は上がらないのか？」という理由の一つは、国内の成長力が乏しいからだ。企業にとって日本人に多くの給料を支払うメリットが少ないからだ。上場企業では、１億円以上の役員報酬を開示するルールになっている。２０２２年３月期には、それに該当する企業数は２８７社６６３人であった（東京商工リサーチ調べ）。報酬のベスト10人のうち4人が外国人であった。個別の開示情報を見ると、多くの外国人役員が高い報酬をもらっていて驚く。この内外価格差は、一体何が原因なのだろうかと考えさせられる。ある外国人役員は、社長よりも報酬が高かったりする。少し屈辱的な気分もする。

外国人役員が高報酬をもらう理由は、内なる力学ではなく、外からの力が働くからだ。もしも、その役員に日本人並みの報酬しか与えなかったならば、海外企業に引き抜かれてしまうだろう。外国人役員の相場は、日本人とは別物なのだ。日本人の社長は、泣く泣く「日本人相場」に据え置かれているケースもあるようだ。

しかし、それは好ましいことなのかと筆者は疑っている。社長の給与を低くすることは、年収の序列の最高位の待遇を下げるに等しい。社長より、他の取締役の報酬は低くなる。役員よりも部長の方が低い。成果給などと称していても、序列が平社員の人は部長の給料を絶対に抜けないなどという不文律が罷《まか》り通っている会社も多いようだ。だから、社長の給料はできるだけ高くするべきだ。このアイデアは、日本の会社の給与を全体的に高めるための有効な策である。

なぜ、外国人役員の給料を高く設定するのかについては、合理的な理由がある。その企業が海外事業で高報酬を稼ぐためには、その役員に腕を振るってもらわなくてはいけないからだ。外国人役員は、その会社の序列とは関係なく、成果を求められていて、海外事業を成長させるために必要とされているのだ。これは、単に英語や現地語が話せればよいというレベルではなく、法務・会計といった専門知識や交渉力を身につけ、現地でビジネスを成長させた経験的ノウハウを外国人役員が備えているからにほかならない。高度人材とはそうした人々のことを指す。

日本人の中に同列のことをこなせる人物がいれば、企業はその人物には外国人役員並みの高報酬を支払うべきだろう。残念ながら、我が国にはグローバルに事業展開できる高度人材は少ない。そうした人材層が育っていけば、外国人役員だけが破格の報酬をもらっているという格差をなくせるだろう。

こうした格差問題をなくすには、日本をもっと成長する国に変革することだ。日本に多くの外資系企業がやってきたとしよう。すると、日本に来た外資系企業は、日本人の幹部職員に高報酬を支払うだろう。外資系企業は、日本での事業を広げるために、その幹部職員を必要とするからだ。このロジックは、外国人役員に高報酬を支払っている日本企業と同じだ。

かつて、金融業界では一度だけ対内直接投資のブームが起こりかけたことがあった。1983~1988年頃のことだ。当時、「円の国際化」が叫ばれていた。在日外国銀行の支店が多数開設された。1985年はプラザ合意があって、超円高が起こった時期でもある。当時の経済雑誌のバックナンバーを読んでみると、内外企業が東京に集まってくる「東京一極集中」がいかに凄《すご》いものだったのかがよくわかる。日本人の中には、外資系銀行から高報酬を得て、都心の高級住宅地に住んだ人もいた。その原動力は、日本への海外からの成長期待であった。

翻って、現在の日本にはそうした機運がない。「均《ひと》しからざるを患《うれ》う」（『論語』李氏篇）ばかりでは、ジリ貧が進む。日本の政治の役割とは、そうした流れに歯止めをかけることだ。成長しなくなった日本を再びビジネスチャンスが豊富な国に変革することが、リーダーの使命だ。

第三章 【インフレ認識編】

インフレ課税で家計は大損する

1．政府債務問題とインフレ

①国家は破綻する

過去30年間、日本経済の潜在的な不安は、財政赤字問題だった。その財政赤字は累増して、日本の巨大な政府債務残高をつくってきた。その残高は、1287兆円（2022年12月末、国債＋借入金＋政府保証債）。これは、経済規模（＝名目GDP）の2・31倍である。総人口で割ると、国民一人当たり1032万円という途方もない数字になる。

日本の財政は、借金大国、赤字たれ流し、など様々な悪いイメージで語られている。反面、「それがどうした？」という人も大勢増えている。狼《おおかみ》少年のように、「危機が来ると叫んでも危機は来なかったではないか。これからも来ない」と主張する。「危機なのか？」「危機は虚構なのか？」という素朴な疑問が国民を混乱させる。まず、その辺りから整理しておこう。

事実として、国家は破綻することがある。2022年だけを見ても、世界中でいくつかの国が破綻した。ガーナ、マリ、レバノン、スリランカは、国債などの政府債務の支払いが停止されて、デフォルト（破綻）と認定された。中南米のエルサルバドルも破綻寸前とされる。

世界中のどこかで財政が行き詰まる国家が現れている。

２００８年に刊行された書籍に、国家破綻の研究をした『国家は破綻する――金融危機の８００年』[*1]（日経ＢＰ社〈訳書は２０１１年刊行〉、カーメン・Ｍ・ラインハート、ケネス・Ｓ・ロゴフ）の著作がある。この巻末には、世界各国の国家破綻、債務危機、金融危機の事例が山のように掲載されている。２０２２年の海外の破綻事例は、そうした氷山の一角に過ぎない。この本がふるっているのは、原題が「This time is different」（今回は違う）となっていることだ。国家破綻とは、毎回、「今回は違います」と言われてやってくるのだ。これは、バブル発生時の社会心理とも共通すると言える。かつて、筆者も何度も「今回はバブルとは違います」という言葉を聞かされた。だから、ロゴフたちの著作のことを知ったときは膝を叩《たた》いて、その通りだと思った。

近年、日本の財政破綻はないという主張が、たくさんの有識者によって語られている。これほど海外に破綻事例があるのだから、日本は絶対に破綻しないという主張は、「日本は例外だ」という理屈でしかない。日本政府がどんなに財政赤字を増やしても、いつでも破綻しないという見解は、非常にラディカルに聞こえる。

ただ、そうした主張は、その具体的論拠よりも、今までも大丈夫だから、今後も問題なしという理屈のように聞こえる。それは帰納法である。昨日まで健康だったから、明日以降も健康だという理屈だ。最近、流行している行動経済学では、正常性バイアスという。何も異常なことは起こっておらず、常に正常が続くと思い込む。これは、今後の変化を過小評価する心理になる。筆者は国家の債務問題を、心理バイアスに囚《とら》われず、地球環境問題と同じように、放っておけば必ず危機が来るからと、合理的に危機管理すべきだと考える。そのために、財政赤字の何が問題なのかを読み解きたい。

「日本は例外だ」から、財政不安は来ない根拠として挙げられている理屈は、大別すると次の三つに分類できそうだ。

①国内貯蓄による国債消化

どんなに財政赤字を増やしても、日本には豊富な国内貯蓄（家計＋企業）がある。さらに、経常黒字（＝貿易サービス収支＋所得収支の黒字）があり、国家の金融資産は増え続けている。だから、政府の資金調達を国内資金で受け止められる。

②資産・負債バランス説

政府の歳出増は同時に、預金を生み出す。だから、新規国債発行＝歳出純増＝預金増加で常にバランスする。だから、自国通貨建てで国債発行をする限り、円資金は国内で回る。その結果、政府は資金調達が行き詰まることはない。

③日銀の無制限ファイナンス

日銀は、政府が新発で募集した国債以外の既発債を買い取っている。いざとなれば、財政ファイナンスとして禁じられている新発国債まで全額買い取れば、市場を通さずに資金供給ができる。日銀ファイナンスでは、日銀が無制限に資金供給すれば、財政破綻はない。

筆者が見るところ、この三つの根拠か、その変形の理論によって、日本で財政不安が顕在化しないという主張が展開されている。それらの主張をまとめると、「財政不倒神話」と言える。

①と②の財政不倒神話の弱いところは、時間の経過とともに、顕在化した波乱がどう収束するかという経路が説明されていないところだ。例えば、長期金利が急上昇したときに、それをどのようにコントロールできるのかという道筋が登場しないところだ。金融のメカニズムに沿って、債券需給がどうなるのかを説明しないところは、金融マーケットの人を納得させられない弱点になっている。これは分析手法が、静態分析に終始していることに原因がある。静態分析は常にその状態が現在そうあることを説明するだけだ。時間の経過や、変化の因果関係は登場しない。常に、危機は来ないと予定調和の世界を描いてみせているだけだ。

例えば、日本国債を海外投資家が持っていれば、それが売られたときに、国債価格が下がらずに済むシナリオはあるのか。長期金利がどうやって低下に転じるのか、どのくらい金利上昇が長期化するのか、がわからない。「日本は経常黒字国なので、海外投資家が保有国債をすべて売り切っても、日本の誰かが購入する」という話は、債券需給ではなく、国内資金移動の話だ。債券需給とマネー全体の話を同一視しているのも、金融関係者にはわかりづらい。

しかし、ごく単純に考えて、国内貯蓄が、すべて国債消化のために使われるというのは間違いだ。銀行は常に国内で企業や個人に貸出をしている。その残りの資金で国債を買っている。国債購入は、余資運用と呼ばれる。余裕資金で行っている運用という意味だ。国債の入札では条件が合わず、入札不調になることは起こる。国債価格は需給バランスで変化するものだ。

海外投資家が30兆円の日本国債を売ってきたとき、国内銀行がそれを全額消化できないことは十分に起こり得る。一国の国内貯蓄は、常に回転し続けていて、帳簿上のバランスシートで均衡が成り立っているように見えて、常に不均衡は生じている。その不均衡は、金利が上がったり、下がったりする価格メカニズムで調和が保たれている。国内貯蓄＋経常黒字＝国内調達の図式が成り立っていても、常に金利変動や為替変動は起こっている。これは③も同じで、バランスシートが左右で均衡しているから、為替・金利変動が起こらないという理屈にはならない。マクロ的な帳簿上のバランスと、金融市場の価格変動を混同して考えてはいけない。

例えば、経常赤字の国は、常に資金が流出して通貨安になるとは限らない。米国は巨大な経常赤字国だが、ドル高である。帳簿上の変化は、需給を静止させた状態を記述するものであり、需給の変動そのものを説明することは原理的にできない。逆に言えば、静止させた状態で記述すれば、価格変動さえ発生しないことになる。「財政不倒神話」を語る人の話で、マーケットの需給の話をする人はあまり見当たらない。繰り返すが、国債価格は需給で決まっている。需要不足、供給超過が継続的に起こらないことは、資金移動を静止させた世界の記述では捉えられない。つまり、「財政不安など起こらない」という議論は、前提の中に結論が先取りされた議論になっている。

では、資産価格の極端な変動を生むとすればそれは何なのか。ここが財政不安の本質だ。その答えは「信用」である。信用を失えば、日本国債は売られる。逆に、信用が保たれれば、海外投資家が国債をどんなに売っても、国内投資家は国債を買い支えるだろう。今までのところ、日本の財政の信用がぎりぎりのところで保たれているから、日本国債暴落などが生じていないと筆者は考えている。

この見方は、奇妙なパラドックスを生んでいる。もしも、日本政府自身が、「財政は絶対に破綻しないものだ」などと言って、国債発行を乱発すると、たちまち信用を失う。なぜならば、国内投資家たちは、日本政府が元利払いを確実に保証し、将来的に財政再建をすると約束するから、その信用で国債を買っているのだ。日本政府が「財政不倒神話」を拒否するから、日本国債は信用されている。だから、政府は信用を失うような言動をしないのだ。

②信用こそが問題なのだ

財政不安のメカニズムを、銀行の立場から考えてみよう。日銀が黒田前総裁の下で長期国債の大幅買い入れを始める前は、民間銀行が長期国債の主な買い手であった。では彼らは、政府から行政指導を受けているから大量の長期国債を買っていたのだろうか。それは違う。あくまで自主的に買っていたのだ。そこにはたとえ低利回りであっても、元利返済が確実だという信用があったから、自主的に買っていたのである。仮に、そうした信用が失われたとき、国債は売られることになる。

思考実験として、読者が銀行の資金運用の担当者だったならば、日本国債を買うかどうかを考えてほしい。読者は、多くの預金者から資金を集めて運用する代理人でもある。代理人の責任として、日本国債は安全かどうかを考えたい。安全性の根拠となるのは、財政再建をいつか将来は必ず完遂するという政府の約束だ。最終的にその約束が、信用を辛うじてつなぎ止めている。反対に、マクロ的に国内貯蓄だけで資金が回っているから国債の元利支払いは絶対に安全などという理屈で、国債を買っている人はいないだろう。

これは、自分が資金の貸し手かどうかという立場の違いでもある。貸し手は常に相手の信用力を評価している。判断基準は、元利払いの約束を履行するかどうかだ。

銀行自身も、帳簿上の健全性を重視する。例えば、融資先の貸借対照表を参照して、資産と負債のバランスを見比べる。資産評価を厳しく見て、資産－負債＝マイナスにならないかをチェックする。負債＞資産になれば、負債の裏付けがなくなり、それは債務超過となる。負債の裏付けにも穴が空く。銀行に損失が生じるということだ。

日本の賃金フローが、国内貯蓄＋経常黒字という状況にあることは、帳簿上で債務超過でない（＝自己資本プラス）という状況に似ている。銀行が債務超過でなければ、その企業に必ず融資をするかというと、それは違う。企業の信用次第では、貸さないこともある。貸すとしても上乗せ金利（リスク・プレミアム）をつけて貸す。仮に、債務超過でなくても、融資をどの銀行からも受けられずに倒産することはあり得る。資金繰りが行き詰まるケースだ。黒字倒産や資金繰り難での倒産は起こり得る。結局、資金仲介は、相手先の信用で決まるということだ。この原理は、国内金融でも、国際金融でも共通して成り立っている。

融資の本質は、相手の信用力であり、帳簿は平時の評価材料の一つに過ぎない。放漫経営をやっていれば、資産が劣化して、融資を続けるのは危険だと見られる。それが信用だ。

筆者は、多くの人から、「日本政府はあんなに借金をしていて大丈夫か?」と聞かれることがある。質問者は、何も感情的に不安を訴えているのではないと思う。むしろ、直感の中に信用評価が隠れている。日本政府はあんなに大きな借金を返せるのかと、元利返済の安全性に疑問を訴えている。その安全性について、財政再建を政府は必ず守るから大丈夫だと言えなくては、その疑問は不信に変わってしまう。

先に、「財政不倒神話」の理屈づけとして、③日銀の無制限ファイナンスを挙げた。なぜ、日銀が政府の資金調達をすべて賄うことはいけないのか。その理由は、まさに信用を失うからだ。売上(税収)がなく、融資だけで資金繰りを回している企業には信用力などない。それに、もしも、政府が日銀資金だけで回っていくのならば、私たちは税金を支払う必要などなくなる。それどころか、年金生活者たちは、毎年の年金給付額を500万円に増やせと要求し始めるだろう。日銀がお札をプリントすれば、円支払いが何でも可能だという世界になる。

それが罷り通り始めると、日銀が根拠なしに発行するお札を増やし続けるだろう。しかし、海外の人はそのお札を額面通りには受け取らない。プリントされたマネーに裏づけがないと考えるからだ。これは円が暴落して、超円安になることを意味する。また、日本国債は額面よりも遥かに安い価格でしか取引に応じられなくなる。これもまた国債暴落を意味する。長期金利はとんでもなく上昇しかねない。

そうした信用失墜を回避するために、政府は最後の最後は税収を増やして、財政再建を進めると約束する。万一のときは腹を括《くく》って、増税をして国債償還の原資を捻出するしかないと、政府は投資家に説明する。信用とは、借金返済は何としても守るという政府の姿勢にかかっている。

反対に、その信用を失ったときは、円安がコントロールできないかたちで進むだろう。長期金利は、日銀が無制限に長期国債を買えば、上昇を封じることは可能かもしれないが、そのときでも円安は進んでしまう。おそらく、相当な「インフレが来る」というシナリオは、円安が大幅に進んだ結果として起こるのだろう。1ドルが200〜300円になると、輸入物価は1・6〜2倍になるだろう。食料価格とエネルギー価格は、他の品目よりも大きく上がる。

日本の財政運営が信用を失ったとき、通貨が下落するという予想によって、日本の円資産の売却を誘発する圧力が強まる。株安・債券安・円安のかたちで、海外投資家が各種資産を売って、円から別の通貨に資産を避難させる。投機筋も円売りに参加してくるだろう。そうすると、円安→物価上昇→金利上昇という連鎖が起こる。最後の金利上昇は、日銀が海外への資産逃避を止めるために、政策金利を大幅に引き上げざるを得なくなるからだ。輸入インフレを抑えるための円安対策になる。結果的に、教科書通りのインフレ・金利上昇になるという図式は避けられない。

現に、２０２２年９月にイギリスの首相として就任したリズ・トラス前首相は、すぐに富裕層向け減税、電気ガス料金の引き上げ計画停止など、極端なポピュリズム政策を打ち出した。折しも、高インフレで、減税は火に油を注ぐ逆効果の政策だった。それを嫌気した投資家は、英国債を売り込んだ。ポンドも暴落してしまう。市場からの信認を失ったトラス前首相は、当時の財務大臣を解任し、減税策も引っ込めた。しかし、それでは収拾はできず、首相自身も１週間後に辞任した。信用を失うとこうなってしまうのだ。

③日本の財政再建を信用してもらう方法

今後、日本が財政再建の信用を維持し続けるためにはどうすればよいのか。財政に関する専門用語を使うと非常に難解になるので、そうした言葉を一切使わずに説明を試みたい。

わかりやすく言うと、日本の財政再建を、企業の経営再建になぞらえるのがよいと思う。かつては、造船業界で世界屈指の競争力を誇ったある企業が、現在は国際競争力を失い、メインバンクの経営支援を受けているとする。この会社が再建されるためには、何が必要であ

（図表3-1-1）基礎的財政収支の実績と見通し（2023年１月、成長実現ケース）

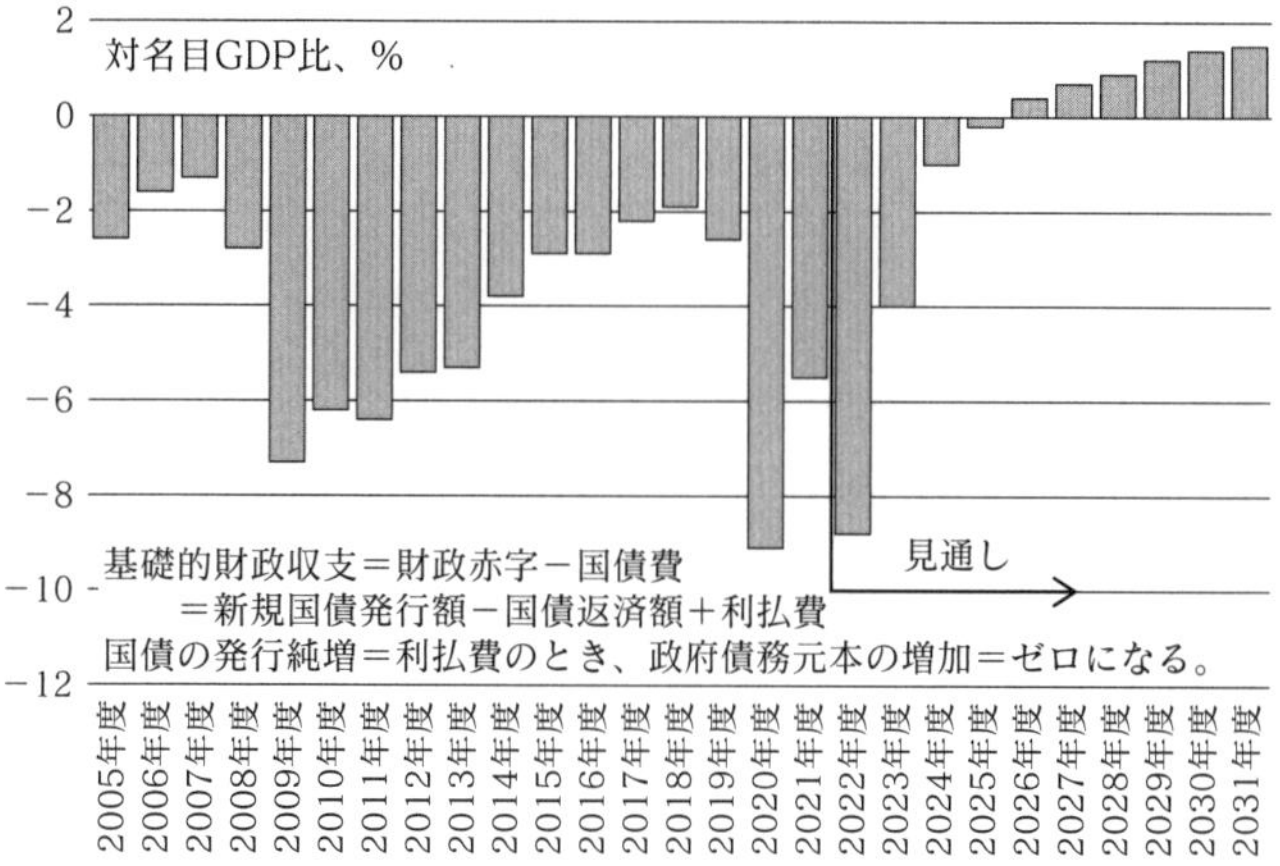

出所：内閣府

ろうか。まず、株主や取引先、従業員など利害関係者からの信用を得るために、①数年間の経営再建計画を立てることが必須になる。企業活動では、常時、資金の貸し借りや、支払義務が生じており、そこで利害関係者はその会社が潰れないことを信用して、債権をすぐには回収せずに資金取引を継続する。従業員も同じで、働いて得た給与が遅配なしに振り込まれるなら安心して雇用契約を継続していられる。

その信用を担保するのが、経営改善計画である。日本経済の場合、基礎的財政収支（プライマリー・バランス、略してPB《ピービー》という人もいる）がそれに当たる。今後、数年間の財政収支の見通しを示し、いずれ債務元本の返済開始ができる計画になっている。２０２３

年1月に発表された「中長期の経済財政に関する試算」[*2]（内閣府）では、2025年度に黒字化する目標に対して、2026年度にそれが達成される見通しが描かれている（図表3-1-1）。この見通しは、毎年1月と7月の年2回改定されている。

日本の財政再建が信用を維持できている理由を三つの要素に分類すると、次の①〜③によってだと理解できる。①経営再建計画が存在して、それがきちんと履行されていること。先述した通りそれが確認されると、多くの利害関係者は、その会社の経営の持続性が保たれていると安心する。それが信用力の担保になっている。

次に、その計画を実行するときに、資金的なバックアップが必要だ。従って第二の条件は、②金融支援になる。企業の場合はそれをメインバンクが行う。日本政府の場合は、日本銀行が担う。低金利融資を続けて、発行する社債（国債）は買い入れを行っている。ここで重要なのは、企業とメインバンクが完全な馴《な》れ合いの関係ではなく、独立していることである。完全に馴れ合いになっていると、企業のどんな質《たち》の悪い社債でもメインバンクが買い取ってしまうと思われて、信用はがた落ちになる。日銀の独立性がそれを担保する。ただ、日銀は、実質的には超低金利を続けなくては、政府の債務管理計画は維持できない。従って、馴れ合いにならないギリギリの一線を引いて、政府との間で節度を保っている。

ここまで、財政再建が信用してもらえる方法として、①経営再建計画の発表、②十分な金

（図表3-1-2）一般会計・税収の推移

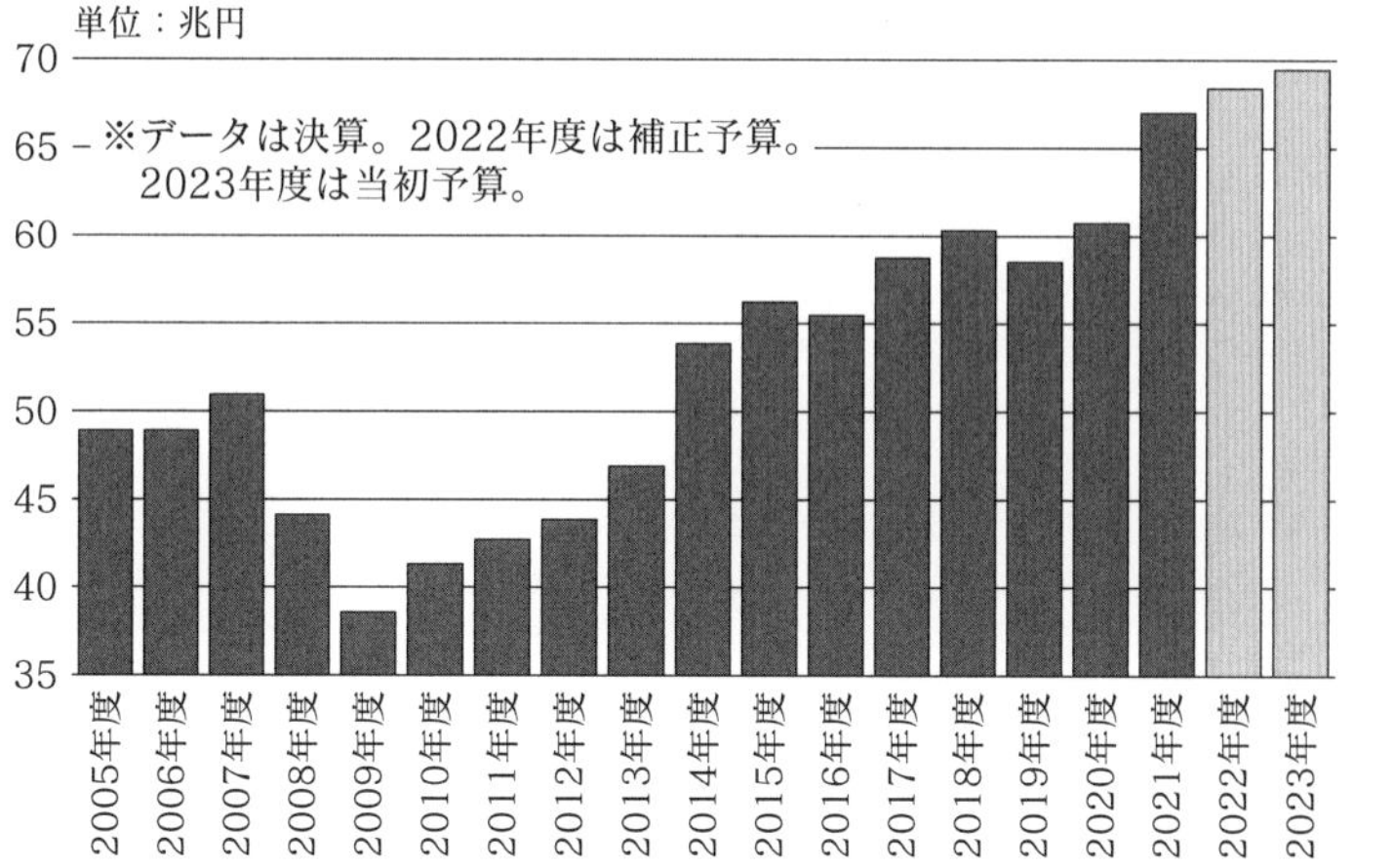

出所：財務省

融支援が必要だということを確認した。もう一つ重要なのは、③経営再建計画が実行されていることが、きちんと実績として示されていることだ。

よく経営改革では、ＰＤＣＡサイクルという仕掛けを用いる。計画（Plan）→実行（Do）→確認（Check）→改善（Action）という循環プロセスである。信用は、計画だけでは十分ではなく、実行して、計画をよい方向に改善し続けていることを示さなくてはいけない。③実績を示すことは、実行・確認・改善の証拠を提示するのと同じだ。

日本の財政の場合、まだ元本返済までは時間がかかるが、税収実績は着実に増えている。消費税率は２０１４年４月と２０１９年10月の２段階で引き上げられた。税収はそれ以前に比べて、格段に増えるようになった（図表3-1-2）。財政の信用は、痛みを伴う増税に耐えたことで上がった。特に、海外投資家からの信用は高まった。

税収は、インフレによっても増える。最近は、税収70兆円も目前になるまでに増えた。政府の「中長期の経済財政に関する試算」（2023年1月）では、2022～2032年度までの11年間の成長実現ケース見通しが示されていて、税収は68・4兆円から92・9兆円へと1・36倍に増えることになっている。政府の支払能力が増えるということだ。

日本の財政が信用を保ち続け、地道に再建計画を履行していくしかない。しかし、その代償として、低金利を我慢しなくてはいけない。その低金利を我慢している間に、元本返済を開始して、税収の余裕を作る。その余裕の度合いに応じて、少しずつ日銀は政策金利水準を引き上げていくことができる。

日銀の黒田前総裁は、退任時期が迫る2022年12月に、長期金利の変動幅の上限を0・25％から0・50％へと引き上げることを決めた。短期金利を0・1％のマイナスに据え置く方針を維持しつつ、長期金利のところは変動幅を広げることを許容して、事実上の長期金利上昇を認めたかたちだ。

後任になった植田総裁は、今後本格的な利上げに動く準備をしているという見方もある。筆者は短期金利のマイナスをプラスに引き上げるのはまだ先だと予想する。企業の資金調達に影響力があるのは、短期金利を動かすことだ。

大局的に見て、基礎的財政収支の黒字化を２０２５年度に果たすことは、本格的に植田日銀が利上げを実行していくための前提となるだろう。そうした意味では、私たちはしばらくの間、低金利を我慢せざるを得ない。

反対に、財政再建についてかなりきな臭い動きがあることも事実だ。２０２２年５月から、政府はそれまで毎年、「骨太の方針」のときに確認していた２０２５年度に基礎的財政収支を黒字化するという目標年限を発表しなくなった。約束の曖昧化である。その背後には政治的な駆け引きがある。岸田政権は、財政健全化の目標自体は維持しつつ、財政再建を明確にするという方針を曖昧にした。官房長官の談話では「より明確なので、既定のこととして特に記載はしていない」としている。

案の定、２０２２年12月に発表された翌年度の政府予算案では、歳出が大きく増える結果になっている。一般会計歳出の総額は、１１４・４兆円になった。前年度の当初予算１０７・６兆円から一気にプラス６・８兆円の増加だ。理由は、防衛費を増やすための中期計画を実行し始めたからだ。防衛費の増強のために、今後5年間で43兆円を支出することになっている。かつて日本は「アジア諸国に配慮」とか、「軍事大国にはならない」といった自制心が働いていたが、いとも簡単に節度は失われた。２０２２年2月に始まったウクライナ侵攻や北朝鮮の挑発が背景にあることは間違いない。

しかし、防衛費だけを増やして国家を守れるのだろうか。ウクライナの教訓は、経済規模が小さい国でもサイバー攻撃に立ち向かうことが可能であることや、ドローン活用が戦争のあり方を変えたということだ。米国から高価な戦闘機や攻撃用ミサイルを購入しても、新しい形態の戦争への防御力が高まるとは思えない。ロシアがウクライナに仕掛けたのは、原発を攻撃したり、電力供給を寸断して国民を不安に陥れる作戦だった。日本の原発は、北朝鮮の攻撃にさらされたときに大丈夫なのか。防衛の専門家ではなくても、防衛費を倍にしたからと言って安心かどうかには強い疑問を抱く。

今にして思えば、2025年度の財政健全化目標を明記しなかったことは大きな転換への布石だったと感じられる。こうした布石は、しばしば「蟻《あり》の一穴《いっけつ》」と呼ばれる。どんな鉄壁のダムでも、それが崩壊するときは、小さな針穴が開いて、その穴が大きくなって崩壊に至る。財政健全化を明記しないことは、財政運用の信用を崩す「蟻の一穴」になりかねない。

防衛費が「蟻の一穴」であれば、それに続くのは子ども予算の倍増、グリーントランスフォーメーション（GX）予算あたりか。数年度にわたって計画される大型予算にとって、2025年度の財政健全化の目標は邪魔な存在なのだ。そうした歳出拡大の政治的誘惑は、日本の信用維持に対して脅威になる。

（図表3-1-3）格付機関の信用格付記号

	S&P	ムーディーズ
投資適格	AAA	Aaa
	AA	Aa
	A ←日本	A ←日本
	BBB	Baa
投資不適格（投機的格付）	BB	Ba
	B	B
	CCC	Caa
	CC	Ca
	C	C
	D	−

出所：S&P、ムーディーズ 注：格付けは2023年3月時点。

最後に、こうした財政信用を評価する機関があることを紹介しておこう。海外の格付け会社である。企業の発行する社債の信用を評価するほかに、各国政府が発行する国債の元利支払いの信用も評価している。その最上位格付けはＡＡＡ（トリプルエー）である。日本の国債の格付けは、１９９８年11月に大手のムーディーズから格下げを受けた。ＡａａからＡａ１（ダブルエーワン）へのダウングレードである。当時は、日本は金融不安の真っ直中であった。国際金融市場では、１９９７年秋から１９９８年にかけて日本の金融機関の資金調達に上乗せ金利が適用された時期である。いわゆるジャパンプレミアムの発生である。

日本国債の格付けは、その後、２０００年6月には別の格付け会社フィッチが最上位格から格下げし、２００1年2月にはさらにＳ＆Ｐ（スタンダード・アンド・プアーズ）が最上位格を見直した。日本の財政はそれ以前から相当に悪化していたので、この格下げはかなり遅きに失した印象がある。現在は、日本の格付けはＳ＆ＰではＡ＋（シングルエー・プラス）である。２０２０年6月に格付け見通しをポジティブからステーブルに格下げされた。コロナ対応を受けての修正である。

なお、先進各国のＳ＆Ｐの格付けを確認しておくと、ドイツがＡＡＡの最上位格を維持し、米国はＡＡ（ムーディーズ、フィッチはＡＡＡ）、イタリアはＢＢＢ（トリプルビー）である（図表3-1-3）。ギリシャはＢＢである。区分としては、ＡＡＡからＢＢＢまでが投資適格格付けである。ＢＢからＤまでが投機的格付けとされる。Ｄは債務不履行を意味する。

米国は、２０１１年8月に初めてＡＡＡから格下げされた。１９４１年以来で初めての転落である。Ｓ＆Ｐは格下げの理由について、財政健全化計画が不十分とした。米国でさえ、財政運営に不透明感があると格下げされる時代になったのである。

日本のＡはまだ最悪からは離れた位置にあるように思うが、油断はできない。格付けの評価は、リスク・イベントから数年間のタイムラグが生じることもあるので、それだけを見て安心することはできない。

2. インフレ課税

①政府債務と家計資産が同時に消える

隠れた日本の債務削減作用として、インフレ効果がある。物価が2倍になれば、過去の債務価値は半分（1／2）に減る。これは、物価が2倍になって、税収も2倍になるという関係があるから、債務返済能力が高まって、債務の実質価値が半分になるという解釈もできる。政府は、さすがにインフレ調整を前面に出すことはできないので、経済規模（名目GDP）を尺度にして、政府債務が先々は相対的に小さくなるという見通しを発表している。2023年1月の「中長期の経済財政に関する試算」（成長実現ケース）では、2022年度の公債等残高の対名目GDP比が217・0％と過去最高になった後、10年後の2032年度は171・7％まで下がる見通しになっている。名目GDPが1・36倍に増える効果を見ているのである（この間、一般会計の税収も1・36倍）。

注意したいのは、政府債務残高が軽くなるとき、同時に家計金融資産残高も軽くなることだ。日本全体のバランスシートでは、資産と負債は裏腹の関係でつながっている。家計が金融資産を取り崩して納税すると、その税収の一部が政府債務の返済に回って、政府債務残高を減らす。反対に、政府が低所得者向けの給付金を3兆円ほど支給すると、家計金融資産残高は3兆円増える。

もう一方で、給付金を全額国債発行で賄うと、政府債務残高は3兆円増える。政府債務の増減と、民間部門の資産増減はパラレルに動く。同様に、実質価値で見たときは、政府債務残高が2%ほどインフレで減るとき、家計金融資産も2%ほど減ってしまう。こうした国民資産の価値の減少は、増税と同じ効果を持つので、インフレ課税（Inflation Tax）と呼ばれる。

このインフレ課税は、債務者には有利である反面、債権者には不利に働く。長期貸付をしている人には特に不利である。そのため、債権者は貸付金にしかるべき金利を適用し、それも期間が長くなるほど高い金利を上乗せしている（期間プレミアム）。

国債利回りは、もともとインフレ見通しを織り込む仕組みである。長期国債が10年後に償還されるときの額面＋クーポンの金額が、インフレ分を調整して、その時点でどのくらいの価値になるかを計算して、流通価格を決めて取引している。流通価格＝割引現在価値になる。

もっとも、日本の場合は、日銀が国債市場に介入して、流通価格が下がりにくいように、高値で買いまくるオペレーションをすることで、需給コントロールを極端に強めてきた。その結果、長期金利は極端に低下している（流通価格は高値維持）。この傾向は、２０１６年９月にイールドカーブ・コントロール（ＹＣＣ）という仕掛けを作って、10年金利の基準を０％にすることで極まった感がある。つまり、将来のインフレリスクに見合う分を、債権者は受け取れない状態なのである。

反面、日本の投資家は、インフレ課税のリスクに対して、極めて脆弱になってしまっている。超低金利が当たり前という感覚が浸透して、不意打ちのようなインフレに遭遇しても、投資家たちは機敏に動けない。こうしたインフレ課税には、日銀の金融政策が極めて深く関与している。超低金利によって内外金利差が拡大することが一層の円安を促す。円安が加速するから輸入物価が上がって、消費者物価も上昇する。それでも超低金利を修正しないので、円資産の減価が進んでしまう。

黒田前総裁は、インフレ課税によって政府債務残高が減価することを知らなかったわけがない。今にして思えば、黒田前総裁は、２０２２年に消費者物価が上昇し始めてから、「物価上昇は一時的」とか、「賃金が上昇していないので、自分が思っている物価上昇ではない」と言って、利上げ観測を全面的に否定してきた。もしかすると、そうした態度の裏には、インフレ課税を通じて政府債務残高を減価させることを暗に見過ごしていたのではないかと疑ってしまう。

もしも、日本政府自身が、増税や大胆な歳出カットを行って政府債務を減らしにかかったとしたら、その痛みが批判の的となっただろう。政治的反発や国民からの不満も高まったであろう。それに比べると、インフレ課税は、秘《ひそ》かに円資産の価値を減価することができる。政府債務残高も、気づかれないうちに重さが軽くなっていく。国民は、自分たちの円資産の購買力が徐々に消えてしまうことに意識を向けにくい。しかも、円資産を持っている限りは、国民が逃れることが最も難しいかたちの課税方式である。債務者は秘かに得をして、債権者は何も動けないままに損失を被ってしまう。財布の現金や、預金通帳の数字に何も変化が起こらないのに、こっそりと購買力を失っていくのがインフレ課税の怖さだ。

こうした効果について、詳細に過去の分析を進めたのは、20世紀の偉大な経済学者ジョン・M・ケインズ（1883〜1946）である。1923年に出版された『貨幣改革論』[*3]では、インフレ作用と財政問題について深い洞察が示されている。正直に告白すると、筆者はケインズのアイデアを下敷きにして、本書を書いている。ちょうど100年前の巨人の肩の上に乗って、インフレの影響について見通すことができるのだ。

ケインズが指摘しているのは、インフレが富の分配を変えてしまうことである。新しく価値を創出できる企業家（実業階級）はインフレの中で得する機会を得る。反対に、貯蓄者（投資階級）は過去の所得から蓄積された富をインフレで失う。これは、債務者が得をして、債権者が損をするのと同じ意味である。

さらに、ケインズの著作は、もっと建設的に私たちが何をすればよいかを教えてくれる。インフレ課税から逃れるには、たとえ借金をしてでも積極的に投資をして、新しい価値を創出することが重要だという教訓を示している。

達観してみると、過去二十数年間にわたって苦しんだ日本経済は、デフレによって債権者が得をして、債務者は債務価値を膨らませて苦しんだと言える。そして、輸出企業は先行投資を行いにくくなって、国際競争力を低下させた。1990年代後半から2000年代にかけて、それまで高い国際競争力を誇っていた半導体産業は、大規模な設備投資を行いながら、集積度合いを高めていく競争についていけなくなった。他方、同じく90年代後半に通貨危機に見舞われた韓国の半導体産業は、すぐに立ち直り、大規模な設備投資を繰り返して、日本企業を抜き去っていった。韓国はデフレに陥らずに、インフレ調整の力を借りて、企業が積極的な設備投資を行うことができたという見方が成り立つ。

ケインズは、資本主義の原動力は投資をするときのアニマル・スピリットだと喝破する。収益機会を追求する動物的な心的衝動が、企業家を突き動かすと『雇用、利子および貨幣の一般理論』（1936年）で語っている。ケインズは、インフレは必要悪のように捉えている印象もある。政府債務に関するケインズの恐ろしい予言として、「通貨の価値低下による課税の力は、ローマ帝国が通貨を発見して以来、国家にはつきものとなっている。法定通貨の創造は、政府の究極の隠し球だったし、今なおそうだ。そしてこの道具がまだ手元で使われずに残っている限り、どんな国や政府も、己の破産や失墜を宣言しそうにない」（山形浩生訳）と、『貨幣改革論（お金の改革論）』には記してある。

話を現実の日本に戻すと、日本の財政はどのくらいインフレ課税の作用を見込んでいるのか。内閣府「中長期の経済財政に関する試算」（2023年1月）では、2022〜2032年度まで11年間でマイナス19・8％の調整幅であった。この見通しは毎年消費者物価が前年比2％で上昇する見通しに近いものだ。

その一方で、短期金利はほとんど上がらないだろう。つまり、預金金利はほぼ現状維持になり、家計はインフレ課税の犠牲者であり続けると言える。ケインズの言う貯蓄者（投資階級）とは、日本の家計にそのまま当てはまる。ケインズは、『貨幣改革論』以外の著作でも、金利生活者を敵視しており、インフレの犠牲者だという同情心はない。筆者は、むしろ、インフレ課税の犠牲者である家計は、積極的に資産防衛をしなければ、インフレのえじきになると警鐘を鳴らしたい。

(図表3-2-1) インフレによる減価圧力

	カナダ	フランス	ドイツ	イタリア	日本	イギリス	米国
1980－1990年	－43.8%	－45.7%	－22.7%	－60.6%	－18.4%	－44.0%	－36.9%
1990－2000年	－17.8%	－16.3%	－20.2%	－30.6%	－7.9%	－23.1%	－24.1%
2000－2010年	－18.1%	－16.8%	－14.8%	－19.8%	2.6%	－18.7%	－21.0%
2010－2020年	－15.0%	－10.9%	－12.5%	－10.2%	－5.2%	－17.8%	－15.7%
2020－2025年	－16.8%	－15.1%	－21.5%	－17.5%	－5.0%	－22.4%	－18.1%
2017－2027年	－23.7%	－20.9%	－27.2%	－22.1%	－8.1%	－29.1%	－25.5%

注：IMFのデータベース（2022年10月）から計算した。期間における通貨価値の減価率。

②欧米の財政赤字の軽減

日本は、今後もしばらくはインフレ課税の圧力にさらされるだろう。その度合いを考えると、計算上、平均2％の消費者物価の上昇で10年後には円資産の価値は18・0％減になる。この数字がそれほど大きくないという人もいるだろう。しかし、年金生活者にとっては決して小さくはないだろう。2％上昇が10年間も続くという前提が少し大袈裟《おおげさ》だという人もいるかもしれない。確かに、その意見には同意する。IMFの経済予測では、2023〜2027年までの5年間は、消費者物価が年平均の上昇率1・01％と置かれている。5年間の円資産の減価率はマイナス5・9％と計算できる。こちらの方がより現実的かもしれない。

また、日本のインフレ課税の圧力は、他の主要国に比べると相対的に小さいとも言える。過去10年ごと、そして将来の5年間のインフレ調整の圧力について、国際比較統計を調べてみよう（図表3－2－1）。

まず、２０００〜２０１０年までの日本を除く各国のインフレ調整圧力はマイナス18・３％と大きい。平均インフレ率は２・２％である。反対に、日本はこの期間はまだデフレであった。２０００〜２０１０年は、インフレ調整圧力がプラスの２・６％だった。つまり、円資産の実質価値はデフレで増加していたのだ。

その後、２０１０〜２０２０年は世界のインフレ調整の幅がマイナス５・２％とやや小さくなる。この10年間の平均物価上昇率は、各国とも２％に届かなかった（平均１・６％、日本は０・55％）。過去10年間は、本当にモデレート（穏やか）な物価上昇ペースであったことがわかる。リーマンショック後は、熱すぎもせず、冷たすぎもせず、適温経済だという人もいたくらいだ。

ところが、コロナ禍の２０２０〜２０２２年はこの流れが激変する。特に、２０２２年は各国で久々の大幅なインフレ加速を見た。ＩＭＦの経済見通しでは、たった3年間でインフレ調整が平均マイナス13・２％も進む見通しになっている（日本を除く、日本はマイナス５・２％の見通し）。

うがった見方をすると、各国がコロナ禍で積極財政に打って出られたのは、財政負担がインフレ課税でいくらか軽くなったからではないかと見ることもできる（これは完全な後講釈かもしれないが）。

それに比べると、従来の日本はデフレ、または物価上昇がほとんど起きない中で、財政出動を活発に行ったために、現在のような過重負担になった。日本は、インフレ課税が少なかった分、余計に低金利に依存するかたちになる。これが、金融抑圧の背景構造だとも言える。

ここで、一つ疑問が湧くのだが、もしも、欧米の方がインフレ調整圧力が強いのならば、日本以上に金融資産の目減りが大きくなり、国民の間に不満が高まるのではなかろうか。また、欧米の方が家計は不利に置かれていることをどう考えるべきだろうか。

その点についても、ケインズの考え方が役に立つ。貯蓄階級はインフレで損をするが、実業階級は損しない。実業階級は、借金をして事業で利益を得ている。この事業利益はインフレ抵抗力が高い。企業は価格転嫁を進めて、インフレ時には利益水準をインフレに同調できる。

ならば、家計も株式を保有して、事業利益の分配を受けられるようにすると、いくらかインフレ抵抗力は高まるはずだ。貯蓄階級が実業階級のメリットを取り込むのである。家計金融資産に占める株式など有価証券の保有割合は、日本よりも欧米の方が高い。日本の金融資産構成は、預貯金の割合が半分以上を占めていて、有価証券の割合は相対的に低い。このことが、欧米の家計のインフレ耐性を強め、逆に日本の家計のインフレ抵抗力を弱めることにつながっている。日本は、デフレ時代はそれでよかったのかもしれないが、今後は不利になっていく。

もう一つ、欧米の金融資産のインフレ耐性を強めているのは、海外資産への投資だ。日本では、資産運用をするときは、円建て（自国通貨建て）の方が安全と考える。外貨は、円高になると目減りすると敬遠する人が多かった。

しかし、インフレのリスクが高まると、事情は変わる。インフレと円安という変化がセットになってやってくるため、為替変動のリスクを回避するには、ドルもユーロも円もまんべんなく保有している方がよい。ドル安のときには、円高・ユーロ高になり、全体では為替変動が均《なら》される。逆にドル高のときは、円安・ユーロ安でやはりメリットとデメリットが相殺し合う。

資産運用の世界では、世界中の金融資産をまんべんなく保有する方が、リスクを相対的に低下させて、高いリターンを追求できると考える。だから、自国通貨建ての資産に偏ることを、「ホームバイアス」と呼んでいる。ホームバイアスはない方がよいのに、どうしても各国ともそうしたバイアスがかかる。特に、日本の家計はその傾向が強い。ホームバイアスが低い欧米の方が為替変動に強く、インフレが起きたときもその利上げをする国々の通貨が高くなる恩恵を得やすくなる。自国の財政が悪化して、金融抑圧の政策を始めたとしても、海外資産への分散をしていれば、相対的に自国通貨の減価リスク、インフレリスクに巻き込まれずに済む。

さらに、欧米と日本の違いとして、富のクリエーションの力量の差もある。ケインズは、新しく富を築く人にはインフレが有利だと説いた。昔築いた富は減価するので、次々に新しい富を生み出すことが、インフレ時代に生き残る術《すべ》だ。そうしたインフレ時代はどうしても、所得格差が生じる。家計自身も事業利益の恩恵をもっと積極的に得られるようにした方がよい。副業として自分で事業を手がけるのは、その一例だ。できれば、起業して自分で経営者になることがより望ましい。一人で行うのならば、自営業という選択である。

インフレ期には所得格差が広がると言われる。インフレの中で新しく富を得て高所得層に成り上がる人が増えて、「上向きの作用」が働くからだ。逆に、2000年以降のデフレ経済は、中堅所得層が高齢化も手伝って、日本の家計を低所得化させていく。大学を出ても正社員になれないことが格差を作った。

以前から、欧米では起業の割合が高く、企業間の新陳代謝が働き、日本はそうした流れと一線を画していることが指摘されてきた。主要国の起業率に差があり、常に日本は低い状況にある。このことは、日本で富のクリエーションが弱まっていることを示している。

家計の統計中で高所得層は、個人事業主、自営業、法人経営者が含まれる。彼らは、事業収益の恩恵を享受しやすい。先に、株主には実業階級の恩恵を分配されると述べた。株主以上に、事業のオーナーには恩恵が厚い。こうした事業からの利益は、資本の利益そのものである。企業が得た付加価値は、労働分配される以外に、資本分配される。インフレ期には、資本の力がより強まって、事業者に利益が集まっていく。

日本は、長いデフレ時代に、資本の利益を享受できる人たちが逆風にさらされた。個人事業主や自営業者はかなり淘汰《とうた》された。しかし、今後はインフレ期に変わることで、彼らは徐々に復活していくだろう。欧米の方が、起業志向が強く、能力のある個人が資本の利益を追求することが多い。日本にいる中国人や欧米人を見ても、事業を自分で始めようという志向が日本人よりも遥かに高い。そうした気質の違いも、国ごとのインフレ抵抗力の差になっていると考えられる。

筆者は、かつて富裕層ビジネスについて調べたことがある。誰が富裕層で、どうやってそうした地位を得たのかを調べた。そのときには、中小企業の経営者になることで、高所得を得ている人が多くいることがわかった。１９９０年前後はそうした人たちの階層が今よりも格段に分厚かった。最近は、「中小企業は景気変動に弱い」、「中小企業は弱者だ」というステレオタイプがあり、メディア報道や政治的コメントにそれが目立つ。それは確かに事実だが、事実の一側面に過ぎない。サラリーマンでは得られない高所得を得ている人たちが中小企業の経営者、自営業には多くいる。しかも、彼らはサラリーマン役員の任期よりも長期間にわたって社長として高収入を受け取ることができる。もちろん、それは、事業リスクを覚悟して得た所得だから、決して不平等だとは批判できない面もある。

しかし問題なのは、不平等を批判することではなく、日本の若者たちに中小企業を自分で興して、経営者をやってみたいという人が少ないことだ。高学歴の学生には、そうした志向が特に弱く、裏返しのように大企業志向が強い。中小企業を自分で作って成功する方がどれだけ多く儲かるのかを知らないのだろう。いや、デフレ経済が長期化したために、起業はリスキーだと潜在的に思考の中で選択肢から外して考えているのだろう。

逆に、高学歴ではない大学生の間には、非常に学びに意欲的で独立志向の強い学生もいる。そうした野心的な若者が雑誌の大学ランキングなどとは無関係に大勢いる。筆者はそうした学生を見ると、「日本も捨てたものじゃない」と心が躍る。しかし、その大学の教員によると、彼らは数年後に就職活動をして、学歴・学校歴の壁にぶつかって心をくじかれるのだそうだ。日本社会はまだ人物の多様性を認めて、就職のチャンスを与えるような開かれた社会ではないと思える。

長いデフレ時代には、日本はリスクテイクすると損失を被る確率が高まっていた。その環境に過剰適応すると、イノベーションやクリエーションを担う人材が少なくなってしまう。今後の日本がインフレ適応型に変わっていくためには、デフレに順応した発想を切り替えて、

（図表3-2-2）80年代のインフレ率、賃金上昇率、預金金利

	消費者物価の上昇率（総合）%	現金給与総額の上昇率%	普通預金金利（年末）%
1978年	4.2	5.9	1.0
1979年	3.7	6.0	2.0
1980年	7.7	6.7	2.8
1981年	4.9	7.7	2.8
1982年	2.8	7.0	1.8
1983年	1.9	4.0	1.8
1984年	2.3	4.5	1.5
1985年	2.0	5.0	1.5

出所：総務省、厚生労働省、金融広報中央委員会

リスクテイクをして自分自身で事業を担っていく人材を育てなくてはいけない。

③40年前のインフレとの違い

日本がインフレに見舞われたのは、2022年が初めてではない。遡ると、40年以上も前の1979〜1982年に第二次石油危機が起こった。1979年のイラン革命が引き金になった原油高騰から始まったインフレである。1980年の消費者物価上昇率は7・7％まで上がる。余波は、1981・1982年にも残ってインフレ率を高止まりさせた。

しかし、現在とは様々な経済条件が大きく異なっていた（図表3-2-2）。これを見ると、すべてが成長しているという実感が伝わってくる。特徴的なのは、賃金上昇率と預金金利の水準が高かったことである。家計が受けるインフレの痛みは、それらの

効果によって大きく緩和されていた。

それに比べて現在は、物価が上がって、賃金も上がりにくく、かつ預金金利もゼロ%近くに張り付いたまま。それがインフレ課税を生み出す。何も手立てを講じなければ、時間とともにジリ貧になっていく。これは、格差拡大にもつながる。40年前のインフレとは根本的に違うのだ。

残念ながら、私たちは超低金利に慣れっこになって、低金利に怒ることをしなくなった。その状況は、1990年代半ばから2010年頃までのデフレ時代ならば、あまり問題ではなかった。元本保証されている預貯金を持つことの機会損失が大きくなかったからだ。そのため、日銀が金利水準を引き上げないことに何の矛盾も感じなくなった。しかし、2022年からは経済環境が変わり、インフレになった。預貯金を持っていることの機会損失は、デフレ時代とは一転して大きくなったのだ。

よく考えてほしいのは、40年前が「特別」で、現在が「普通」なのかという点だ。40年前の経済データを持ち出してきて、それを現在の感覚で捉え直すと、あたかも別の世界に住んでいるかのようだ。

今は本当に何もかもが伸びない時代だ。いや、自分自身にも伸び代を考えなくなった。これはこれで異常だと思える。では、なぜインフレ率に、賃金上昇率や預金金利が同調して動かない事態が生じているのだろうか。一体、その違いの背景にあるものは何なのだろうか。例えば、１９９０年代のバブル崩壊、それに続く金融危機なのか？ いや、欧米各国は同じような金融危機を２００８年のリーマンショックで経験した。しかし、欧米は「日本化」しなかった。

一つの仮説は、人口動態だ。象徴的なのは、日本人の平均年齢（中央値）が高齢化したことだ。１９８５年の平均年齢は32・5歳であった。最近（２０２０年）は48・4歳だ（国連統計）。32歳と48歳の体力は著しく違っている。それに比べて、米国の平均年齢は現在も38歳。カナダ・イギリス・フランスの41～42歳と比べても、いくらか若い。

人口構成の格差が、経済データの背後にはあり、現在の日本経済のパフォーマンスに影を落としていることが暗示される。１９８５年の日本は、若くて伸び代が十分にあった。国の若さが賃金上昇や金利水準の高さにも反映している。これは、企業の従業員の平均年齢を考えれば、よくわかるだろう。平均年齢が32歳の企業は、シニアになるまでまだ賃金水準を上げていかなくてはいけないと経営者が思う。しかし、もう48歳ならば、ベースアップの期間は終了して、経営者は従業員の給与水準を見て、もう十分に高すぎると感じる。むしろ、70歳まで働いてもらうのならば、賃上げではなくて、50歳以降は賃下げをして長くいてもらおうという発想に傾く。

経済データの低調さは、定性的に言えば、企業の従業員が高齢化して、以前ほどに活力を発揮できなくなったことにあるのだろう。低い賃金上昇率と超低金利に国民が慣れてきた原因も高齢化が影を落としている。みんなが労働運動を盛んに行って、賃上げを勝ち取ろうという元気がなくなったこともかたちを変えた高齢化ということができる。

筆者は、この問題の分析はもっと用意周到に、かつ牛が食物を反芻《はんすう》するように、何度も検討する必要があると思う。「なぜ、インフレ率に、賃金上昇率や預金金利が同調して動かないのか?」という疑問の答えについて、「本当に高齢化だけが原因なのか??」と何度も疑ってかかる必要がある。

例えば、企業の利益は増えているのに、その分配は十分に行われているのか。シニアになれば、賃金の上増しは不要という発想は、それこそ平均寿命が70歳だった時代の感覚ではないか。私たちは、むしろ70歳まで働く可能性がある。だから、年齢によって一律に賃金カットをするのは悪平等だ。生産性の高い従業員には、年齢とは無関係に高い給与を支払うべきではないか。

実は、経営者の頭の中に、過去の常識が根強くあって、60歳以上には高い給与を渡さなくても十分に暮らせるだろうという先入観があるのではないかとも考えられる。「人生100年時代」の報酬分配は、まだ新しいパラダイムが確立されていないのだ。新しいパラダイムが存在しないときは、時代遅れだとわかっていても、多くの人が旧パラダイムに頼るものだ。それが、従業員の高齢化の中で、賃上げが思うように進まない理由になる。

さらに次の論点として、賃上げの不全と並ぶ、超低金利はどうなのだろうか。「本当に高齢化だけが原因なのか?」を再度考えたい。

そこには日銀の政策スタンスが深く関わっている。日本は、インフレなのにまだマイナス金利政策を維持している。2022年末、物価上昇率が4%近いのに、デフレ時代のマイナス金利をまだ是正しようとしない。世界中では、EU、スイス、デンマーク、スウェーデンもマイナス金利を次々と解除した。日本だけがまだ止められない。これは、経済状況を見て慎重なのではなく、むしろ、政府の債務負担に配慮したものだと考えられる。

歴史を紐解《ひもと》くと、同じような事例が戦争後に起こっている。第二次世界大戦後のイギリスがそうだった。戦時債務の急増に対して、イングランド銀行は短期の財務省証券(Tビル)の金利を1945年10月に1・0%から0・5%にした。長期金利も3%近辺だった水準を2・5%に誘導しようとした。これは、国債価格維持政策である。国債価格を高値に中央銀行がつり上げると、金利は低くなる。こうした維持をイングランド銀行は1979年にサッチャー政権の改革が行われるまで断続的に継続した。中央銀行が、財政事情に配慮して、人為的に金利水準を押し下げる状況を「金融抑圧」[*4](Financial Repression)と呼ぶ。イギリスの公的債務残高の比率は1960年に109％、1980年に49％に下がった。金融抑圧は約40年間も続いたとされる。

これはイギリスだけに特有のことではない。米国でも、第二次世界大戦で発行した国債残高の利払いを軽減するために、FRBは財政に従属して、国債価格維持を継続した。ようやく、1951年に政府とFRBの協定（アコード）が結ばれて、FRBの独立性が果たされた。日銀も、高橋（是清）財政で国債引き受けを決定して、2・26事件以降は軍事費を国債発行で捻出する体制に組み込まれた。税収に基づかず、急増する軍事費を賄えるようにバックアップしたのだ。

今後の日本経済を考えると、最悪の場合、第二次世界大戦後のイギリスや米国と同じような運命を辿る可能性があると考えられる。ハイパーインフレや長期金利の急上昇というマーケットの反乱が起こるのは、「ハードランディング・シナリオ」だ。仮に、それを避けられても、じわじわと円安が進み、インフレ課税が長期間にわたって続くというシナリオに追い込まれる蓋然性は高い。

実は、この金融抑圧が、私たちを円安に陥れている原因の一つだ。経済学の教科書では、インフレ期には通貨が減価すると教えられる。ならば、2022年のようなときは、欧米の方がインフレ率が高いのだから、ドル安・ユーロ安になり、円高になるはずだ。しかし、現実はそうならなかった。ドル高、円安になった。理由は、米国が利上げをして、日本は利上げできなかったからだ。欧米の国民は、インフレ課税の資産目減り分を中央銀行の利上げによっていくらか取り返せていると言える。

問題は、私たち日本人の金融資産運用を金融抑圧の下でどうするかだ。円資産は、高い利回りが期待できないとなると、やはり海外金利で運用するしかない。欧米各国は、インフレに応じて利上げを進めている。利上げができない日本に対して、海外では利上げをしている。ならば、私たちも運用資産の一部を海外にシフトさせるしかない。

そこで厳しいのは、海外運用には為替リスクが付きまとうことだ。為替リスクは、外貨の種類ごとに異なる。どの通貨で運用するのがよいのかを選択するための知識が必要になる。そのハードルを越えなくては、インフレ課税の損失を被ってしまう。

海外での運用のメリットは、輸入インフレが円安によって進むとき、外貨を持っていれば、為替差益を得られることである。物価上昇に対して、円安メリットがそれを相殺するからだ。為替リスクを受け入れると、輸入物価上昇のリスクヘッジにもなる。

この為替リスクを私たちはどう考えるべきなのか。為替レートの先行きを予測することは、株価や長期金利上昇を予測することよりも難しい。もしも、個人が為替リスクを負って損失を被ったときはどう対処できるのだろうか。

こうした運用リスクに対して、筆者の考え方は、損失を穴埋めできるような「稼ぐ力」をつけることが対処法になると考える。運用でよく言われるのは、絶対に損失が生じては困るような教育資金や住宅取得資金を株式投資に回して、元本割れさせてはいけないという考え方だ。

微妙なのは、老後の準備資金の位置づけである。老後の準備資金をできるだけ増やしたいから、リスクを覚悟して株式投資を行うとする。そうして投資元本が目減りすると、老後の生活設計が狂ってしまう。

老後の窮地から脱するには、いざというときに自分で稼いで、運用の損失を穴埋めできるようにすることだ。これは、公的年金の不足についても言える。自分で富を生み出すクリエーションの力、自力救済ができる防御力をつけることが、有効な対処法になる。

稼ぐ力をつけると、仮に運用で失敗をしても自力でその損失の穴埋めができる。リスクを取って運用がしやすくなる。リスク許容度を高めて、運用リスクを取れる体制を作っていく。

では、その稼ぐ力とは何になるのだろうか。それは自分が本業以外に、副業・兼業で所得を増やすことになるだろう。本業で今使っている能力以外、またはその能力を転用して、副業でも成果を上げる。

長く働いていると、勤労者は一つの分野だけではなく、複数の分野で能力を身につけることができる。自分の潜在能力を使って、複数の仕事ができるはずだ。その能力を使わない手はない。

一つの分野の専門家に見えて、過去に別の分野でも専門家だったという人は多い。自分にはそんな器用なことはできないと言っている人でも、話をよく聞いてみると、長いキャリアの中で様々な経験をしていて、それを生かせることに自分で気がついていない。他人の誰かが「あなたはそのスキルを応用して十分に食っていける」とアドバイスをしてあげないとその人は自分の才能に気がつかないで暮らすことになる。

そうした専門的知識・スキルのことをエクスパティーズという。自分がまだ使っていないエクスパティーズを活用して、副業を行うことが収入を増やす方法になる。

おそらく40年前は、一つの会社で他人が決めたキャリアパスを定年まで歩んでいくのが、当たり前だったと思う。それで、十分な退職金と年金をもらってハッピーリタイヤができた。しかし、今はそうした安泰の時代ではない。65歳まで、もしかすると70歳まで働いて、あと20年近く生きていく。もしかすると、一つの会社で働くと、年収のピークは50歳代でその後は下がっていき、やりがいを失っていくリスクがある。同じ会社にずっといることが幸せとは限らない。

もしも、自分の副業の力を試すのならば、30歳代、40歳代と若い方がよい。本業だけではなく、副業で何か得意な仕事を見つけることが、人生後半に役立つ。複線人生の選択が、不確実性の高い時代にはメリットが大きい。

人気TVドラマを見るときの楽しみの一つに「伏線を回収するおもしろさがある」などと言われることがある。実は、人生も同じだ。若い頃に数多くのキャリアを経て、いつの間にか、人生の伏線が回収されるかたちで、後々に役に立ってくることがある。50歳代後半の人の話にはそんな経験談が多い。

40年前との比較をすると、現在の方がデータ上は、賃金や預金金利面で見ると恵まれていないことが多い。このことを昔はよかったという話に終わらせてはいけない。今は、むしろ、より能動的に人生の過ごし方を工夫することが求められる。能動的転換の時代なのだ。カタカナで言えば、「昔はパッシブで、今はプロアクティブな行動が求められている」と言える。

もう一つ、40年前と現在を比べて、現在の私たちと昔との違いを述べておこう。それはテクノロジーの進歩だ。統計データでは、私たちはあまり恵まれた時代ではないように思えるが、実際の暮らしでは、40年前に比べて現在の方が圧倒的に進歩したテクノロジー社会を生きている。

インターネットで情報を集めて、自分独りの創意工夫で知的生産物を作り上げることができる時代だ。SNSで友人ともつながっていて、趣味や娯楽の話題を共有できる。確かに、現代は「何もしないことがリスク」ではあるが、何かしようとするときの支援ツールは豊富に用意されている。社会も昔に比べて、いくらかは多様性が認められる社会に変わってきている。そうした環境を利用して、私たちは創意工夫をしながら、資産運用や副業選択も自由にできる。そうした何かをするときの知識の紹介については、次の第四章と第五章で紹介していきたい。

3．預金金利1％でどのくらい高齢者が救われるか？

①シニア家計の運用益を考える

私たちが物価上昇の痛みから救われる方法はある。それは、日銀が十分に利上げをして、預金金利を引き上げることである。現状、2016年1月からのマイナス金利政策の下で、普通預金金利の利回りは0・001％まで下がっている。これでは利息収益は事実上ゼロだ。

家計一世帯（二人以上世帯）の物価上昇による負担増は、2022年度で年間プラス12・5万円と試算できる（図表3-3-1）。これに見合うだけの預金金利はどのくらいになるかを計算してみたい。家計の平均的な金融資産残高は、一世帯当たり1829万円（2022年

（図表3-3-1）物価上昇による家計の負担増

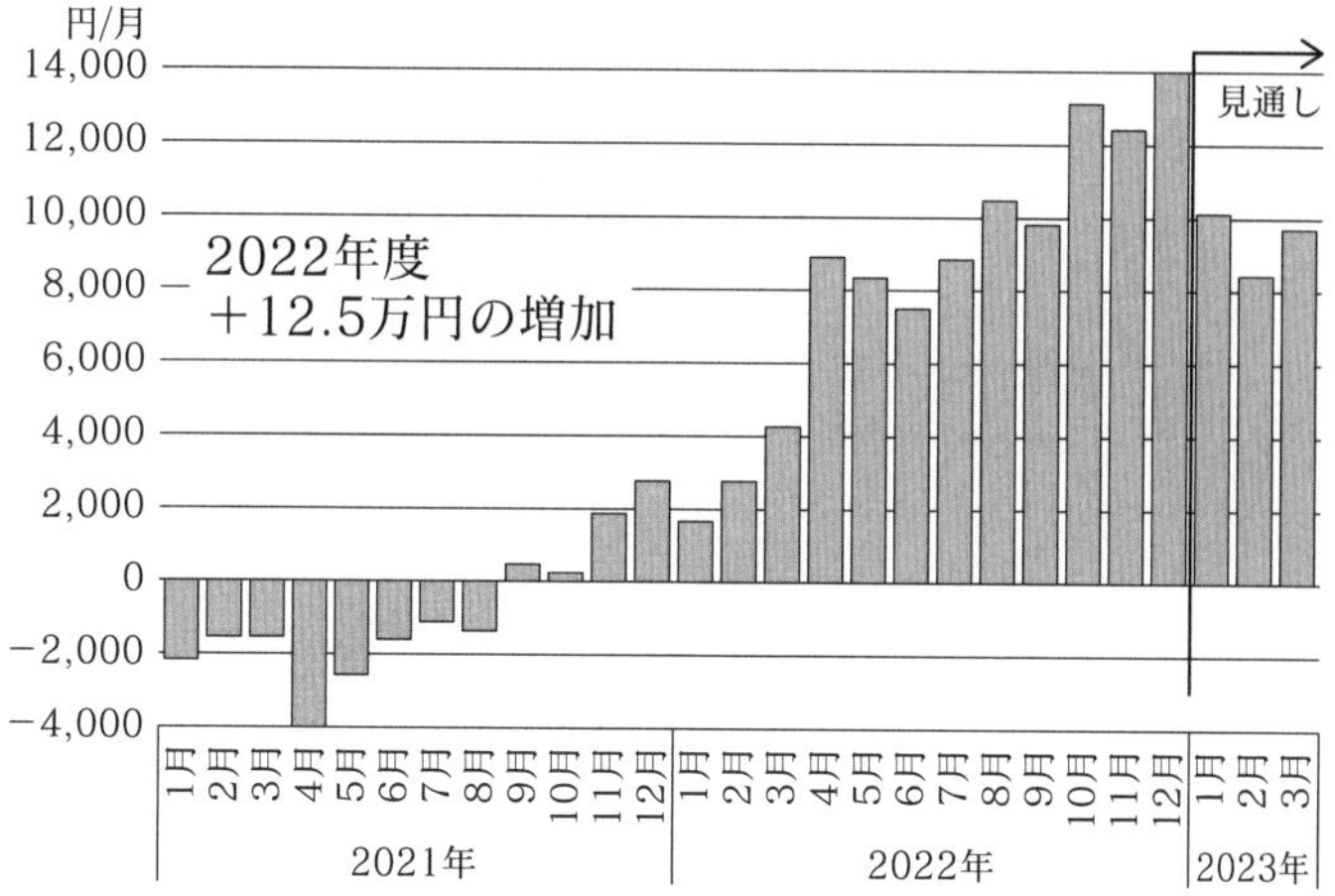

注：総務省「家計調査」（２人以上世帯）などから計算した。

3月末）である。ここに１％の預金金利が適用されると、税率（20・３１５％）を差し引いて、年間14・57万円となる。この金額であれば、物価上昇のコスト増を吸収できる（預金金利０・85％以上）。

この計算は、金融資産残高の全体が普通預金で運用された場合である。もしも、普通預金以外の金融商品であれば、もっと収益性は高いはずだ。利回りは最も保守的な前提で架空計算してある。読者に伝えたいことは、保有する金融資産の収益性が回復すれば、家計はその運用益によって、物価の負担増をカバーできるはずだという理屈である。

さらに、金融資産の保有残高は、年齢層によっても大きく異なるだろう。年齢別に、普通預金金利１％が得られる場合、それぞれにどのくらいの利息収益になりそうかを計算してみた。60歳以上の金融資産残高の平均は２３１５万円（60歳代２４１２万円、70歳以上２２５６万円）である。そこに１％（税引き前）を掛けると、利息収益（税引き後）は18・45万円になる。シニア世代の生活は、退職金（一時金・年金併せて１６００〜２６００万円）をもらい、公的年金に加えてそれを運用しながら生活していき、老後の生活の糧《かて》とする。ところが、１９９０年代後半になって低金利時代に移行すると、そうした運用収益はほとんど得られなくなった。これは、高齢期の悲劇というほかない。

この間家計の年代別構成は、驚くほど高齢化している。二人以上世帯の中で、世帯主年齢が60歳以上の割合は52・５％（２０２２年）、65歳以上は43・７％である。先に見た金融資産残高２３１５万円も持っている世帯は過半数（52・５％）に達するのだ。預金金利が低くて、本来はできるはずの余裕のある生活ができなくなっている世帯が過半数にもなる。

この計算は、金融資産残高から住宅ローンなどの負債を差し引いて計算しても大きくは変わらない。特に、60歳以上の世帯では、持ち家率が９割を超えている。だから、ほとんどのシニア世帯はローンをかかえていない。

もう一つ、物価上昇のコスト増以外に、ストック面でインフレのコストがある。インフレ課税効果である。家計の金融資産残高１８２９万円は、名目金額である。この金額でどのくらい商品を買えるかは、物価によって決まる。金額÷物価＝数量である。この購入数量は、購買力だとも言える。３％の物価上昇によって、１８２９万円の金融資産の購買力は３％ほど落ちてしまう。実額に換算すると、マイナス53・27万円にもなる。これはインフレ課税効果である。

インフレ課税を逃れるためには、３％のインフレ時に預金金利が３％以上なくてはバランスが取れない。フロー部分で、預金金利が生活コスト増分をいくらかカバーできたとしても、ストック面でのインフレ課税のロスはカバーできないことになる。こうした、インフレ課税のマイナス効果は、金融資産を多く持っているシニア世代ほど大きい。金融資産の運用利回りをもっと高くしなくては、インフレ課税には対応できない。

実は、調べてみると過去も家計金融資産から得られる財産収入はそれほど高くはなかった。ピーク時の１９９０年でも、年間３万円程度の財産収入があった。最近になって、２０１４年頃から徐々に増え始めて、年間１・５～１・８万円程度に増えている。そう考えると、多くの人が受取利息など財産収入だけで暮らしていくのは、あまり現実的ではない。

とはいえ、金融所得が好ましいのは、金融資産を据え置きで持っていて収入が増えていくところである。高齢者の財産収入としては扱いやすい資産になる。

対比として不動産投資を考えてみよう。マンションやアパート経営である。賃貸料が定期収入として得られるので、運用資産として紹介されることも多い。

不動産投資は、金融資産運用に比べて、①投資金額が大きい、②いざというときの流動性が低い、③表面利回りから差し引かれるコストもあり、実質利回りが不安定、などの面もある。金融資産運用以上に、知識と経験を要する。

筆者の親族は、積極的に不動産運用をしている。当初は、表面利回りが高くて期待が膨らむが、予想外の空室が生じたり、賃貸人・テナントの退去やクレーム処理もある。管理会社からリノベーションの要請を受けて、改装費用がかかる。金利負担を軽減するために銀行や信金、公的金融機関との交渉をすることも多くなる。実質の収益率はかなり低くなる。

こうした見えにくいコストが多いのが、不動産投資の実情だ。もちろん、個別性が高いので、収益資産として魅力のある物件も多い。ただし金融資産運用とは違った知見が必要になる。長く経験を積む必要がある。筆者の親族は、不動産仲介手数料が高いので、不動産投資を始めてから宅建の資格を取得した。資格取得を通じて、自分の知見を高めるというのは、一石二鳥になる。

さて、不動産投資がインフレ課税に強いかどうかを考えてみよう。インフレに連動して家賃が引き上げられれば、物価連動で収入を得やすい。しかし、すでに居住している人への家賃交渉は難しい。退去時に改定をしたり、契約更新時の価格改定をすることは少し機動性に欠ける。その一方で、物件が古くなれば、周辺の賃貸物件との競合も厳しくなる。インフレ対策としては、あまり良いとは言いにくい。

近年、インフレの影響は、不動産の上物の建設費を高騰させている。2021年初から建材価格は高くなり、新築戸建ての建築費は高くなった。不動産事業者から話を聞くと、新築戸建ての価格高騰で、代わりに中古戸建ての価格も上がっているという。これは、不動産投資コストの上昇の方が、賃料の引き上げに先行しやすいことを意味している。

不動産投資は、資力の大きい人には魅力が大きいだろうが、一般の個人には少しハードルが高いと思える。

②企業の投資資金は海外シフト

高齢者が1%の預金金利の引き上げによって救われるとしても、日銀が利上げをすると景気が悪くなると考える人は多いと思う。利上げは、企業の利払負担を増やし、それが企業収益を圧迫すると考えられているからだ。

ところが、企業にとって、金利上昇がマイナスであるかどうかは疑ってかかる必要がある。財務分析すると、意外な事実がわかってくるからだ。企業の損益計算書を見ると、支払利子よりも受取利息の方が多くなっている。金利が上がると受取利息が増える企業が多いのでは

（図表3-3-2）事業法人の受取利息・支払利息の推移

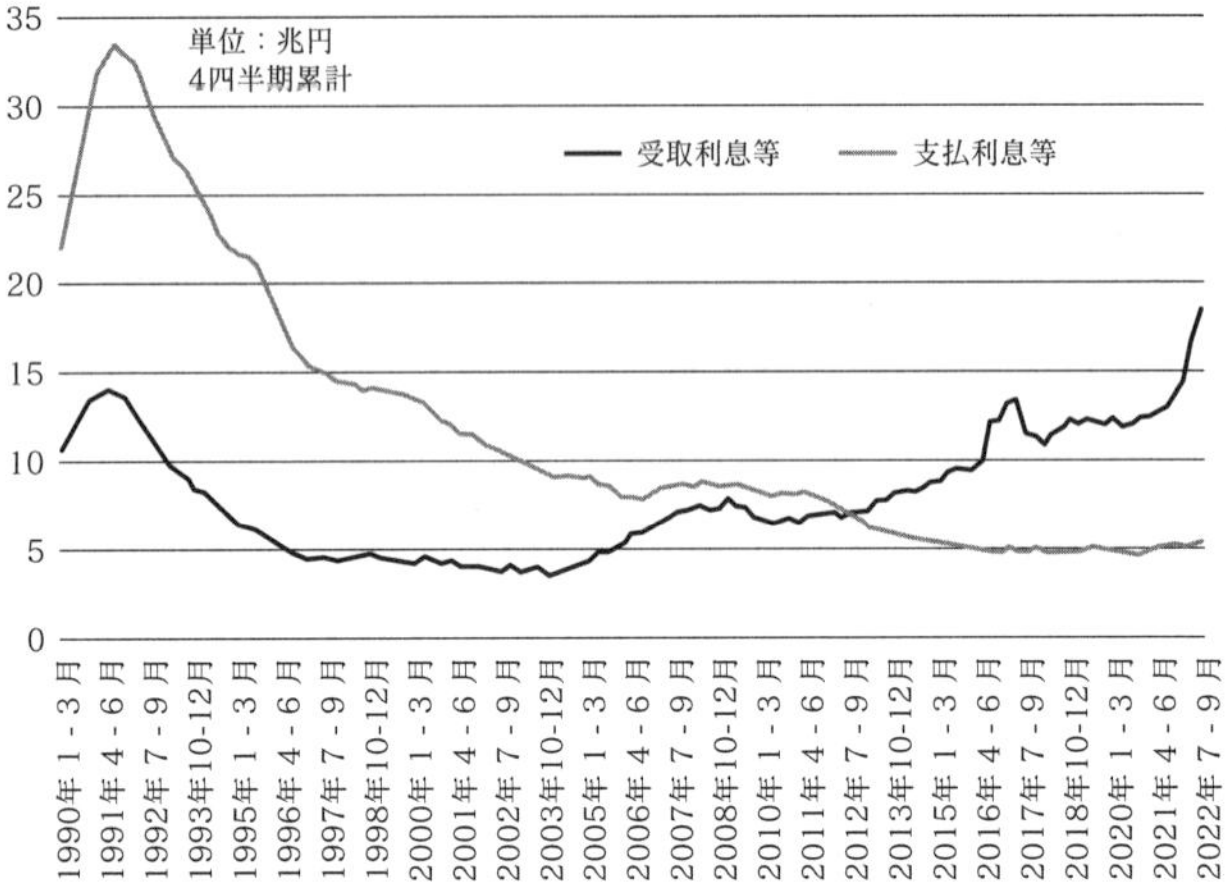

出所：財務省「法人企業統計」

ないかと思われる。実数で示すと、２０２２年は支払利子が５・５兆円である。受取利息の方は20・０兆円と３・６倍も多い（図表３-３-２）。企業はいつの間にか金あまりで運用利益が予想外に大きくなっている。調べてみると、受取利息が支払利子を上回る関係は、２０１２年から約10年間も続いている。不思議に思うのは、国内でこれほどの超低金利であるのに、企業の受取利息が巨大化していくことである。

なぜ、これほどまで企業の受取利息が膨らんでいるのだろうか。筆者の仮説は、海外からの受取利息が増えたという見方だ。企業の保有する金融資産が、円資産ではなく、海外資産へとシフトした可能性である。その中には、海外事業、あるいは輸出で得た資金を外貨建てで保有している部分もある。企業のグローバル化の影響とも言える。特に、製造業などでは、企業が円資金を国内で調達して海外事業を展開している。海外事業では、現地法人を設立してそこに出資する。その出資金からの配当金が外貨で入ってくる。これも受取利息としてカウントされる。必ずしも、外貨預金の利息というわけではなく、間接的に外貨資金(株式、貸付金など投融資)を増やし、そこから金融収益が得られる。

また、世界的なインフレは、国内よりも海外事業の収益を増やした。製造業の企業では、インフレで仕入コストが増えたことに対して、国内よりも海外で売る輸出の方が価格転嫁がしやすいと言う。輸出物価の統計でも、2022年には輸出価格は急上昇した。そうした価格転嫁の効果が、企業の売上・収益を増やしている。海外事業収益の増加は、配当金を増やし、輸出事業の採算も改善させている。

この傾向は、企業の財務分析を企業規模別に見ていくとより鮮明になる。海外事業の恩恵を被るのは専《もっぱ》ら大企業である。資本金10億円以上の大企業は、受取利息が2004年頃から増加し始めて、特に過去10年間はそのペースが加速している。この受取利息に比べると、支払利子はずっと減少傾向を辿っている。

ならば、日銀が利上げしても、企業収益は悪化しにくい。大企業は、分厚い受取利息によって、増加する支払利子を吸収するからだ。仮に、日銀の利上げ効果を大きくしたいならば、かなり大きな利上げでない限り、マクロ的な引き締め効果が発揮しにくくなっている。

一方で、大企業以外の中堅・中小企業は、受取利息が膨らんでいない。過去30年間で見ても、支払利子、受取利息の両方が著しく金額を少なくしている。これも、相対的に引き締めの効果が小さくなっていることを意味している。

むしろ、過去数年間は、低金利で借入残高を膨らませる中堅・中小企業の動きもある。コロナ禍では、政府が主導するゼロゼロ融資などの中小企業支援融資が、中堅・中小企業のバランスシートを膨らませている。これは、コロナによって隠れた過剰債務問題が生じている可能性を示唆するものである。日銀の利上げは、こちらへの悪影響を気にしながら進めていく必要がある。低金利の長期化によって、財務体質が不健全化している企業への悪影響を考えながら、金利を引き上げていくという課題である。いわば、副作用に配慮する必要性の増大である。

私たちが検証すべきは、長期で継続されている金融緩和が、果たして中堅・中小企業の体力を強化してきたかという点だろう。これだけ長期で緩和してきたのに、利上げに耐えるための体力強化につながっていなくては政策効果があったとは言えない。低金利という犠牲を払ってまで、長期間の緩和を続けているのだから、その間に政策効果が浸透していなくては困る。金利を上げても大丈夫な企業体質を作る方が本質的なことだ。

懸念されるのは、低金利慣れの弊害だ。本来市場から退出してもおかしくない経営悪化企業が延命している。そうした企業をゾンビ企業という。単に、超金融緩和が経営悪化したゾンビ企業の延命を促しただけでは意味がない。ゾンビ企業の延命のために利上げをしないというのは、経済の新陳代謝を阻害するだけである。

大きく積み上がる受取利息を見て感じるのは、その恩恵が必ずしも日本経済全体の活性化につながっていないことだ。大企業は海外投融資で巨大な利益を上げたとしても、その恩恵が国内の中堅・中小企業には還流してはいない。

海外で得た利益が国内従業員の賃上げにどれほど回っているのだろうか。大企業が賃上げをすれば、それが国内中堅・中小企業の売上・収益を増やす。そして、中堅・中小企業でも賃上げが進む。経済の循環はそうした順序で進んでいくものだ。

大企業の利益が国内投資に回りにくい理由は、内外投資収益率の間に大きな格差があることが原因だとされる。投資資金は、資本の論理で動き、収益率の低い方ではなく、常に高い方へと向かって流れていく。収益率が低いのは、円資産の方である。日本国内では人口減少によって、国内マーケットは成長が見込みづらい。だから、投資が海外に向かう。投資資金は、現在よりも将来の市場の成長力を見据えて行われる。

問題は、そうした長期の予想が、国内市場をますます悲観的に見せているということだ。

グローバル化した持ち株会社は、以前よりも収益重視になって、国内より海外投資の方に邁《まい》進《しん》するようになった。その結果として、日本の成長力はますます乏しくなっている。成長力が見劣りする国内での賃上げを何年にもわたって積極化するはずがない。株主を重視するほど、国内従業員への報酬還元は切り詰められる。

国内のオピニオンでは、円安によって、大企業の設備投資が国内回帰するのではないかという期待感が強い。政治的にも、国内メディアにもそうした雰囲気がある。しかし、それはかなり限定的な変化に終わるだろう。

繰り返しになるが、企業の投資は長期的な成長力を見据えて行われるからだ。もしも、政府が円安メリットを追求しようというならば、すでに海外展開している大企業ではなく、まだ海外展開していない中堅・中小企業の輸出拡大に期待した方がよい。彼らは国内投資を輸出向けに増やす可能性がある。

2020~2022年のコロナ禍で日本経済・世界経済で起こったことをよく考えてみたい。インフレが内外で起こり、インフレによって海外では名目収益を増やしている。海外事業にアクセスできる大企業は、インフレの利益によって海外収益を膨らませている。

コロナ禍は、内外の収益格差を拡大させて、資本が国内から海外へとシフトする傾向を強めたと見ることができる。円安傾向はその結果として生じている側面もある。

（図表3-3-3）無職世帯の年齢別の黒字率

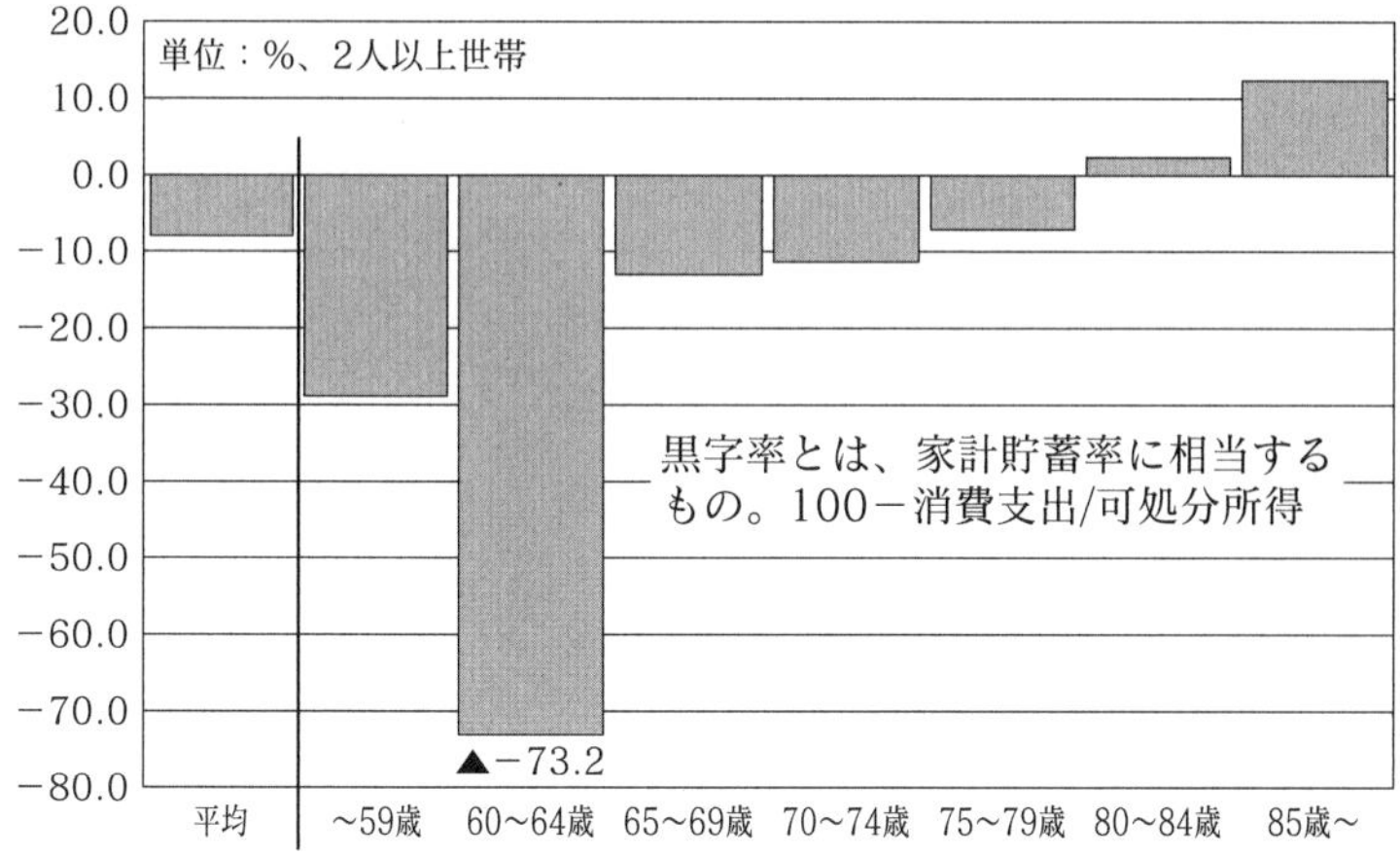

出所：総務省「家計調査」（2021年）

③インフレ時代を高齢者はどうサバイブするか？

世帯主が60歳以上の家計は、収支が厳しくなる。収入が60歳前後でがくんと減るからだ。特に、就労を止めてしまうと、無職世帯になってしまう。世帯主が勤労者の場合は、60〜64歳はそれまでよりも収入が減ったとしても、まだ貯蓄を増やす余裕がある。しかし、無職世帯は大幅な貯蓄取り崩しを余儀なくされている（図表3−3−3）。

この状況は、両者の黒字率の違いで見ると、明瞭な差がある。60〜64歳の勤労者世帯は24・2％、無職世帯は何とマイナス73・2％である（2021年）。なぜ、60〜64歳の年齢層の収支がこれほど厳しくなるかというと、年金制度の見直しのせいだ。2013年から厚生年金の報酬比例部分の支給開始年齢が男性60歳から1歳ずつ引き上げされている。男性は、2025年には完全に65歳支給に切り替わる予定だ（女性は2030年）。

その影響によって、勤労世代の人々は60歳以降も働き続けることを強いられている。ただ、それでは生活が苦しいので、年金の繰り上げ支給を選択する人もいる。国民年金では、65歳よりも前に受け取る人の割合が26・1％もいる（2020年）。厚生年金は0・5％と少ない。それに対して、繰り下げは国民年金が1・8％、厚生年金が1・0％である。政府は、しきりに繰り下げを選択すれば支給額が増額されると宣伝しているが、実際は非常に少ない。年金支給を遅らせるのは、なかなか厳しい選択だと思える。

なお、無職世帯の中には生活保護を受けている人もいる。生活保護の仕組みは様々にあるが、例えば、国が定める最低生活費の月13万円を下回ると、収入が補塡される。公的年金6万円の受給を受けていれば、13万円－6万円の7万円が支給されて、月13万円の所得水準が維持される。2022年は、だいたい全国で200万人の人が生活保護を受けている。こうした厳しい状況にさらされて、高齢者の老後の安心は十分には確保しにくくなっている。

今後、そうした年金生活者の苦境が解消される見通しはない。逆に、さらに厳しい経済環境に追い込まれるだろう。2004年から始まった年金制度改革では、実質的に年金支給条件は切り下がっていく制度設計になっている。

それを実行するマクロ経済スライドという仕組みは、年金受給者には過酷なものである。毎年の公的年金の受給額を、前年の物価・賃金上昇率に対してスライドさせるときに、一定の「割り負け率」を課するという制度だ。２０２３年度の１・９％増も、前年の消費者物価上昇率に対して、割り負けるかたちで年金支給額が決められた。物価が２・５％上昇であれば、スライドさせるのは０・６％を差し引いて１・９％になる（68歳以上）。実質的な年金切り下げである。２００４〜２０１６年にかけてのマクロ経済スライドは、デフレ経済だったせいで物価・賃金上昇率が高まりにくく、実質切り下げが進みにくかった。そこで２０１７年度からは、前年度までの未達成部分を繰り越すことに変更した。キャリーオーバーの仕組みだ。２０２１・２０２２年度は適用を仕切れなかった分が０・３％もあったので、２０２３年度はそれを加えて０・６％も引き下げられる。

当初の方針では、この実質切り下げは２００４〜２０２３年度で終了するはずだった。それが２０１９年度の見通しでは、２０４６・２０４７年頃まで切り下げが続き、その結果、年金水準は年金支給開始（65歳）の時点で現役世代の手取り収入に比べて約50％（所得代替率）の水準まで引き下げるという見通しになっている。２０１９年の時点では、その比率は61・７％になっていた。年金の専門家たちは、これを「もらい過ぎ」と言っていた。２０２

3年度が60％前後だとすると、それを50％まで下げるには、実質的な年金支給額はあと16％も切り下がっていく計算になる。これは恐ろしいことだ。

年金生活者は、こうした制度的な不安以外にもインフレという心配事がある。インフレによって、自分の金融資産が目減りしていくと、その先では資金が尽きてしまうかもしれない。インフレは、金融資産の購買力が失われて、貯蓄取り崩しと同じことになる。

だから、アンケート調査では、常に60歳以上の世帯が「老後の不安の内容は何ですか？」と問われたとき、多くの人が「インフレです」と答えてきた。そうした回答は、２０１３年頃まではデフレ時代で消費者物価が下がっていた時期さえも多くあった。常に、高齢者は「インフレが怖い」と回答していた。これは、実際にインフレが起こっているかどうかではなく、「もしもインフレになったらどうしよう」という潜在的恐怖なのだ。その恐怖感は、２０２２年になって、現実のものになった。食料品やエネルギーの値上がりに際して、自分の金融資産は大丈夫かと不安になる。そうした不安に背中を押されて、就労に追い込まれていくのだ。

ここで少し不安を和らげるデータを示しておくと、家計収支は75歳を過ぎる頃から改善していく。消費水準が減っていくからだ。たとえ無職世帯であっても、80歳以降は貯蓄率がマイナスからプラスに転じている（前掲図表3-3-3）。彼らは、家計収支を改善させながら、今度は医療費や介護費の自己負担分を賄うことを意識して、貯蓄をしていると考えられる。

かつて「きんさんぎんさん」としてテレビCMで有名になった、1990年に100歳を迎えた双子の姉妹、成田きんさんと蟹江《かにえ》ぎんさんが、CMで得たお金を何に使うかと問われたときに「将来に備えて貯金します」と答えたというのは、有名な話である。日本人はいつまでも将来に備えて、貯蓄をする習慣が強くあることを物語っている。きんさんぎんさんは2000年と2001年まで存命だったから、やはり貯蓄は大切だったということだろう。なお、二人はテレビCMに出演するまでは白髪だったが、人気者になるにしたがって、黒髪が増えていったそうである。高齢期に働くことは、つらいことも多くあるだろうが、働き方によっては人との接点を増やし、生き甲斐《がい》を感じさせることもある。80歳以上になっても、何かしら社会とつながりを持ち続けることは、健康の秘訣《ひけつ》にもなる。

最後に、シニアが強かにサバイブしていくにはどうすればよいのか。それは、最後の砦《とりで》として、就労で生きていく力をつけることだ。思考実験として、もしも、自分が60歳以降のセカンドキャリアを考えるのであれば、自分が持つどんな能力を生かして仕事をしていけばよいのかを考えてほしい。

政府は、賃金を上げていくために「人への投資」が重要だと強調する。この「人への投資」で獲得されるものは、スキル、技能、知識を指すのだろう。それらは人的資本（ヒューマン・キャピタル）と言われるものだ。専門的に言えば、人的資本には2種類があって、企業に固有のスキル（企業特殊的人的資本）と、汎用性のあるスキル（一般的人的資本）である。政府が言うのは、汎用性のあるスキルの方であろうが、汎用性のあるスキルを身につけても、競争相手が多くて報酬が低くなる可能性がある。自分だけのニッチな技能の方が、チャンスがあれば高い報酬を得やすいと考えられる。そこは工夫を要する。

シニアのセカンドキャリアを有利に導くのは、なるべく若者とは競合しないような分野の仕事だと考えられる。若者たちと同じ列に並んで競争をするのでは分が悪い。シニアならば、若者に対して綱引きの勝負を一対一で仕掛けるのは、無謀ではないかと躊躇するのは当然だ。むしろ、若者が持っていない人的リソースとは何かを深く考えることが大切だ。

人間の能力には、三つの種類がある。①技術的能力（スキル、知識、資格）と、②社会的能力（評判、人脈、履歴）、③心的能力（人格、精神力、使命感、感性）である。60歳以上が自己のアドバンテージにすべき点は、①よりも、②と③の方ではないかと筆者は考える。

若者に比して、人脈はシニアの方が広いし、履歴書に書ける内容も豊富である。人格や精神力といった心的能力は、一見アピールしにくいと思われるが、会話の中に自分の人柄についてよくわかるエピソードを加えて、間接的に他人に伝えることができれば特長点になる。おそらく、若い人で自分の心的能力が高いことをアピールしようという人は皆無だろう。だからこそ、シニアは若い人が攻めない角度を狙って対抗するのだ。

心的能力については、ＥＱ[*5]（Emotional intelligence quotient）と言われて、心的なＩＱと言い換えられる。採用する企業にとって、技術的能力は前提条件になるだろうが、同じスキルの人が選考に残ったときは、ＥＱの評価が大きく効いてくる。中小企業経営者の中には、中途採用者を採用した後で、彼らの中から数多くの離職者を出して嫌な思いをした人が少なくない。そのため彼らは、採用面接に来た人が自社の仲間とうまくやってくれるかどうかを気にかけて、その人のＥＱの高さに神経を集中して質問してくる。そうした事情をわきまえた上で、セカンドキャリアに挑戦する戦略性が必要だ。

もしも、自分が長期的なキャリア形成を考えているのならば、仕事経験の中で心的能力を高めることを念頭に置いて、30・40歳代のうちから働いた方がよい。副業や兼業を通じて、多数の人と交流して自分の心的能力を磨くのである。ＥＱを高めるには、とにかく自分とは異質で、価値観やバックグラウンドの違う人たちと数多く触れ合うのがよい。そうした経験こそが財産になる。

第四章　【インフレ対策編その１】

ジリ貧対策としての外貨運用、個人の運用術

1．顕在化した円資産リスク

①インフレでも超低金利

日銀総裁が黒田氏から植田氏に交代すると、長く続いた超低金利が是正されていくという期待感はある。しかし、最も身近な預貯金金利は当分の間、上がらないだろう。そして、仮に「マイナス金利解除」ということで、マイナス0・1％の短期金利をプラスに持っていく場合であっても、その後しばらくは、政策金利水準は0・1％程度に据え置かれるだろう。黒田総裁の前任の白川方明《まさあき》総裁は、短期金利を引き下げつつも、0・1％よりも低くすることには躊躇していた。あまりに低い短期金利は市場機能を麻痺《まひ》させて、金融機関の資金交換に有害であるという認識があったからだ。金融機関に過剰なストレスをかけないという意味で、マイナス0・1％ではなくなるとしても、0・1％程度の超低金利は続きそうだ。そうなると、政策金利に連動する預貯金金利も低いままであろう。物価上昇率を大きく下回るような預貯金金利は、この先もずっと継続する可能性が高いと予想される。

私たちがここ1～2年間で思い知らされたのは、インフレリスクに備えなくてはいけないということだ。日本で物価が上昇しないと高を括っているところに、海外から予想外のインフレが襲ってきた。こうしたリスクは、気がついたときには十分な対処ができない。

多くの人は、「今後2〜3年も生活は苦しくなる」と思っている。恐ろしいのは、今の生活ではなく、さらに将来までの生活がもっと苦しくなることだ。老後の資金が目減りすると言えば、わかりやすい。

例えば、老後のために元本2000万円を蓄えていたとしよう。この2000万円の価値は、3％のインフレによって、単純計算で年間60万円も目減りする。理由は、預金金利が低すぎて、利息収入でインフレリスクをカバーできないからだ。預金金利が0・001％だったとすると、預貯金2000万円を預けたときの利息は年間200円である。紙の通帳を作ると手数料を取る銀行に預けていると、この200円は吹っ飛んで、マイナスになる。インフレは、そのコストよりも遥かに巨大な損失を預金者にもたらす。

政府は、物価対策と称して、給付金を配ったり、ガソリン・灯油・電気代・ガス代に価格補助を行っている。これで何か十分に物価対策をした気になってもらっては困る。もっと深刻なのは、金融資産の価値が目減りする方である。

金融資産からの収入が増えていればよいが、必ずしもそうではない。預金金利がほぼゼロ％である理由は、日銀が超低金利政策を継続することにある。いわば、金融資産の目減りに手を貸しているも同然だ。それでは、国民の豊かさがじわじわと失われてしまう。インフレ＋低金利政策は、「国民の窮乏化政策」なのである。

これに対して、国民が財産を自衛するには、価格変動リスク、為替変動リスクを覚悟して、資産運用の姿勢を変えることが対応策になる。インフレではない時代には、「元本保証があれば安心」という常識が成り立っていたが、インフレ時代には元本保証だけでは十分ではない。しかし、各種運用資産を見回しても、国内にはインフレに割り負けしない運用対象がほとんど見当たらないという問題がある。特に、円資産の確定利回りの金融商品には、インフレ率に割り負けないものはほとんどないと思う。

投資対象を価格変動リスクにあるものに広げるとどうだろうか。まず、株式投資の配当利回りを調べると、プライム市場の単純平均利回りでは2・23%（２０２２年10月、東京証券取引所のデータ）である。物価上昇率をカバーするには僅かにレートが足らない。

個別銘柄では、高配当ランキング表の上位には6%以上のものもあるようだ。しかし、これらの銘柄を買ったとしても、将来にわたって、配当を多く支払ってくれる保証はない。仮に、高配当銘柄を狙うのならば、複数の高配当銘柄に資金を分散させて、どれかの銘柄の配当が減ったときのリスクに備えることが有益である。

ほかには、格付けの低い事業債を調べて、社債利回りの高いものを選ぶという方法もある。

ただし、格付けが低いということは、信用リスクも高くなる。表面金利の高さだけで投資対象を選ぶのは、あまり賛成できない。

少しマイナーな投資対象には、「サムライ債」というものがある。円建て外債のことを通称でサムライ債と呼ぶ。海外企業が、日本で起債すると、超低金利の環境で資金を集められるから、わざわざ円建てで社債を発行してくる。国内企業よりも、少し高い利回りを提示するところが魅力だが、海外企業の経営内容を調べることが難しいという難点がある。

個人が資産運用で、リスクを取るときの鉄則を伝えておこう。ブラックボックスに投資しないことだ。「中身のよくわからないものには投資を控えよ」ということだ。逆に言えば、必ず納得して投資すること。これは、運用の失敗にもあらかじめ覚悟を決めるための前提だ。金融商品の中には、格好のよい名称や、親しみのある呼称のものが多い。一見、儲かりそうに錯覚させられるが、そこを敢えてしつこく調べる。

筆者は、以前より医師からもらった薬は必ず自分で種類や内容を調べることにしている。薬の副作用で後から苦しむのは自分自身だ。調べることを習慣づければ、あまり手数ではない。風邪薬でも、「○○　副作用」と入れて検索すれば、一発で様々な内容を知ることができる。専門家を頭から信じてはいけない。逆に、自分で調べることで、いつもお世話になっている医師は、やはり素晴らしい先生だと納得する。いい加減な処方をしていないことがわかって信頼度が高まるのだ。けれども、医師にはプライドが高い人も多くいて、自分で調べた知識を患者が口にすると嫌な顔をする人も少なくない。だから、専門家の前で知識をひけらかさないことも鉄則だ。

投資信託も薬と同じで調べればかなりのことがわかる。調べればわかるのだから、必ずその中身を詳しく調べた方がよい。基本的に投資信託は情報開示されていて、運用対象が明らかになっている。運用対象を調べることで自分の知見も高まっていく。改めて言うが、自分がわかるものだけを投資対象にすることをお勧めする。

②外貨投資の考え方

筆者は、これからはある程度、外貨投資をしておくことが合理的だと考える。なぜならば、日本は長期的な円安局面に移行したと考えているからだ。

私たちが直面している物価上昇は、輸入インフレを起点にしている。原油高や輸入食材の高騰もそうだ。海外需要が強く、物資の価格が上がる。日本国内の需要が弱いから、国内サービスの値段は上がらなくても、輸入品は海外需要の強さに引っ張られて高騰する。日本の国力の衰退がもっと進めば、円安トレンドはより明瞭になる可能性もある。この円安は輸入インフレに拍車をかける。

繰り返しになるが、私たちが輸入インフレに対処しようとするとき、「外貨を保有すること が防衛策」になる。円安で輸入コストが上がるとき、同時に外貨投資の為替差益が増えていれば、損失と利益が互いに相殺し合う。

実は、この手法は、金融の世界では広く活用されている。ドル資産を保有すると、そこで為替変動リスクが生じてしまう。だから、ドル資産を1万ドル持ったときには、別に1万ドルを借り入れして、資産・負債の金額を中立にする。「ポジション（持高）をスクエアにする」と呼んでいる。今まで、日本人の多くが外貨を持たなかったことは、長期の円高局面が続いていたからだ。円高になると、輸入品が安くなって、円資産を取り崩すと多くの輸入品が買える。円高のときは、円資産を保有するリスクを感じなくて済む。

ところが、2022年に円安局面になると、途端に円資産だけを保有しているリスクを意識させられた。円資産だけでは、割高な輸入品を買わされてしまう。だから、ドルなどの外貨を保有して、輸入インフレに備える必要がある。

資産運用の世界では、「ホームバイアス」ということが言われる。これは、運用資産をまんべんなく各国通貨に分散するのではなく、自国通貨に偏在させてしまうということだ。日本に住んで円取引で生活していると、円資産だけで運用しているので十分だと思ってしまう。ホーム（自国通貨）を偏重するという意味で、ホームバイアスなのである。

しかし、効率的運用では、世界中の資産分布を小さくコピーしたように、ドル・ユーロ・ポンド・円などの外貨を世界の資産構成と同じ比率で持つことがよいとされる。効率的運用とは、分散投資を行い、各種通貨の為替変動に強いポートフォリオ（資産構成）をつくる。

では、より具体的に外貨投資をどう組めばよいのだろうか。どんな種類の資産を保有するのがよいのだろうか。考え方は三つある。

（1）流動性の高い外貨であるドルに投資する。

（2）インカムゲイン（利子・配当による収入）を求める投資。為替変動リスクが相対的に小さい先進国通貨で投資して、高い債券利回りを追求する。

（3）成長する国の株式に投資して、そのキャピタルゲイン（資本利得）を得る。インフレと通貨変動も激しいので、複数の国に分散する。

2022年3月から米国のFRBは、インフレ退治の利上げを開始した。政策金利（FFレート、短期金利）を約1年間で0%→5%台まで上げようとしている。流動性の高いドルが仮に5%のレートで増えるのならば、ドル預金でも十分だという考え方ができる。ドルは、基軸通貨であり、流動性が最も高い。手数料は安く、他通貨に換金しやすい。ドル金利が上昇しているのだったならば、敢えて別の通貨で持つ必要もないと思える。効率的運用の分散投資はしないでおく方法だ。

流動性の高い投資対象のことをキャッシュと呼ぶ。現金だけではなく、預金やMMF（マネー・マネジメント・ファンド）も広い意味で「キャッシュ」である。今後、FRBが利下げに転じるまで、ドルをキャッシュで持っていてもよい。

外貨投資のうち、ドルだけに集中して投資することは、わかりやすいという利点がある。外貨投資に慣れるときも、まずドル投資から始めることを勧める。ドル円の値動きは、毎日のニュースでも頻繁に報じられているからだ。そして僅かでも自分の財産がドルになっていることで飛躍的に関心が高まるからだ。日銀のマーケット関連の部署では、年齢が若くして配属された職員に、少額でもよいからドル投資を勧めるという話を昔聞いたことがある。仕事で必要な為替に関する知識を身につけるためには、自分自身のお金を投資をした方が、より真剣にドルやユーロについて知りたいと感じるからだろう。

金融リテラシーを高めるには、座学だけではなく、まず自分の財産で実践してみると、知識習得が早い。逆に、知識を身につけずに、大金をリスクのある投資対象に振り向けるのは危険だ。証券投資の世界で言われるのは、「いきなり金持ちになった人の投資は損しやすい」という言葉だ。少額からドル投資を始めて、数年間ほどは経験値を高めることに徹するという方がよいかもしれない。

より高いスキルを要するのは、債券投資である。債券投資は、ドルだけではなく、ユーロ圏の国々を対象に考えることができる。米国の長期金利は、2022年10月に4％程度まで上昇した。ユーロ圏でも、低い順からドイツ、フランス、イタリアと高くなっている。ユーロ建てでは、イタリアの国債の利回りは、相対的に高くなっている。イタリア国債は、カナダやオーストラリアよりも少し高くなっている。これは、財政プレミアムが上乗せされているからだ。同じユーロ圏ということであっても、ドイツやフランスよりも、信用リスクが為替に反映されにくい分だけ、金利が割高になっている。

長期金利の高さだけを見ると、南アフリカやメキシコの長期金利は、一時は10％を超えている。しかし、南アフリカのランドやメキシコのペソが高いインフレ率によって減価していくことを考えると、収益率は割引いて考えた方がよい。

欧州の長期国債は、それらの国々の成長率よりも長期金利が高くなっている。相対的に金利が高く、ユーロドルの通貨変動も限られている。ドルとユーロの通貨変動は、対照的になることが多いので、ドル建ての米国債と、ユーロ建ての欧州国債を併せて持つことは、分散投資効果を発揮しやすい。

外貨資産からインカムゲインを得ることは、自分の資産が着実に増えていくことを確認しやすい。仮に、4％の利回りであれば、100の投資元本が10年間保有することで、利息を併せて140になることを意味する。10万ユーロが14万ユーロに増えれば、その価値が為替変動でマイナス28％まで失われても、何とか投資元本をしまわなくて済むという計算になる。

③通貨安定・成長率で選ぶ投資先

外貨建て投資を利回りだけで選ぶことは危険だという人もいる。その通りだ。前述したように、高いインフレ率になりやすい国は通貨が減価する。特に、新興国にはその傾向が強い。

新興国の通貨が対ドルでどのくらい減価してきたかを調べてみよう。参考にするのは、OECDのサイトである（https://www.oecd.org/tokyo/statistics）。検索エンジンで「OECD統計」と打てば、すぐに探し当てられる。入口は日本語だが、クリックしていくと英語に変わる。しかし、物怖《ものお》じしてはいけない。統計サイトは、ほとんど英語の読解力がなくても使うことができる。むしろ、日本語の統計サイトよりも機能は格段に優れている。

そこでは、為替レートのコーナーで、OECD加盟（38か国）とその他の数か国の国々の対ドルレートを長期時系列で見ることができる。多くの国々の直近の為替レートを100として指数化したのが、掲示したグラフである（図表4-1-1）。

2010～2022年までの13年間について、17か国の対ドルレートを一覧してみよう。

（図表4-1-1）16か国＋ユーロ圏の為替レートの変化

2010年の対ドルレートを100として指数化。

	2010年	2011年	2012年	2013年	2014年	2015年	2016年	2017年	2018年	2019年	2020年	2021年	2022年
スイス	100	85	90	89	88	92	94	94	94	95	90	88	92
中国	100	95	93	92	91	92	98	100	98	102	102	95	100
米国	100	100	100	100	100	100	100	100	100	100	100	100	100
韓国	100	96	97	95	91	98	100	98	95	101	102	99	112
ニュージーランド	100	91	89	88	87	103	104	101	104	109	111	102	114
英国	100	96	98	99	94	101	115	120	116	121	121	112	125
ユーロ圏（19ヶ国）	100	95	103	100	100	119	120	117	112	118	116	112	126
カナダ	100	96	97	100	107	124	129	126	126	129	130	122	126
オーストラリア	100	89	89	95	102	122	123	120	123	132	133	122	132
日本	100	91	91	111	121	138	124	128	126	124	122	125	150
インドネシア	100	96	103	115	131	147	146	147	157	156	160	157	163
インド	100	102	117	128	133	140	147	142	150	154	162	162	172
南アフリカ	100	99	112	132	148	174	201	182	181	197	225	202	223
ロシア	100	97	102	105	126	201	221	192	206	213	237	243	
ブラジル	100	95	111	123	134	189	198	181	208	224	293	307	294
トルコ	100	111	119	127	146	181	201	243	321	378	466	589	
アルゼンチン	100	105	116	140	207	237	379	425	721	1,236	1,811	2,438	

日本よりも通貨高

日本よりも通貨安

出所：OECD

日本円よりも通貨安の国々

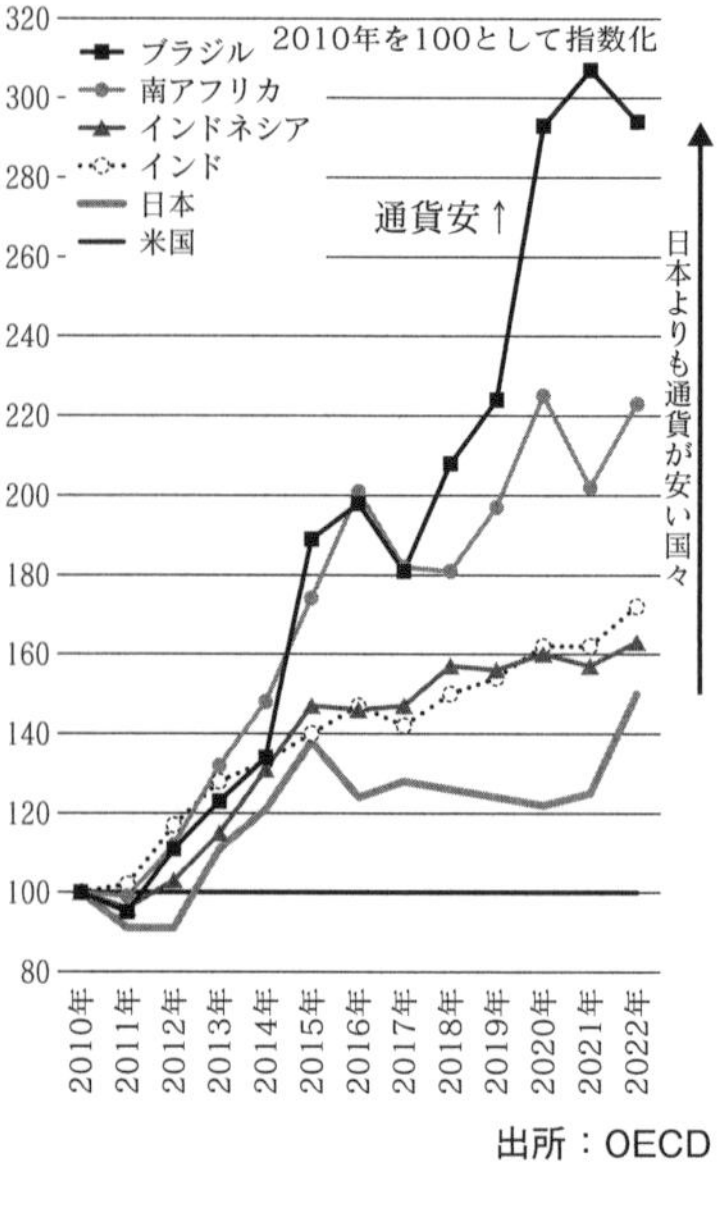

出所：OECD

日本円よりも通貨高の国々

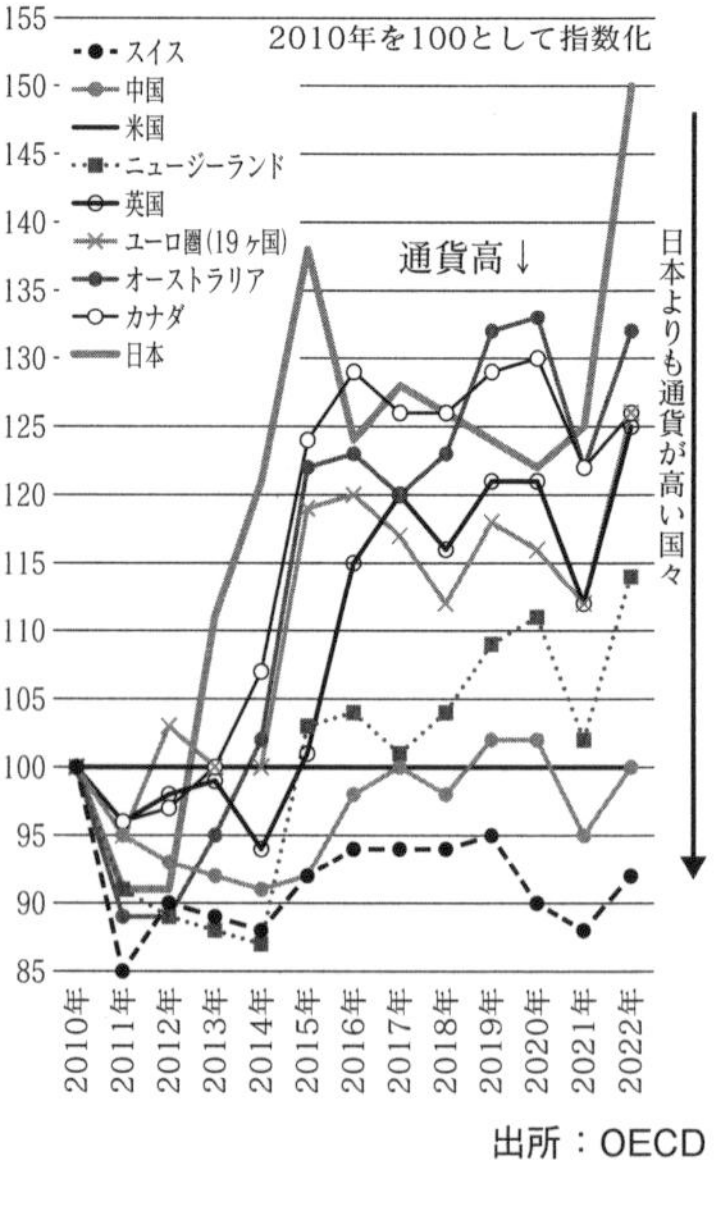

出所：OECD

フランス、ドイツ、イタリアは統一通貨ユーロを使っているので、ずっと100である。米国は基準になっている。

この16か国（+ユーロ圏）を比較すると、通貨の変動パターンはいくつかのグループに分かれる。アルゼンチン、トルコ、ブラジル、ロシア、南アフリカの5か国は変動幅が極めて大きい。脆弱な国=フラジャイル5と言ってもよい。かつて米投資銀行の人が、「フラジャイル5」と名付けたのは、ブラジル、インド、インドネシア、トルコ、南アフリカの5か国である。

日本の円は調べてみると、インドやインドネシアと似たような変動率である。変動率は円安局面の2013年以降に高まっている。不安定化したということだ。過去10年間では、日本はオーストラリア、カナダに近くなっている。円に対して変動率が小さいのは、英国、カナダ、そしてユーロ圏である。

通貨変動が少ないという観点でドル以外から選ぶと、ユーロ、カナダドル、ポンドなどが挙げられる。しかし、イギリスは2022年にボリス・ジョンソン首相が辞任して、後任のトラス首相が就任から僅か45日目で辞任に追い込まれた。ばらまき的で、財政再建に逆行する政策スタンスが、金融市場からNOを突きつけられた格好だ。先進国であっても、そうした政策失敗リスクはある。先進国の通貨であっても、しっかりと分散投資をしておいて、そうした波乱に備えた投資をする方がよい。

もう一つ、通貨の安定性のほかに注目しておくべき点として、経済成長率が高い国は、たとえいくらかインフレで通貨が減価しても、それを成長率がカバーする。経済成長率新興国株式は、そうした新興国の成長率を反映して上昇すると考えられる。投資のスタンスを長期的な成長という点で捉えると、新興国株式の収益率－為替減価率＝ネット収益率で見て、プラスが大きいものを選ぶ必要がある。

もしも、通貨が減価しているフラジャイルな国々に投資を考えるのならば、いくつかの新興国に分散した株式投資という方法がある。その場合は、自分で銘柄を選ぶのではなく、投資信託の中で、複数の新興国株式にしっかりと分散されたものを選ぶことが大切だ。

他国の成長力に注目する理由は、日本の成長力が極めて低くなっているからだ。現在の自分の生活水準が、10年前の自分の生活水準と比べて、どのくらい高まっているかを考えてみればよい。筆者を含めて、多くの人は生活水準が変わらないか、もしくは悪くなっているはずだ。日本人の生活は一見安定しているが、じわじわと悪化している。日本に十数年間住む外国人は、久々に母国に帰ると街並みが変わっていたとか、以前よりも豊かになったと話してくれる。日本が徐々に貧しくなっていることは、海外と比べて初めてわかる。

日本と海外との成長格差は、データ分析をしてみると、明瞭にわかる。ここでまた、ＯＥ

CDのサイトを参照してみたい。OECDの長期経済予測である。2021年に更新された1990年から2060年までの実質GDPの変化率である（ドルベース）。対象は、OECD加盟国38か国だけではなく、中国など新興国を含めた46か国が一覧できる。

まず、日本の実質GDPの増加率は、2022〜2032年までの10年間では6・56％の予測である（図表4-1-2）。1年間に換算すると、何と0・66％ずつしか成長しない計算だ。これは46か国中で46番目である。OECD平均は10年間で18・32％である。

よく日本の存在感が小さくなっていると言われるが、これは日本の経済規模が世界に占める割合の低下にも見て取れる。日本のGDP÷世界のGDPを計算すると、2000年時点では8・4％もあった。それが2022年は4・8％、推計値で2030年は4・0％、2060年は2・7％まで低下する。「小さくなる日本」を象徴している。

ならば、逆に大きくなる国はどこなのだろうか。2060年という遠い将来ではなく、今後10年先という近い未来の方が確度が高いということで、2022〜2032年の変化を調べてみた。ランキング表を作ると、1位はインドの83・8％である。2位はインドネシアで64・8％、3位はトルコの49・6％である。中国は4位で45・6％である。中国は過去10年間で見ると、87・9％と46か国中で第1位の高成長を遂げてきた。インドは過去10年間では74・9％と中国に次いで2位であった。

（図表4-1-2）過去10年間と今後10年間の成長率

単位：%

		過去10年	今後10年
1	インド	74.85	83.80
2	インドネシア	52.82	64.80
3	トルコ	55.01	49.58
4	中国	87.90	45.62
5	コスタリカ	25.90	44.83
6	南アフリカ	7.44	43.35
7	メキシコ	14.56	35.76
8	アルゼンチン	-4.13	32.91
9	イスラエル	36.61	32.19
10	エストニア	32.70	30.25
25	韓国	29.16	19.88
31	米国	25.89	17.46
34	イギリス	16.66	15.16
	G7平均	18.23	14.26
38	フランス	10.85	14.00
44	イタリア	2.39	9.43
45	ドイツ	14.02	8.65
46	日本	6.82	6.56

注：過去10年間は2012〜2022年、今後10年間は2022〜2032年。
出所：OECD「長期経済予測」

この差を説明する一つの要因は人口増加率である。国連の人口予測では、インドは今後も人口増加が進む国だ。インドネシアとトルコもそうだ。それに対して中国は人口増加率が大きく鈍化する。しかも、高齢化も急速に進む。中国は「豊かになる前に老いる国」と言われることがある。高齢化すると、成長のポテンシャルが落ちる。若い人が多い社会は、平均して残りの人生が長い人が多くなるので、人々はリスクを取って新しいことに挑戦し、失敗してもまたやり直そうとする。これから新しいチャンスに備えたいと思っている人は、新しい知識習得にも貪欲になれる。

日本の成長力が落ちたことと、少子化には密接な関係があると思える。子供が少なくなっていく東京都の地域では、昔の子供向けのビジネスが廃れていく。代わりの高齢者ビジネスは、政府からの支援に依存していたり、収入の少ない年金生活者に支えられて需要が高まりにくい。少子化は、高齢化と人口減少を伴いながら、経済成長を停滞させていく。豊かになった国ではどこでも、子育ての苦労より、自分の時間や価値観を個人が追求するようになり、子供を持たないライフスタイルが定着していく。その変化はゆっくりと経済成長の力量を奪っていくが、政府や有識者はその変化に危機感を抱きにくい。そして、気がついたときにはもう多少の少子化対策をやっても手遅れになる。

話を投資に戻すと、日本の成長率が低くなると、円資産に投資してもその収益率は低いものにならざるを得ない。むしろ、成長率の高い国々を探して、そこに投資をシフトさせる方が高い運用収益が期待できる。

より具体的に考えると、新興国の株式投資（またはETF《イーティエフ》投資）をした方が、そうした国々の成長力を反映した値上がり益を享受できる。ETFとは、上場投資信託のことである。その国の株式をまんべんなく買うことで、個別株式の変動を相殺して安定的に成長の利益を狙うことができる。ただし、トルコやインドネシアなど数か国のETFではやはり分散効果が十分とは言えないので、もっと多くの新興国に数を増やした方がよさそうだ。値動きが荒い新興国投資は、リスク・コントロールの難易度が高い。新興国の株式や通貨の変動が同じ方向に動くときは、いくら分散をしても損失が生じることがある。

それでも利益を追求したいということであれば、長い期間にわたって保有することが大切だ。例えば、10年間で1・5倍に高成長する国なら、その国の株価も同調して上昇して投資元本が10年後には150となる。途中で換金しないつもりで、時価が増えるのを待つ。一度、投資元本が150まで増えると、一時的に急落しても株価が元本割れをしにくい。インカムゲインを蓄積して、値下がりの可能性（キャピタルリスク）を吸収できるようにするのがポイントだ。

これは、時価が大きく上がっていく新興国株式だからこそ可能だと言える。成長力のある新興国株式は、インカムゲインが大きいので、キャピタルロスを防ぎやすい。

④分散投資の方法

投資の考え方で極めて重要な技術を説明しておきたい。リスク分散の考え方である。

おそらく、ポートフォリオの言葉はほとんどの読者が知っていると思う。そして、「卵を一つの籠《かご》に盛るな!」という言葉を聞いたことがあるかもしれない。この言葉は人生すべてで何かしらの恩恵を得られる格言だと思う。

多くの人は知らず知らずのうちに、自分の財産を「一つの籠」に盛っている。例えば、自分の会社の持ち株会で、自社株を保有しているとしよう。この人は、会社が潰れたときに、雇用・給与を失うと同時に、持ち株も失う。一つの会社に大切なすべての卵を盛っている状態だ。会社の経営者・従業員が一定の価格で一定の期間内に自社株を買うストックオプションの制度の欠点は、自分の所得と財産を同じ値動きをする会社に投資していることだ。ストックオプションが普及している米国では、勤めていた会社の株式以外の銘柄に保有株式を入れ替えて、分散投資をした方がよいと教えるファイナンシャル・プランナー(以下、FPと略す)がいる。

筆者はかつて、日本証券業協会に関係した仕事で米国に出張して各地のFP業務を調査しに行ったことがある。そのとき、米国のFPたちは、異口同音に「分散が大切だ」と言っていた。彼らは、持ち株の構成が一つの銘柄に偏ることを嫌がる。できれば、自分の勤める会社以外の会社、自分の業界とは違っている業界の会社に保有銘柄を分散せよという教えである。ある人が退職したときは、投資を見直すチャンスとされる。なぜならば、今まで会社との契約で自社株を多く保有せざるを得なかった人でも、晴れて本格的な分散投資ができるからだ。転職でも同じことだ。米国のFPは、顧客の分散投資のニーズに的確なアドバイスをする。

分散投資を勧める理由は、何かの経済ショックがあって、特定の保有株が暴落したときでも、そのショックの悪影響を全く受けにくいように多数の銘柄を別に分けて持っていれば難を逃れられるからと言えばわかりやすい。

分散投資には、地域、種類、銘柄、時間という四つのセグメントでの分散がある。この中で一番重要なのは、時間分散である。しかし、時間分散は一番難易度が高いとも言える。だから、その説明は後回しにして、「地域・銘柄・種類の分散」について、まずは説明をしよう。

分散の手法として簡単なのは、別々の地域、複数の銘柄、異なる種類に資金を分けることだ。単に分割して投資をすればよいかというと、それだけでは十分ではない。本当は、値動きの傾向を見ながら、「関連性のないもの」に投資するのが肝要だ。具体的に言えば、相関係数というデータ間の同調性をＥＸＣＥＬ（表計算ソフト）で調べる。

そこで、分散する対象を考えるときは、逆相関（マイナス１・00に近い）のものか、無相関（０・00）に近いものを選ぶ方がよい。例えば、株式投資と逆相関になりやすいのは債券投資である。一般的な投資ファンドのポートフォリオは、株式と国債に資金配分をしていることが多い。ただし、完全に逆相関（マイナス１・00）のものを同額で持つと利益は消えてしまう。メインの収益資産とより少額の逆相関度の低いものを組み合わせることが多い。無相関であれば、不動産投資と株式投資、アパート経営と事業経営を組み合わせると、それぞれの収益の変動は、全く別になって分散効果がある。

説明だけでは、具体的なことがわかりにくいので、実際に簡単に株価データを取り扱って、データ分析をしてみたい。今、五つの主要株価を過去10年間について調べることにした。株価はYahoo! financeのサイトや、Investing. comというサイトがデータを入手するのに優れている。

ここでは、そこで入手した時系列データを２０１０年の株価（年間月平均）を基準にして、日経平均株価、ダウ平均株価、英国のＦＴＳＥ１００指数、ドイツＤＡＸ指数、香港ハンセン指数、韓国総合指数の６種類を投資対象として考える。

読者は、集めてきたデータをＥＸＣＥＬのシートに並べて、とにかく自分でグラフを作る

（図表4-1-3）6つの主要株価の推移

出所：Investing com

とよい。この手の分析は、マニュアルを読むよりも、自分が体験的にあれこれと試行錯誤をして、自分なりの結論を求めることが重要だ。ＰＣの操作と同じで、自分が手を動かして計算すると、知識が身につくのが早い。運用対象を選ぶという経験も、自分で運用パフォーマンスを研究すると、それをしていない人に比べて知見の向上が格段に違う。

少し話を急いで、読者がグラフをつくることができたとしよう（図表４－１－３）。五つの株価は種類が違うので、株価の単位が異なる。だから、２０１０年平均を１００として指数化している。驚くのは、日経平均株価が、六つのうちで二番目に高い伸びであることだ。一番目がダウ株価になっている。

直感的には株価上昇率が高い日経平均株価と

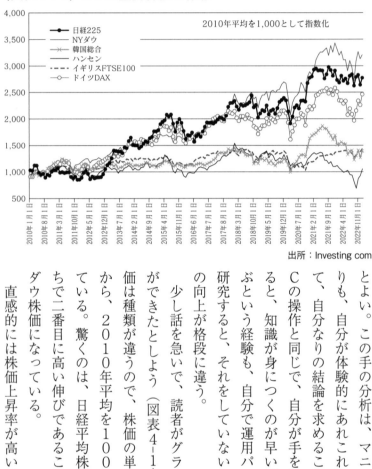

（図表4-1-4）Excelでの相関係数の操作方法

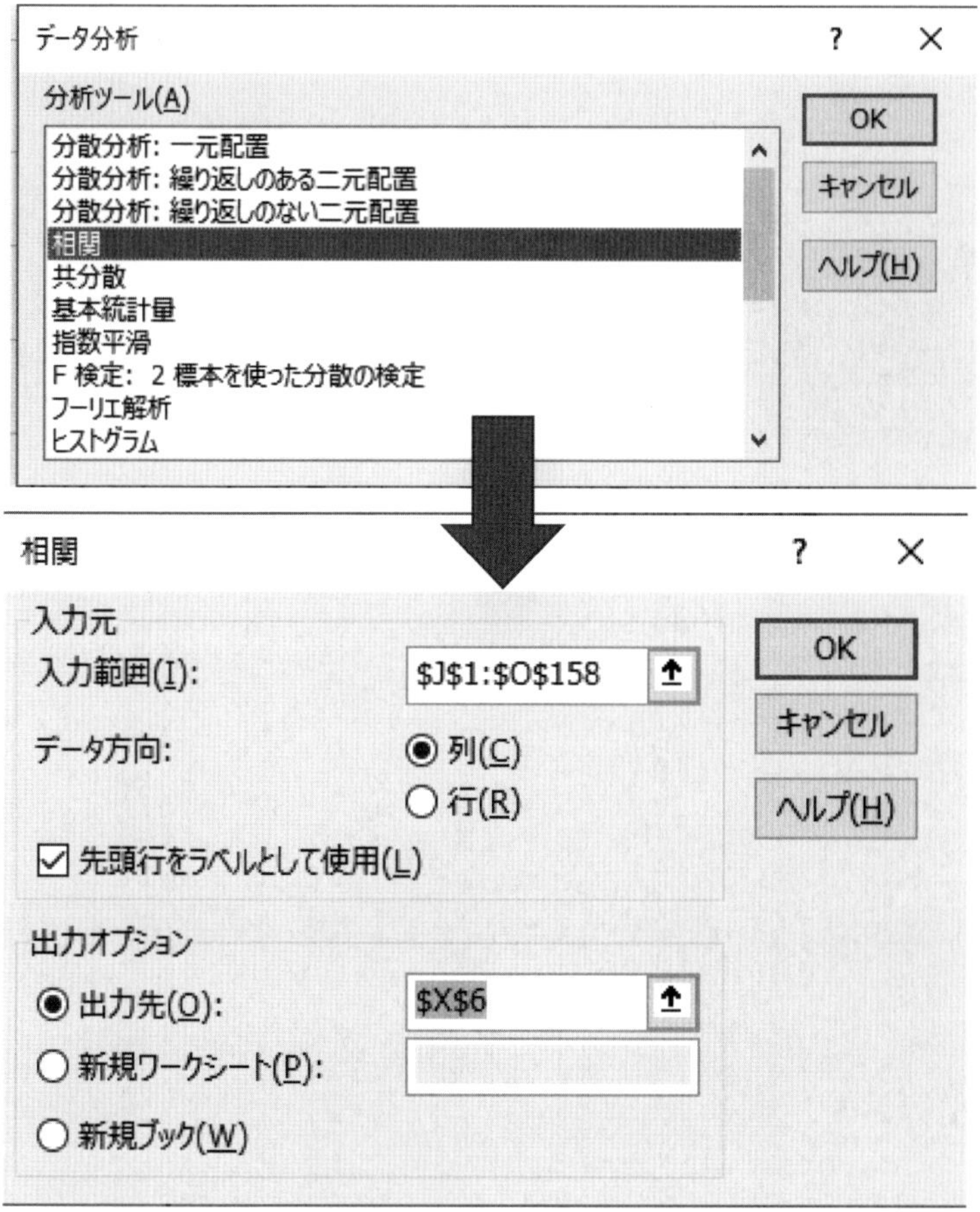

ダウ株価を投資対象にしてしまいがちだ。しかし、データ分析を行うと少し違った結論が導かれる。EXCELの機能のデータ分析というツール・バーに、「相関」という分析機能がある（図表4-1-4）。そこで、グラフを描くときに使ったデータ範囲をそのまま範囲指定して、「相関」の結果を調べてみる。すると、6×6の相関行列が一発で出来上がる。

（図表4-1-5）は、世界の五つの主要株価の相関係数を出したものである。日経平均株価とダウ株価の相関係数は、0・963となっている。これは両者の連動性が相当に高いことを示している。つまり、日経平均株価が下がるときは、同時にダウ株価も下がりやすい。分散効果はあまり見込めない。相関係数が1・00にあまりに近いものを二つ持っていると、それは「一つの籠に盛る」のと同じことになる。これは、直感を裏切る考え方だ。逆に探さなくてはいけないものは、日経平均株価との間の連動性が低いものである。

6種類の株価の相関係数を相互に調べた相関行列を見ると、日経平均株価との間での相関係数が低いのは、香港ハンセン指数（0・490）である。これは、中国経済の悪化や、香港での民主化運動が2019～2020年に封じ込められたことが海外投資家に嫌気されていると考えられる。しかし、経済的に見て、中国経済が長期的に伸びていくことへの期待感があれば、2022年に大きく下がっている香港ハンセン指数に投資していくという考え方もできる。

（図表4-1-5）6つの主要株価の相関係数

〈相関係数〉　2010年１月～2022年12月

	日経225	NYダウ	韓国総合	ハンセン	イギリスFTSE100	ドイツDAX
日経225	1.000					
NYダウ	0.963	1.000				
韓国総合	0.791	0.821	1.000			
香港ハンセン	0.490	0.437	0.498	1.000		
イギリスFTSE100	0.751	0.717	0.561	0.571	1.000	
ドイツDAX	0.972	0.946	0.811	0.546	0.814	1.000

（参考）

米国債10年	−0.180	−0.215	−0.215	−0.160	0.111	−0.229

注：1.000に近づくほど、連動する関係性が高いことを示している。

韓国総合指数は、日経平均株価（０・７９１）とダウ株価（０・８２１）の相関関係は割と高い。むしろ、英国のＦＴＳＥ１００の方が、日経平均株価（０・７５１）やダウ株価（０・７１７）との連動性が低い分、分散効果が見込めると考えることができる。１００の資金を配分するときは、日本株に50を投資して、香港ハンセン指数に25、ＦＴＳＥ１００に25を配分することで、バランスを取ることができる。

ところで、なぜ、日本株と米国株の相関係数がこれほどまでに高いのだろうか。理由は、米国などの巨大な投資家は、日本株と米国株の両方を持っていて、同時に買って、同時に売っているからだ。米国と日本の株式に分散している投資家の資金が、近年のように巨大化すると、二つの株価が同調して動くようになって、結果的に、昔のような分散効果がなくなってしまう。

投資教育の教科書には、個別銘柄を買うよりも、市場全体をまんべんなく買うＥＴＦがよいと書かれている。その記述は正しいことだが、実際のところ、皆がＥＴＦを買っていると、個別銘柄とＥＴＦの値動きは似たようになる。昔、ＥＴＦ市場が小さかった時代には起こりにくかったことだろう。世界の投資家が皆「市場全体をまんべんなく買う」という行動に偏っていくと、本来の分散効果が低下していってしまう。これは、マネーがグローバル化していくことのパラドックスだ。グローバルな分散投資の手法が普及すればするほど、分散効果は低下してしまうのだ。

おそらく、世界の株式市場の中で、ダウのような米国株式に投資する投資家の顔ぶれと、香港ハンセン指数に投資する顔ぶれは、かなり異なるだろう。上海株もかなり違うはずだ。ならば、ダウ株価と香港ハンセン指数（または上海株）を分散対象にすることには、分散効果が見込めるのではないか。政治的に米中経済を分離しようとバイデン大統領が思っているとすると、その結果として現出する世界では、米国株・日本株と中国株の間で分散投資効果が高められるはずだ。無論、バイデン大統領や米議会関係者はそんなことは考えてもいないだろう。しかし、投資の収益性に関心を持つ人々は、そうした変化を逆手に取ることもできる。

(図表4-1-6) 14か国の為替レートの変化

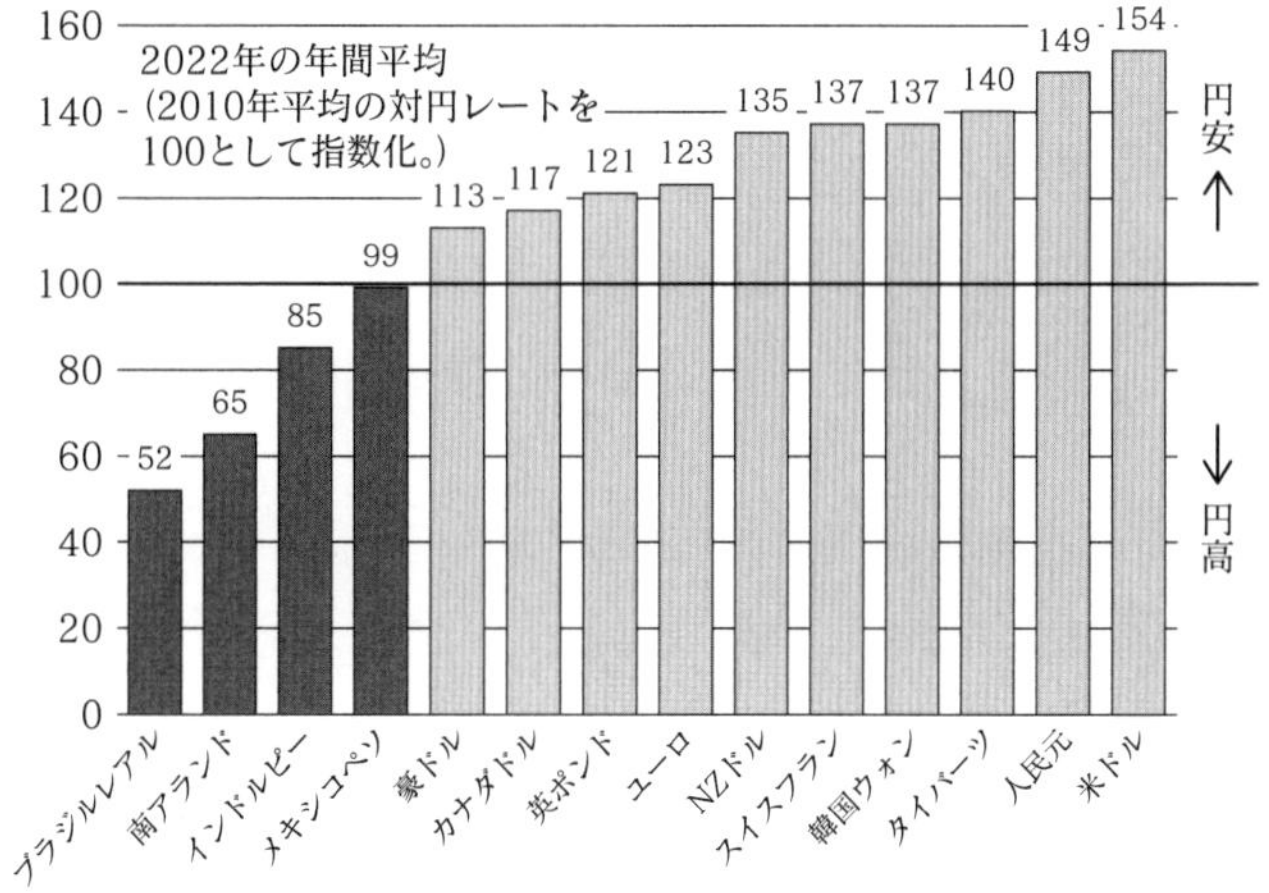

注:FRBのホームページのデータを使って計算。

次に、通貨の分散について見てみたい。主要通貨を使って、相互の関連性を調べてみることにする。一般的に通貨の変動は、株価以上に読みづらい。2022年3~10月には、急激な円安になり、ドル/円レートが約半年で1ドル115円から150円台にまで一気に下落した。もしも、生活者が輸入物価の上昇をリスクヘッジする目的であれば、あまり通貨の分散は考えず、ドル預金・ドルMMFを保有すればよい。

ここで述べるのは、もっと複雑に考えて、ドル/円だけの変動を均すための通貨の分散の考え方である。一例として、14種類の通貨を並べて比べてみたい(図表4-1-6)。通貨のデータを取得するときは、米国の中央銀行のFRBのサイトがよい。このシステムは少し難しいが、ダウンロードのシステムを使いこなせれば、他のサイトよりも便利だ。使用法の説明は省略するが、掲示したシステムまで辿り着けると、あとは各国通貨が対ドルでどうなっているかに注意してデータを入手できる（通貨の中に1通貨＝○ドルと逆になっているものには注意）。

このグラフは、２０２２年における14通貨の対円レートを、２０１０年のレートを１００として比べたものだ。２０２２年3月に円の価値は、対ドル、対人民元、対韓国ウォンなどで著しく安くなった。通常、ドル円で円安が急伸したことが知られているが、アジア通貨に対しても円安が進んでいるのが実情だ。

円安は対ドルに次ぐかたちで、対人民元でも進んでいる。人民元のレートの決め方は、中国政府がドルとユーロの通貨バスケットを基準にしているので、ユーロやドルと同様に対円で高くなったと考えられる。ユーロ、ポンド、カナダドル、豪ドルもそこそこ円に比べて高くなっている。それとは別に、インドルピー、南アランド、ブラジルレアルは円よりも安くなっている。

２０２２年の米利上げ局面では、新興国通貨と円が対ドルで大きく減価した。日本円は、新興国通貨と同じように、対ドルで売られる通貨になった。

通貨間の相関係数を調べると、日本円との間では、ドル、スイスフラン、人民元、タイバ

（図表4-1-7） ドル円の各国通貨との相関係数

	相関係数	
ブラジルレアル	−0.591	↑
南アランド	−0.544	逆相関
メキシコペソ	0.038	
インドルピー	0.093	
豪ドル	0.273	
カナダドル	0.611	
英ポンド	0.687	
NZドル	0.743	
ユーロ	0.781	
韓国ウォン	0.906	
タイバーツ	0.924	
人民元	0.947	↓
スイスフラン	0.959	高い相関
米ドル	1.000	

注：2010〜2022年の月次データから筆者が計算した。

ーツ、韓国ウォンとの相関が高いことがわかる（図表4-1-7）。南アランドとブラジルレアルは逆相関である。メキシコペソ、インドルピーはほぼ無相関である。

　もしも、ドルを保有するのならば、メキシコペソ、インドルピーに分散しておけば、ドル安の悪影響を緩和できる。ドル保有と同時に、新興国通貨を持っておくことには一応の合理性がある。

　こうしたポートフォリオの考え方は、リスクから資産を防衛するのに有用な運用方法であるが、それが常に万能ではないことにも注意しなくてはいけない。なぜならば、相関係数で示されたデータは、あくまで過去の傾向から導かれたものであり、未来の相場変動はその傾向とは違ってくる可能性もあるからだ。

例えば、通貨ではないが、株式と国債の関係で考えてみよう。一般的には両者は値動きが逆相関なので、双方に投資をすることで分散効果があるとされる。NYダウと米国債10年の相関係数は、2010～2022年にかけてはマイナス0・215になっていた。分散効果が見込めるという結果である。

しかし、株式が売られて、同時に国債が売られる場面は起こり得る。仮に、日本の財政運営が極端に悪化すると外国人投資家が考えれば、日本株も日本国債も同時に売られる。日本円も売られて、株安・債券安・円安の三つが同時に起こるトリプル安になる。「日本は財政支出を無制限に使っても絶対に財政破綻しない」という言葉を信じると、日本株と国債の両方が同時に値下がりして、分散効果が働かなくなる場面が生じるかもしれない。これは万に一つのリスクである。しかし、それが一度起こると巨大な損害が生じるため、テールリスクと呼ばれている。

過去の経験則だけに頼ると、その延長線上で未来のリスクが管理できると錯覚して、失敗を犯すこともある。かつて1998年に破綻したヘッジファンドのLTCM（ロングターム・キャピタル・マネジメント）は、債券価格の動きが経験則とは反対側に動いたために、損失が膨らむという事態に追い込まれた。ＬＴＣＭは経営者にノーベル賞の受賞者などを集めていたが、ノーベル賞の受賞者が運用をしていても、そうした異例の事態は防げなかった。

個人投資家の場合は、時間を味方にできるところが最大の利点である。相場が大荒れしても、じっと我慢して局面が変わるのを待っていればよい。自分で運用している限りは、強制的に損失を確定しなくてよい利点がある。しかし、そうした異例の相場展開が起こり得ることを経験的に知っておいた方がよい。

過去何十年かの相場変動の歴史を振り返っても、１９９０年のバブル崩壊、１９９７～１９９９年の金融不安、２０００年のＩＴバブル崩壊、２００８年のリーマンショック、２０１１年の東日本大震災、２０２０年のコロナ禍と数年置きに、経済・社会の大変動に見舞われている。そうしたショックは、起こるたびに「想定外」とか「未曽有」、「リーマンショック級」などと騒がれる。２０２３～２０３０年の間にも一度くらいは、また「リーマンショック級」と金融関係者や識者が大騒ぎする事件が起こる可能性はある。

資産の分散投資をすでにしている個人投資家たちは、そうした騒ぎを聞きつけて、投資内容を見直さなくてはいけないという不安心理に駆り立てられるかもしれない。しかし、後々から見て、分散投資の内容を何も変えなかった方が、長期の収益率が高かったということが往々にしてある。数年に一度、過去の経験則から外れることがあると、個人投資家が知っていれば、その局面を我慢強く耐えることができる。投資とは、究極的には、人間の精神力が試されるものだ。プロボクサーは、試合前に緊張感で身体が動かなくなるのを防ぐために、これ以上は無理だと思えるほどに練習量を増やして自信をつける。個人投資家も納得ができるまで勉強して、自分の運用に自信をつけることが大切である。分散投資は、相場が荒れたときの不安や焦りを克服するための精神的な備えという理解もできる。

⑤時間分散の発想

最後に、先に予告した時間分散について見ておこう。前述したように、分散投資の中で、筆者は時間分散が最も大切だと考えている。「卵を一つの籠に盛るな」という格言に沿えば、一時点にすべての資金を投資するな、という意味にもなる。例えば、退職金を得た人が、その資金のすべてを一度に株式に投資したとする。その人は「今というタイミング」にすべての卵を盛ったことになる。「いきなりの金持ちは一番危ない」という言葉を前にも紹介した。突然に身の丈に合わない大金を得ると、その使い方がわからずに、非効率な使い方をするということへの戒めだ。

株式投資をするときは、株価が大底のタイミングが一番良い。外貨投資であれば、超円高の時点が理想のタイミングだ。逆説的に、株価が天井のときに投資することを「高値づか

(図表4-1-8) 時間分散したときの平均株価

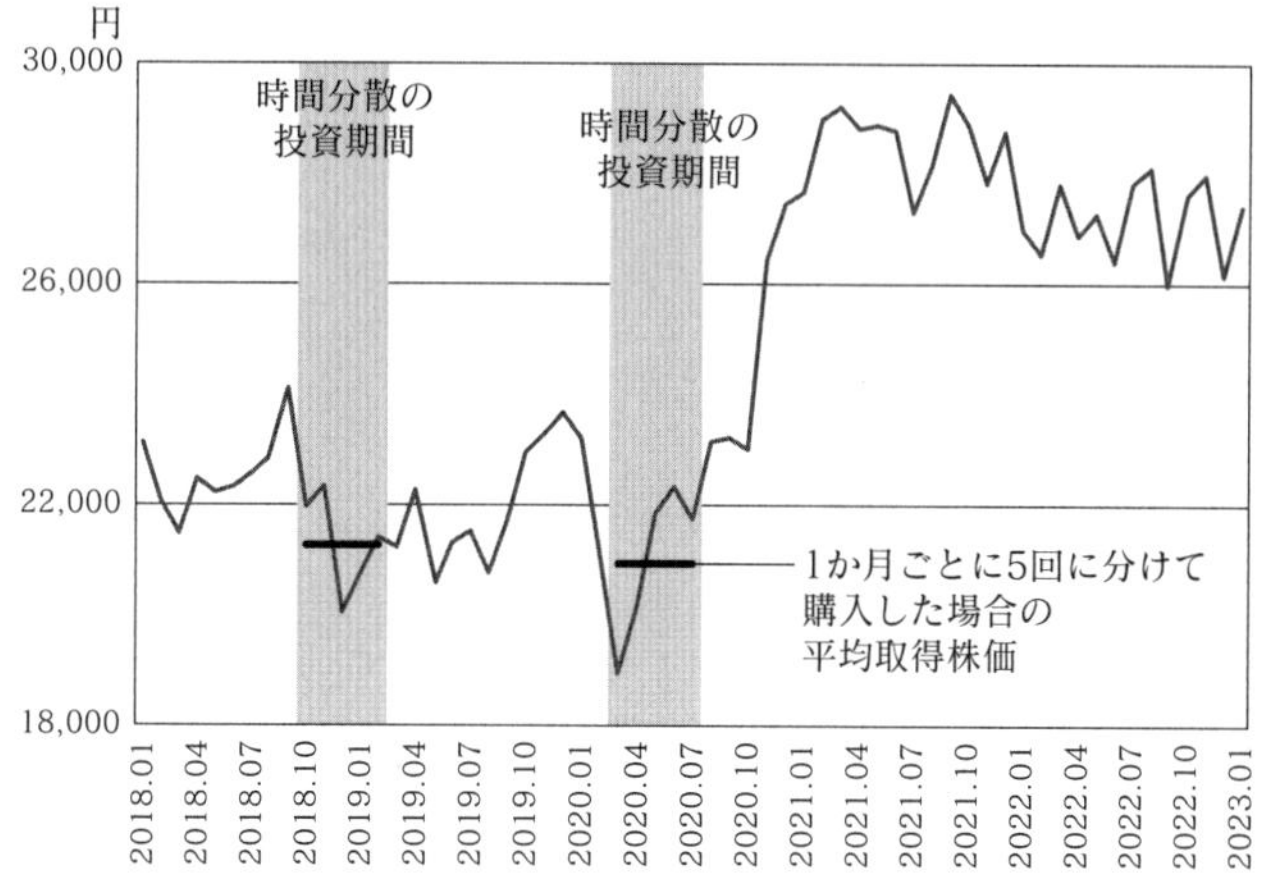

注：株価は Yahoo! finance の時系列データで入手。

み」という。時間分散とは、そうした失敗をしないための対処になる。

時間分散には、ごく単純に、投資予定の金額は数回にタイミングを分けて投資するというものがある。とにかく、一度に価格変動するものに多額の投資をしてはいけないという意味である。

より高度なのは、「底値を探る」ときの分散投資である。今、自分は株価が大底にあると相場を読んで、底値で株式を買いたいと思っているとする。しかし、投資家は先行きの株価がさらに下がるかどうかはわからない。未来に対して不確実性がある。底値をピンポイントで買うことは、実際は不可能だ。

そこで、時間分散が役立つ。自分が投資したい銘柄を1株ずつ、1か月ごとに5回に分けて購入していく（図表4－1－8）。例えば、その銘柄の株価が300円から150円に下落した。これは底値が近いと思って、1株を150円で購入する。1か月後にその株価は100円に下がる。さらに2か月後に株価は80円、3か月後に70円になる。この70円が後から見て底値だった。1か月ごとに株式を4回に分けて購入を行うと、4株の平均購入額は100円になる。底値の70円よりは高いが、300円から下落してきた銘柄を100円で取得できたのだから、比較的安く買えたと考えよう。これが時間分散の利点だ。

さらに、ドル・コスト平均法という時間分散の方法もある。今度は、1か月に1銘柄ごとではなく、100万円ずつ購入するという手法で、底値を探っていく。1株が150円のときは、6666株を購入する。1か月後に100円になったときは1万株、2か月後には1株80円を1万2500株、3か月後には1株70円を1万4286株を取得する。4か月間で400万円の投資をして、株数は4万3452株になる。1株当たりの平均価格は92・06円に下がる。

このタイミングを分けて定額ずつに投資する方法を、ドル・コスト平均法と呼ぶ。1株ずつ投資するときは平均価格は100円だった。ドル・コスト平均法は平均価格が92・06円とより低くなる。安値で購入する時間分散は、ドル・コスト平均法の方が有利だ。

こうした底値を狙って投資をする方法には、数年単位でタイミングを待つ方法もある。日本は、数年に一度のサイクルで、2000年のITバブル崩壊、2008年のリーマンショック、2011年の東日本大震災、2020年のコロナ禍と、株価を急落させる経済危機が繰り返されている。後から見れば、そのタイミングは底値になっている。経済ニュースをテレビで見ていると、そこが底値で投資をするタイミングだとは誰も教えてくれないのだが、きちんとした相場観を持っている個人投資家はそこで的確に投資をしている。これも広い意味での時間分散だ。筆者は、万人が悲観するときが後から考えて、投資のタイミングになるから、「悲観分散」だと言っている。経済ニュースのコメンテイターが、「これで日本経済は終わりだ」と声高に叫んでいるときには、逆にそれをチャンスのシグナルにする。ベテラン個人投資家は、そこで底値買いを実行している。

筆者は、職業で投資業務を行っている人にも会うが、能力の高い個人投資家にもたくさん会ってきた。個人投資家の方が能力が劣るとは限らない。テレビドラマでは、個人投資家＝投機的な人々という描き方をすることが多い。これは実像とはかなり違う。むしろ、優れた個人投資家は、職業投資家を上回ることもある。間違えればすべて自分の責任だから、自ずと賢くなるからだ。

「悲観分散」は究極の投資術だと考えられるが、それを実行できる個人投資家はきっとカリスマ的な人物だろう。残念ながら、集団的に意思決定をしている職業投資家では、万人が総悲観に陥っているタイミングではなかなか思い切った投資ができないものなのだ。

2. ＦＸと暗号資産

①ＦＸ投資の考え方

この章では、個人の外国為替証拠金取引（以下、ＦＸと略す）と、暗号資産取引について実態を紹介してみたい。個人の資産運用で、株式・投資信託・外貨預金といったリスク性資産は、いわば伝統的投資と言える。それに対して、非伝統的投資のことを金融の世界ではオルタナティブ（代替的）投資という。なぜ、そうした区分をするかと言えば、株式・債券・外為はお互いの値動きに何らかの連関性（順相関あるいは逆相関の関係）があり、その連関性を考えてポートフォリオが組まれることが多い。しかし、ＦＸと暗号資産は、必ずしも伝統的資産との連関性が高くなく、独立的に収益を上げる運用対象だとされる。外貨預金とＦＸは同じ外為市場で取引されるものだが、証拠金取引である点が異なる。証拠金取引とは、決済時点の売買差益を取りに行くものだ。読者の中には、投機的だから運用を考えていないという人も多いだろうが、後学のために知っておく方がよい。

（図表4-2-1）リスク性資産の保有率

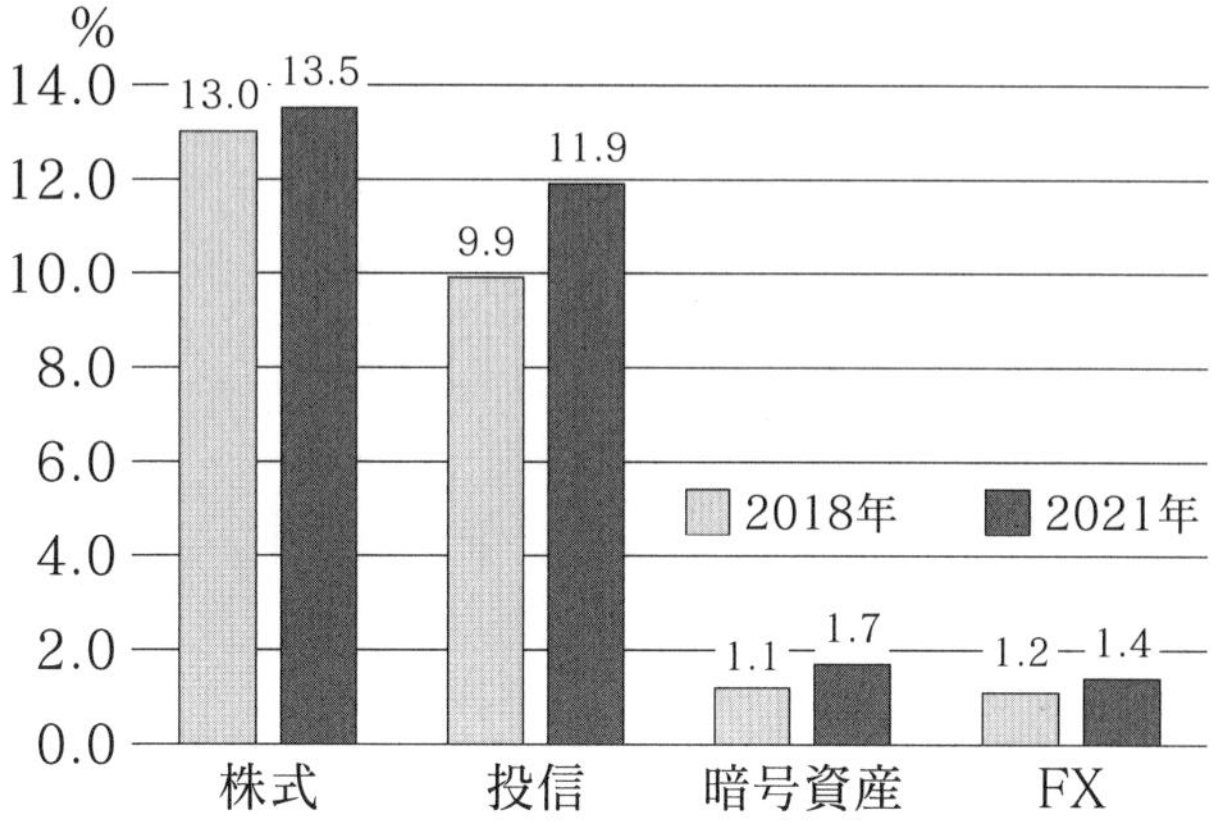

注：調査対象は15～80歳の男女。2021年の実施時期は、2021年8月。調査は3年ごとに実施。
出所：野村総合研究所「生活者1万人アンケート」

まず、保有状況をアンケート調査で見てみると、野村総合研究所の「生活者1万人アンケート」の結果では、２０２１年８月時で暗号資産が１・７％、ＦＸが１・４％の保有率となっている（図表４-２-１）。株式の保有率が13・５％、投信が11・９％だから、人数ベースで１／10くらいの保有率である。

同研究所の國見和史氏のレポート[*1]では、男性の保有割合がＦＸ、暗号資産ともに約７割で、保有者の平均年齢は40歳代となっていた。

また同レポートでは、英国のＦＣＡ（金融行為規制機構）が２０２１年１月に実施したアンケートで、英国成人の４・４％（２３０万人）が暗号資産を保有していることが紹介されている。一人当たりの保有額の中央値は、３００ポンド（日本円で５万円にも満たな

（図表4-2-2）「投資をしている」と答えた人の割合

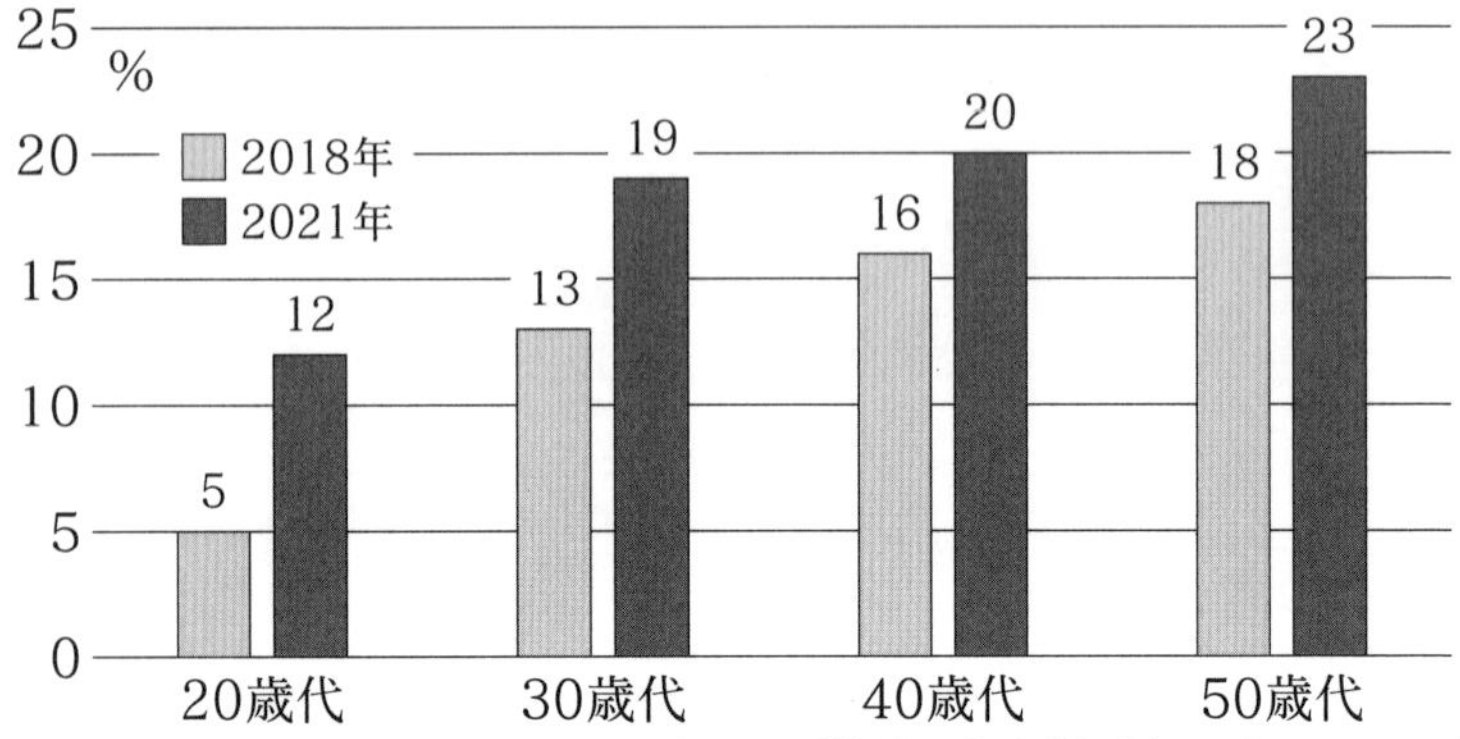

出所：野村総合研究所「生活者1万人アンケート」

い）であった。

野村総研のアンケート[*2]では、コロナ禍で個人の投資意欲は高まったという結果が導かれている。２０２１年の調査で「投資をしている」と答えた人の割合は、２０１８年の調査に比べて高まっている（図表４-２-２）。20～50歳代は、いずれも3年間の期間にプラス４～７％も高まっている。

日本のＦＸをしている個人投資家のことは、かつて英「エコノミスト」誌で〝ミセス・ワタナベ〟と称されたことで有名になった。為替市場では、主婦やサラリーマンがＦＸ取引を行って、その存在感が大きくなっていた。特に、為替が円高に振れると、そこで個人投資家がＦＸで一斉に円を売って、外貨を買う取引を仕掛けたので、円高に歯止めをかける存在として話題になった。

最近でも、外為市場における個人の存在感は大きくなっている。ＢＩＳ（国際決済銀行）が3年に一度実施している調査では、２０２２年４月中の個人投資家関連の取引は1営業日平均で４１０億ドル（約５・５兆円〈1ドル１３５円換算〉）になった。２０19年4月に比べて取引高は15・5％も増加した。スポット取引の全取引高のうち約1割（９・５％）を占めている。２０１６年４月の６・５％よりもウエイトは上昇している。

個人がどの通貨で取引しているかを調べると、２０２２年４月では71・４％がドル／円取引である。次がユーロ／円で９・３％、豪ドル／円が７・８％、ポンド／円が６・１％、残りが５・４％となっている。ドルに集中している図式である。なお、全ドル／円取引の中では個人のウエイトは16・８％である。ドル／円取引での個人の影響力は特に大きい。

個人が外貨預金や外貨建てＭＭＦではなく、ＦＸを選ぶ大きな理由は、外貨を円と交換するときの手数料が安いからだ。伝統的運用資産を取引して、特に高金利通貨に交換する場合には、手数料が高い。ネット取引のＦＸは取扱会社によって異なるが、ドル／円の場合は1円当たり０・２％（０・２銭）に設定しているところが多い。口座への入出金の手数料はゼロとしていても、通貨交換時のレートの中に０・２％のスプレッド（手数料）が課されている。

証拠金にレバレッジをかけられるＦＸでは、例えば10万円の証拠金を使って5倍のレバレッジをかけると、50万円の投資ができる。しかし、見通しが狂うとその分損失も大きくなる。ハイリスク・ハイリターンである点は注意すべきだ。かつては規制が緩くて１００倍もの高レバレッジをかけられる会社もあったとされるが、日本国内では２０１１年８月からレバレッジの倍率の上限は25倍に規制されることとなった。

このレバレッジの設定が一倍ならば、理屈上は外貨預金と同じことになる。１ドル１２０円だと仮定すると、証拠金12万円で、１０００ドルのドル投資が可能になる。それに年率５％の利息がつくと、年間換算で50ドルの利息（ＦＸではスワップポイント）が得られるから、１か月で約４・17ドル（＝50ドル÷12か月）が得られる計算になる。そこに為替差益（差損）が加わる。

ドル投資のポジションを抱えていると、その間に日々の利息が入ってくる。為替が円安に振れるときはそのままでよいが、円高に振れると差損が生じるので、ポジションを解消してそこで損益を確定することになる。米利上げで政策金利が上がると、利息は増えやすくなる。その代わりに、米経済が悪化する懸念も強まり、ドル安・円高に為替レートは振れやすくなる。米利上げはＦＸをよりハイリスク・ハイリターンにすると考えた方がよい。

ＦＸには外貨預金とは違って、自動売買を設定する操作ができる会社もある。為替レートが円高に振れたときにすぐにポジションを解消する設定にしておけば、すぐにロスカットして、利息の目減りを防ぐことができる。この自動売買は、システム・トレードと呼ばれて、FX会社が提供する高度なプログラムを利用して、よりハイリターンを狙おうとしているものもある（後述）。外貨預金ではこうした操作は難しい。キャンペーンで少し高金利がついて、3か月間の満期設定で預けていると、その間に為替レートが円高に振れることも起こり得る。FXは上手に使えば高機能の恩恵に浴せるが、一旦成功してさらに利益を追求しようとして高レバレッジの取引に向かうとハイリスクの「沼」にはまってしまう可能性がある。こうした点は、株式投資と同じく、欲目を出すとリスク・コントロールへの注意を怠ってしまう。

②投機性の高い暗号資産

ここ数年、暗号資産をめぐる話題が多い。2022年11月には米暗号資産の大手取引所FTXが破綻した。この破綻は、暗号資産そのものの機能に何か障害が起きたのではなく、FTXの経営に不正があったために生じたものだ。暗号資産の保有者が、不正に巻き込まれてしまった。米国での暗号資産取引に関わる事業者の行政管理体制が見直されていくことだろう。

こうしたトラブルは、コロナ禍で一旦2021年にかけて暗号資産の時価が急上昇した後に、時価が急落してから発覚した。このブームとバースト（崩壊）の陰にはFRBの政策変更が隠れている。ＦＲＢはコロナ禍の前半の２０２０年3月に政策金利をゼロ金利に引き下げた。暗号資産は利息がつかないので、ゼロ金利では相対的に有利になる。利息がつかないことは、機会費用（逸失利益）にはなるが、各種預金や短期債券の利回りがゼロ近くなると、暗号資産の機会費用もゼロになる。それが暗号資産のブームをつくった。このブームは、２０２２年3月にＦＲＢが利上げを開始して、２０２３年3月までに一気に政策金利を５％近くまで引き上げたことで完全に終わりを告げる。

暗号資産が一大ブームになったとき、投資に成功した人の中には1億円を超える運用資産を持つまで稼いだ人も現れた。世に言う「億《おく》り人《びと》」である。日本暗号資産取引業協会の調査資料では、暗号資産の顧客預かり資産残高の分布は、２０２２年3月末時点で０～10万円未満が71・27％、10～５００万円未満が26・63％となっている。1億円以上は僅か０・04％である。この割合に稼働口座数３３７・８万口座を掛けると、１３５１人という数字が導かれる。これは一人が必ず暗号資産の口座を各一つしか持たないという前提で、「億り人」の人数が１３５１人もいることを試算したものだ。同じ計算を２０１９年3月末で行うと、１７９人になる。全体でのパーセンテージは低いとしても、コロナ禍の僅か3年間の短期間で「億り人」は７・５倍に増えたことがわかる。もちろん、その陰で多くの資産を失った個人はもっと多くいるはずだ。この暗号資産の取引でも、証拠金取引は可能だ。２０１８年までは、レバレッジの上限は25倍であった。それが2020年には上限2倍に引き下げられている。国内取引所は上限が2倍であるが、海外取引所には100倍以上の高レバレッジを認めているところもあるとされる。しかし「億り人」がいることだけを見て、暗号資産の方が一般的に収益性が高いと見るのはミスリードだ。筆者は多産多死型の運用手段であると考える。

私たちは暗号資産と聞くと、どうしても投機的イメージを強く抱いてしまう。事実、代表的なコインであるビットコインの価格は、激しく乱高下している。ところが、暗号資産の中には、そもそも投機的対象として生まれたものではないものもある。日本の暗号資産の種類別取引高のうち、ビットコインに次ぐ取引金額を占めるのはイーサリアムである。略語でETH（イーサ）と記述される。このイーサリアムは、ビットコインとは違って、様々なネット上の取引契約のプラットフォームになる。AさんとBさんが賃貸契約を結び、その契約をコインの保有者全員に情報共有して本人確認する。この本人確認とは、リアルの契約においてハンコを押すのと同じだ。ハンコを押す行為の重要性は、押印した印影《いんえい》が改ざんしにくいという特性を使って、本人確認ができることにある。この真正性を担保するために、印影を役所に登録する印鑑証明を行うこともある。イーサリアムでブロックチェーン技術を使って、ネットワーク内の全メンバーに契約取引を交した情報を共有するのは、それが改ざん不能だからだ。この情報共有の記録が、ハンコの印章登録と同じことになる。

この改ざん不能の特性こそが、暗号資産を擬似通貨たらしめている根拠である。ならば、ブロックチェーン技術を使って、取引契約のプラットフォームをつくることもできる。イーサリアムは、そうした応用を想定した暗号資産として流通している。

日本暗号資産取引業協会の口座数の推移を見ると、2018年度末285万口座、2019年度末332万口座、2020年度末431万口座、2021年度末586万口座と、コロナ禍の3年間で倍増した。よく調べると、2018年度末に73%を占めていた証拠金口座は、2021年度末は41%のウエイトに低下している。証拠金口座の稼働口座は明らかに減少している。これだけで確定的なことは言えないが、投機目的以外のニーズで暗号資産を保有する人が増えている可能性はある。

イーサリアムなどのビットコイン以外の暗号資産の取引が増えていることは、ネット内における事業が拡大して、その決済手段として暗号資産が使われていることを反映している。2020〜2022年までの3年間は、インターネット内の各種サービス活動が急拡大している。その中で、ブロックチェーン技術を用いた契約行為も徐々に浸透していると考えられる。

3. ロボットアドバイザーとシステム・トレード

①斬新なネーミングの本質

投資・運用の世界では、常に新しい用語や概念に出会うため、正直、そのたびに戸惑ってしまう。どんなベテランでも、一瞬、困惑する。ベテランが少し違うのは、戸惑った体験をした後、家に帰って必ずその言葉について調べ尽くそうとするところだ。次からは慌てずに済むように準備する。だから、ベテランたちは、常に何でも知っているように振る舞える。

筆者がここ何年かで出会った新語の中で興味を引かれたのは、ロボットアドバイザーとシステム・トレードの二つである。最近は、ＡＩとかビッグデータとか、新しいテクノロジーを駆使することで、資産運用の手法も革新するのではないかと思わせられる。だから、ロボットなどと聞くと、「何が斬新なのだろうか？」とどきどきする。

しかし、調べていくと、ロボットアドバイザーには、①投資一任型と②アドバイザー型があることがわかってくる。①の場合であっても、必ずしも高度なＡＩの学習機能を使っているわけではない。

投資一任契約とは、顧客が証券会社などに、有価証券の売買を任せるタイプの投資手法だ。一般的な有価証券の売買は、顧客が選定して自己判断で証券会社に指定する。だから、「取引を任せる」投資手法になる。

歴史的に、取引一任勘定取引は禁じられてきた。なぜならば、そうした契約は不正が生じやすいと考えられてきたからだ。1990年代の金融規制緩和の議論でも、任された側の不正を警戒して、慎重論は根強かった。それが、1996年に提唱された金融ビッグバンで一部修正される。2004年には、投資判断の全部または一部を任せる投資一任契約を結ぶための条件が緩和されて、ラップ口座（投資一任運用商品）が解禁され、より間口が広がった。その延長線上で、投資一任型のロボットアドバイザーが登場し、今では個人マネーの受け皿となっている。

①のロボットアドバイザーは、スマホの中で運用実績が随時わかる。しかも、どんな投資対象で運用されているのかまで公開されている。昨日は109万円の残高だったのが、今日は114万円に増えたとか、「実績が見えるのが嬉しい」という声も多い。運用対象は、米国株が29%、新興国株が17%などというふうに公開されている。ネット画面の中で運用の中身が「見える化」されている点が、顧客に対して真正性を担保しているような装いである。

このロボットアドバイザーが何なのかを考えると、一見、新しいものに感じられるが、その本質は株式投信とそれほど変わらない。レディメイド（既製品）が通常の株式投信で、ロボットアドバイザーはお任せ料理の株式投信を提供するといった違いがあるだけだ。

投資一任契約は、その中身がブラックボックス化する印象があるが、スマホ画面で表示されるようになったため、通常の株式投信よりも透明性が高い商品性になっている。これは、テクノロジーの進歩のおかげだ。ただし、投資で最も大切なのは、自分の力で何に運用しているのかを正確に把握しておくことだ。運用の中身をブラックボックスにしているのに、運用成績だけを見て、わかった気になってはいけない。

本質的な問題は、自分の投資スタイルにあるメリットとデメリットをきちんと把握して、運用結果に対して自己責任の意識を持っておくことだ。「きちんと把握しておく」ために金融リテラシーが必要とされる。

例えば、「知識がなくてもロボットアドバイザーで投資が気軽に始められる」という説明を読んだならば、それを信じてよいのか。筆者はＮＯだと思う。なぜかと言えば、ロボットアドバイザーの運用収益は一定ではない。いつ始めるかで運用成績はかなり違ってくる。

このことは、ロボットアドバイザーであっても、株式投信と基本は同じだという理解によってわかってくる。投資を始めるタイミングは、株価が底値のときがよい。株価が底値なのかどうかは、知識と経験がなくてはわからない。さらに言えば、底値を知ることが至難の業だから、時間分散を行って、底値の近辺で投資資金を小分けにして投資する。こうした手法は、やはり知識がなくてはできない。

また、ロボットアドバイザーの広告などで例示された運用実績が、他の株式投信に比べて格段に優れているとは限らない。スマホの画面で運用実績が「見える化」されているのは、確かに魅力的だと思える。しかし、その特性は、ネットを使って情報を公開するというサービスの良さによって生み出されたものだ。運用の巧拙《こうせつ》とは関係ない。サービスの良さと運用の良さは切り離して評価する方がよい。

ロボットアドバイザーも、投信と同じで手数料がかかる。手数料を支払わなくても済むように、自分で運用手法を勉強して、分散投資を試みるという手もある。逆にそうした手間をかけたくないのであれば、手数料を支払ってロボットアドバイザーを使う方がよいだろう。

もう一つ、重要なことは多くの投資一任契約は、それほど極端なハイリスク・ハイリターンの運用を目指していないことだ。その理由は、運用会社が損失を出して、顧客から解約されたくないからだ。

運用ファンドにとって、解約されると資金流出が起こる。その資金流出に備えて、運用資産の中に一定の現預金を保有すると、運用成績は落ちる。現預金は利息がほとんどつかないから、保有している分だけ、運用成績を下げて不利になる。だから、目指している運用は、どうしてもミドルリスク・ミドルリターンにならざるを得ない。

②自動売買の中身

次に考えたいのは、システム・トレードである。略して「シストレ」ということもある。ほかにも、アルゴリズム取引とか、プログラム取引と呼ぶこともある。本質的にこれらは同じものだ。

システム・トレードは、自動売買の条件設定を事前にプログラムしておき、自動操作を走らせる。手動ではないから、夜間でも売買をしてくれる。為替市場では、世界のどこかで市場が開いていて、24時間の取引が可能である。ロボットアドバイザーとシステム・トレードは、どこか語感が似ているが、この二つは全く別物である。

システム・トレードは、相場変動の中にある規則性を発見して、安いときに買って、値動きが高くなって、再び安くなる手前のタイミングを狙って売る。基本的に、安く買って高く売れれば、利鞘が稼げる。小さくても、利鞘を積み上げていくことで利益の総量を大きくできる。

この規則性を読むという手法は、株式投資などのチャート分析と基本的に同じものだと思える。チャート分析では、過去のトレンドを示した移動平均線を上回ると、値上がりに向か

う と判断する。そこから今度は移動平均線を下回ると、値下がりのサインということで売る。いずれにしても、トレンドラインを使って相場の変化を読むという手法だ。

システム・トレードのプログラムは、チャート分析の手法を使って、自動取引で行っている。利鞘を稼げるのは、「コンピュータを使っているから凄い」のではなく、コンピュータを走らせる「プログラムが凄いから儲かる」のだ。

しかし、チャート分析にも様々な種類があって、どうアレンジするかで収益性は大きく変わる。プログラムを走らせる前に、しっかりと過去のデータを使って、本当に利鞘が稼げるかどうかを実験してみるバックテストを試行してから、自動売買を始める。それでも、相場変動の規則性がだんだんと変化していくと、過去のデータから導き出された最適なチャート分析の手法も稼げなくなることもある。自動売買でも、時間が経過すると儲からなくなることがある。一つのプラグラムで儲からなくなると、また試行錯誤を行って、プログラムの修正が必要になる。

FXの自動売買は、証拠金取引を行ってハイリスク・ハイリターンになっている。自動売買プログラムを用いていても、証拠金取引の本質は何も変わらない。先のロボットアドバイザーでは、多くの場合、証拠金取引のようなレバレッジは使わない。むしろ、分散投資で着実にリターンを追求する据置型運用であるシステム・トレードが短期で一定の規則性が通用する賞味期限内に高収益を得ようとする「短距離走」ならば、ロボットアドバイザーはもっと長期間をかけて42・195㎞を走り抜くマラソンである。

こうして見ると、ロボットアドバイザーとかシステム・トレードは、そのネーミングによって実態がわかりにくくなっているとも言える。その中身を吟味すると、既存の運用手法の変形だったりする。人間心理は、ブラックボックス化することで、何か崇高なイメージを感じたり、逆に複雑さを恐れる感覚に陥る。筆者はそうした感覚は、心理バイアスを生んで、公正な判断を遠ざけると考えている。だから、私たちは不必要に惑わされないように勉強して、何とか理解するしかない。完全に理解はできなくても、自分なりの解釈を持つことが重要だ。

株式投資の格言には「遠くのものは避けよ」という言葉がある。あまりよく知らないものに惑わされるなということを伝えようとしている。私たちが勉強して金融リテラシーを身につける目的は、こうしたネーミングの妙《みょう》に振り回されないようにするためでもある。護身術の一つだ。

第五章

【インフレ対策編その2】

個人が稼げる新副業時代

1. なぜ、今、副業なのか？

①コロナ禍が開けた風穴

最終章は、個人の「稼ぐ力」について展望を示していく。インフレの時代は、生活コストが上昇して、もう一方では十分に給与が上がらない。私たちは、当面、貯蓄を減らしていかざるを得ない。もしも、給料が上がらないのならば、自分で別に稼ぐしかない。

本書の冒頭にも書いたが、インフレを耐え凌ぐ方法は、三つだ。①節約、②外貨投資などの資産運用、③副業、である。この三つは、難易度が低い順でもある。外貨運用よりも、副業の方が実践するのが難しい。だから、難易度の高いインフレ対策について、最終章で扱うことにした。

以前から本業を早期退職して、資産運用の利益で暮らしていく生活スタイルが、「ＦＩＲＥ（ファイア）」と呼ばれた。Financial Independence, Retire Early の頭文字をとってＦＩＲＥという。ＦＩＲＥを行っている人には、副業をしている人も多い。筆者の友人にも、外資系金融機関に勤めた後、運用＋副業で暮らしている人がいる。ここでインフレ対策として勧めるのは、本業を続けながら、FIREと同じことを実践するという生き方である。

現在、副業、あるいは兼業をしている人の割合は相当に増えている。公式な統計では、2017年の就業者数の4・0%、絶対数で267・8万人とされる。これは、公式統計では最新のものである厚生労働省「就業構造基本調査」の結果である。だが、いかんせん古いものだ。コロナ禍で急増した副業の変化を織り込んではいない。

新しい結果は、調査サンプルの偏りなどを気にせずに、ネットのアンケートを参照するといくつかある。副業者の割合は、会計バンク株式会社（2022年6月実施）が28・2%、Job総研（2023年2月）が22・6%、マイナビライフキャリアの実態調査（対象期間2021年4月~2022年3月）が25・3%となっている。

現実の中にある真の値はよく見えないが、それらのアンケートからは、副業・兼業を始めた人が、ここ数年間で急増していることはほぼ間違いない。仮に、国内就業者数6800万人の10~20%ということであれば、680~1360万人という副業・兼業者の人数になる。これは新しい労働力の供給増だと言ってよい。仮に、一人の副業者が週10時間働いていると仮定すると、労働力に換算して180~370万人の増加になる（就業者の年間総労働時間1900時間の前提）。就業者数が3~5%ほど底上げされた格好だ。

この隠れた巨大労働市場は、個人にとって稼ぎを増やすためのチャンスを広げるものである。本業の収入が増えなければ、副業によって収入を増やすしかない。昔に比べて、ネット内にクラウドソーシングなどの応募が多数載っている。ネットがない時代に比べて、副業の仕事を圧倒的に探しやすくなっている。副業は単に、収入を増やすための作業ではなく、自分のスキルを増やし、本業とは別の分野で経験値を積んで、能力を構築する場としたい。本業の会社から与えられた職務をこなすだけでは飽きたらず、副業を通じて仕事内容を自己決定できるところも好ましい。ネット内で処理できる仕事ならば、勤務場所を選ばず、好きな時間にできる。委託された会社が意向に沿わない場合は、自分で断ることも可能だ。自分で選んで、複数の会社でも働ける。時間、場所、組織の三つから自由になれるところが魅力である。

前章の資産運用のところで「卵を一つの籠に盛るな！」という言葉を紹介した。この言葉は人生における至言だ。筆者は、会社から与えられた本業ばかりをやっていると、それはもしかすると「卵を一つの籠に盛っている」ことになりかねないと考えている。自分が意に沿わない閑職に追いやられたとき、病気でキャリア形成が狂ったとき、嫌な上司や経営者の下で働かなくてはいけなくなったとき。一つの籠に卵を盛っていると、人生の選択肢は本当に少なくなる。

人生を一つのことに専念することの隠れたリスクとは、長期計画が狂うリスクだ。その計画が意図せざることが起こって潰れたときの身の振り方が難しくなることである。経営では「選択と集中」が叫ばれるが、選択の前提になるのは自分の活動を分散しておくことなのだ。活動を分散しておかないと、選択肢の数・範囲も狭く限られてしまう。

金融業界の用語で債務不履行のことを「デフォルト」と呼ぶ。卵を一つの籠だけに盛っていると、デフォルトしてから再起動しにくくなる。40歳代後半から50歳代になるほど、今の仕事に対する先行投資が大きくなるために、初期設定をして仕事を仕切り直すことは難しくなる。

副業によって、「稼ぐ力」のポートフォリオを分散させておくと、先行投資をしてきた仕事がデフォルトになったときのダメージ・コントロールがしやすい。あたかも保険に入るように、副業の世界を経験しておく方がよい。それも、なるべく若い頃からだ。自分の人生の軸足を、複数の世界に分割して独り立ちできるように訓練することを勧める。

副業が広がった背景には、企業側の事情もある。企業にとっては、副業で人員を集めることは、追加的な労働力確保という意味もある。人手不足に苦しむ企業は、少しだけ発想を変えて、「副業者を募集」というかたちで労働力の有効活用を検討してはどうだろうか。

なぜ、副業市場がこれだけ急成長したのかというと、その裏には2018年の働き方改革がある。政府は、モデル就業規則を改定して、「労働者は、勤務時間外において、他の会社等の業務に従事することができる」とした。その結果、2022年時点で、経団連のアンケートでは53・1%の回答企業が、自社の社員が社外で副業・兼業することを認めている(そのほか「認める予定」も17・5%)。規模の大きい企業になるほど寛容になっている。

さらに、経団連のアンケート[*1]では、社外からの副業人材の受け入れを、回答した企業の30・2%が認めている、または認める予定としている。もちろん、筆者の印象では、大企業内には、自分の部下が副業に精を出すことを快くは思わず、極めて消極的な言葉を発する上司もまだまだかなり多くいる。しかし、会社の人間関係で、上司が部下のことを自分の精神的な支配下に置くような時代では、完全になくなっている。中間管理職と若手メンバーの間での認識のギャップは、しばらく残るだろうが、企業と個人の関係は確実に変わろうとしている。

近年、副業が大きく普及するきっかけになったのは、コロナ禍のリモートワークである。職場に出勤しなくても、一日中自宅にいて仕事ができる。働き方を全面的にリモートに変えて、地方移住した人さえもいる。

このリモートワークは、仕事の内容をPCの中で完結させて、他人との物理的な接触をしなくても済むところが画期的だ。何よりも、副業にぴったりの働き方である。コロナ禍で収入が激減した人は、生活の糧を本業よりも副業に求めなくてはいけなくなった。自宅にいて働いていると、出勤時間がなくなり、残業もしなくなるので、その時間を何か別の仕事に振り向けたくなる。そうしたニーズの受け皿として、リモートワーク型の副業が合致した。

ＰＣ内で作業が完結する仕事は、結構多くある。Ｗｅｂ作成や執筆活動、データ入力、ｅコマースの取引などである。経理処理、給与計算などもクラウドを使ってほとんどリモートワークでできる。総務系の仕事の大半を外注して、自社では行っていない企業もある。コンサルや営業なども、Zoomなどのビデオ会議システムを使って行える。私たちの働き方は、場面ごとにリモートと対面での活動をうまく使い分けるように変わってきた。人々が、やろうと思えば何でもＰＣ内だけの作業で自己完結できると強く確信したのが、２０２０年春からのコロナ禍の経験だった。

この意識変化に伴って、企業側はおそらく新しい地平を見出《みいだ》したことだろう。それは、自社の人的リソースに依存しなくても事業活動を拡大できるという直感である。企業は、社内業務をテレワークに移行するにあたって、事務フローを見直して、担当者が自宅に持ち帰ってできるように、業務改変をした。テレワーク用に作業手順をひとまとめにしたのだ。全体を構成する仕事をその役割ごとに単位化することを「ユニット化」という。さらに、ユニット化した仕事を誰にでもできるように標準化することを「モジュール化」という。スマホの部品がそのブランド独自の特注品ではなく、標準品・汎用品の組み合わせであることはよく知られている。スマホの製造は、標準品であるモジュール（部品）を組み合わせてつくるところに特徴がある。仕事をまずは「ユニット化」して、次にそれを社外の委託先でもできるように「モジュール化」する。

コロナ禍では、そうした見直しによって、組織の責任者が仕事の事務フローを担当者一人一人に割り振れるようになった。このことは、極端に言えば、リーダーにある程度の仕事勘が養われていれば、仕事は労働コストの安い社外の人員で回せる状態をつくったということだ。固定給の正社員を使うよりも、外注にした方が安上がりになる。以前は、派遣社員を増員してこなしていた仕事も、さらに進めて、アウトソース（社外調達）できる。費用面での効率化である。これが、副業に対する企業側のニーズを強めた事情だろう。

おそらく、企業の中でも、規模の大きなところは、コロナ禍で余剰人員が発生するまで、事業のアウトソーシングをもっと大規模に展開しようという発想を持ちにくかっただろう。なぜならば、大企業の発想は彼らに社内の仕事を任せることが当然だと考えていたからだ。それが非効率だと気づいた。先入観に囚われて活動すると、潜在的コストは不可避的に大きくなる。

しかし、コロナ禍という危機に直面したとき、発想を転換して、業務をテレワーク対応することで、一層の効率化を追求した。社内の人員は最小限に減らして、テレワークでできる仕事は極力外注にする方が、労働コストを抑えることができる。大企業を含めて、こうした効率化へ、さらに傾いていくことは間違いない。

本当に企業がデジタル化していくためには、こうした変革を伴わなくてはいけないと、筆者は考える。近年は、事業転換を果たすDXという言葉が流行しているが、単にIT機器を使用すれば、「DXができた」というのは間違っている。デジタル・ツールを軸に、組織と業務を転換して、飛躍的に労働生産性を上げなくては、「転換」とは言えない。

しばしば、デジタル化でなくなるのは、紙だとされる。ペーパーレス化である。もっとも、紙代を削減しただけでは大して意味はない。人員を削減し、対面活動を節約して、同時に収益性を高める。少なくともDXの重要な効果は、この人員削減にある。

欧米企業では、コロナ禍のずっと以前からオフショアリングが行われている。事業の一部を国内から、インドやフィリピンに移管する取り組みである。金融機関や通信会社のコールセンターが、人件費の安い新興国にあって、本社のセンターに電話したつもりが、海外につながることがある。ソフト開発の部門も、インドの方が優秀で人件費の安いSEが集められる。日本でも、オンライン英会話でフィリピンの英語教師を相手に習うことも増えてきた。オンライン化は、サービス料金を格段に引き下げて、供給することを可能にする。

欧米企業では、職務記述書（ジョブ・ディスクリプション）があって、その内容に沿って仕事を得た人が業務を行う。マニュアル本位である。それに対して、日本はそうしたマニュアルがなく、先輩（メンターなど）に従って訓練を受け、その指図に従う。これをメンバーシップ型と呼ぶ。

そうした仕事の文化の違いもあって、欧米企業の方がオフショアリングは日本企業よりも馴染《なじ》みやすかったと考えられる。逆に言えば、日本企業のカルチャーは、外注化を進めにくく、コストに見合わない作業を社内にたくさん抱えることが少なくなかった。

今、いくつかの企業では、コロナ禍を起点に変革が進んでいる。対面活動が制約される中で、無用な会議や打ち合わせが激減した。テレワークが普及したことで、以前に比べると、無駄な対面活動は大幅に削減された。その先に来るものは、もっと社内業務をアウトソースしながら、業務を一層効率化していく世界だろう。「今、なぜ、副業なのか？」という問いに対して改めて答えるとすれば、業務の効率化という企業側の需要変化があるからだと言える。

次に、それとは対照的な立場にある働き手の方に視点を移してみよう。副業がどんどん普及すれば、そのことは本業のワーカーにとっては厳しい面もある。副業ワーカーと正社員の立場が競合し始めるからだ。もしも、企業が副業ワーカーを使って同じ仕事を安くこなすことができれば、本業ワーカーである正社員の数を減らすことができる。マクロ的な視点で考えると、副業ワーカーは、労働市場で潜在的な競争圧力を強めるのである。

だが正直に言えば、これは実に健全なことである。伝統的な企業の人では、自社の人材がどんなに優秀でも「やって当たり前」と思う人が多くいる。人材のありがたみを感じないのだ。それは、副業ワーカーを使ってみれば、優れた人材がいることは当たり前ではないことに気づくだろう。

仕事を副業に出せば割安でできるが、やはり正社員のベテランでなくては困ることも多々ある。「井の中の蛙《かわず》」たちは社内の人材価値に改めて気づくはずだ。競合する圧力は、見方を考えれば、社内人材の再評価につながる。そうした認識が、本業の報酬アップや人材育成につながれば、Ｗｉｎ－Ｗｉｎの関係になる。

②副業のスキル

副業というと、自分には少し縁遠いと感じる人は多いだろう。経験と未経験の間には大きな隔たりがある。その隔たりを崩すには、とりあえず始めてみることが、大きく人生を前進させる。副業もそうだが、新しいことを始めようとするとき、この心理的障壁が最も険しい。

副業の候補先を探すのであれば、スマホで検索するのが一番簡単だ。「副業募集サイト」とキーワードを打てば、副業を紹介するサイトがいくつも出てくる。その中で自分がやってもよいという内容を選べばよい。

（図表5-1-1）副業の内容

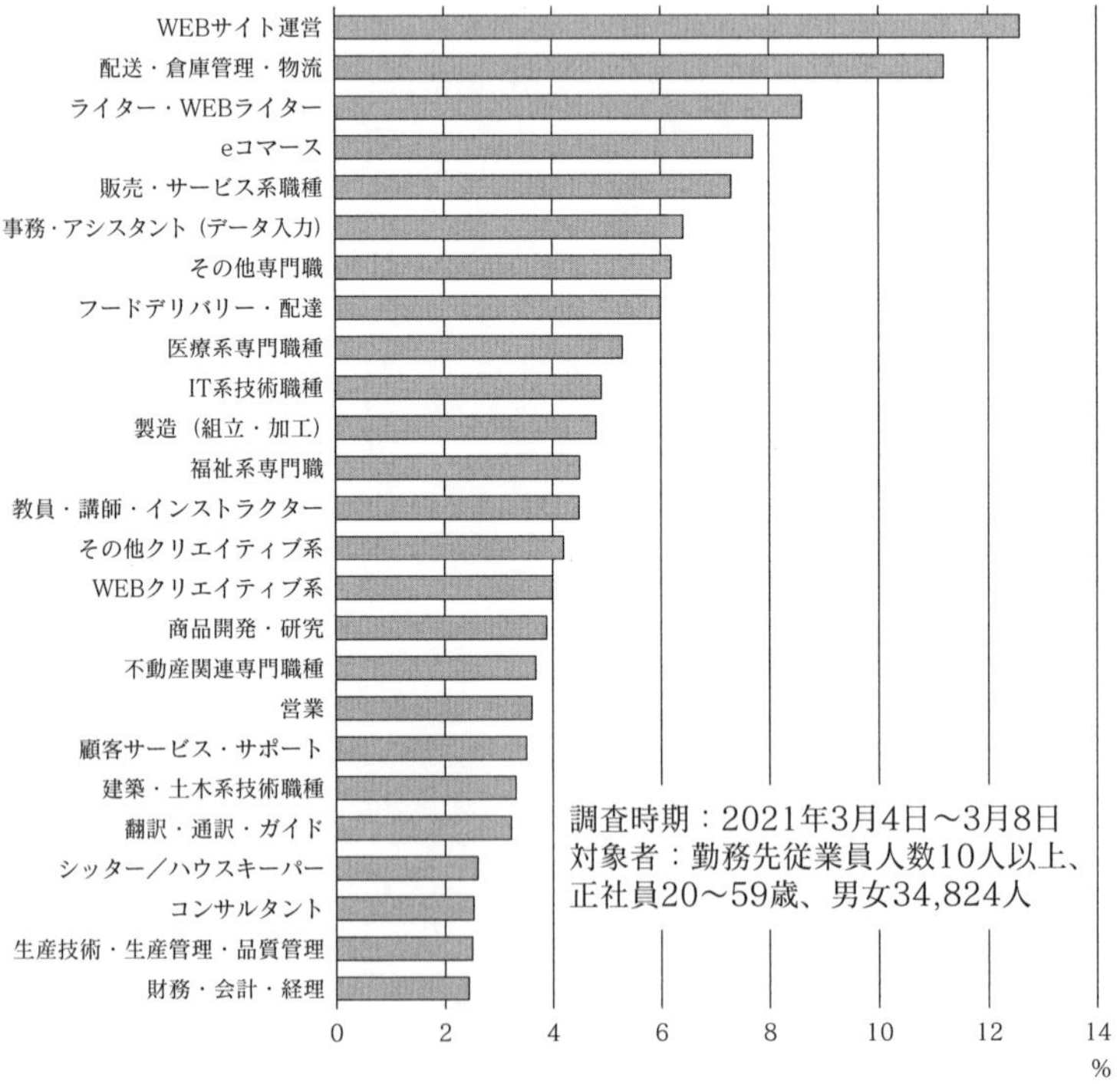

出所：パーソル総合研究所「第二回副業の実態・意識に関する定量調査」

次に具体的に、すでに副業をしている人の事例を紹介してみよう。パーソル総合研究所のアンケート調査[*2]（2021年3月）では、いくつか経験したことがありそうな副業の種類が掲示されている（図表5-1-1）。1位がWebサイト運営、2位が配送・倉庫管理・物流、3位がライター・Webライター、4位がeコマース、5位が販売・サービス系職種となっている。やはり、ネット関係の副業は多いようだ。

この副業の種類は、各種アンケート調査によって、かなり異なっている。infoQという調査機関の別のアンケートでは、1位がアンケートサイトやポイントサイト、2位がパート・アルバイト、3位が資産運用、4位が販売サイトやフリマアプリでの販売、5位がクラウドソーシングになっている。

お仕事応援ドットコムというサイトでは、1位がアンケートモニター、2位がライティング・記事作成、3位が事務・簡単作業、4位がせどり・転売、5位がハンドメイドとなっている。アンケートの結果はいくらかばらつきがある。

副業の種類はそれこそ多種多様で、数え始めるとキリがない。敢えて分類すると、三つに大別できると思う。

〈取引系〉

・金融資産の運用（株式・FX・暗号資産取引）・不動産投資

・ポイント収集活動　・シェア・レンタル　・オークション
・せどり　・ネットショップ運営
〈作業系〉
・アンケートモニター　・宅配ドライバー　・データ入力
・工場内軽作業　・内職　・ベビーシッター
〈スキル・アート系〉
・Ｗｅｂデザイナー　・アフィリエイト　・YouTube作成
・アプリ作成　・システム開発　・デザイン・イラスト作成　・講師
・コンサルタント　・ライター　・各種相談　・翻訳、通訳

こうして見ると、内職やベビーシッターなどの作業系は昔からあったものだ。募集がネットを通じて便利になった。これらもスキルを要するが、いわゆる専門職ではない。スキル・アート系には、「ネットならでは」の仕事も多いが、講師やコンサルタントは従来からあったものだ。最近になって拡大したのは、このうちで「ネットならでは」の仕事である。

筆者は、こうした副業の内容とは縁が深い。自分の本業の一環として、雑誌やウェブの記事を書いている。エコノミスト業という本業の中で、多くの場合に副業とされる仕事を行っ

ている。講演会で話したり、時々、大学などで講義をすることがある。カテゴリーとして本業だが、他人から見ると副業と思われるだろう（本書の執筆も多くの人から見れば副業だ）。

また、過去にアンケート調査を業務として行ってきた経験もある。アンケート調査に関連して、調査前にグループ・インタビューという調査を実施して、消費者の実態を調べる。このグループ・インタビューでは、調査委託した会社が登録されているモニターを数人単位で集めて意見交換をしてもらう。モニターの登録者は、副業者になる。だから、副業を委託した側の人間として、どんな人が副業をしているかを知っている。

まず、モニターとして来てもらった副業ワーカーは、そろって好奇心が旺盛だった。グループ・インタビューという調査での対象者は、メンバーが寡黙ということがまずない。皆がそれぞれ自分の主張を持っている。

数年前にこのグループ・インタビューで驚いたのは、高学歴の外資系社員が来たことだ。今まで本でしか読んだことのなかった有名企業の信条をナマの声で聞いた。こんな凄い若手がいるのかと、本当に脱帽した。金銭的な報酬が目当てではなく、自分のモチベーションを高めるために、他社の若手と意見交換をする。そのために、副業をしているのだと思う。

筆者が日常で執筆しているネット原稿は、普通の人にとって副業にもなる。ライターは、奥が深い仕事だ。やればやるほど、執筆能力は高まる。ライターの仕事は、必ず締め切りがあって、それを守った上で、よい文章を書くことが求められる。何の仕事でもそうだが、デッドライン（締め切り、納期）がある仕事はストレスが多い。文章を書くために材料を集めて、おもしろい筋書きを考えて、書き上げてからも推敲《すいこう》を繰り返す。

しかも、複数社から依頼を受けるライターは、締め切りが重なることがある。すると、時間的制約をどうにか切り抜けて、よい文章を書くことが求められる。筆者の場合、毎回1500〜6000字くらいの執筆をすることが多い。だいたい500字の中に一つのネタを盛り込むので、1500字ならば三つほどアイデアを仕込む必要がある。それを下調べするのに、3時間くらいは使う。ライター業は、作業時間以外にも自分のアイデアを練っていくことが必要だ。

もう一つ苦しいのは、書くことのネタが切れることだ。執筆活動を始めて10年ほど経った頃、そのネタ探しにもがき苦しんだ時期がある。その後、これは数年間の訓練の成果だと思うが、日々何かに関心を持って生きていると、10年目以降はネタ切れがなくなった。きっかけは、いくつかのビジネス雑誌に同じような内容の記事を書いてしまったことがあって、雑誌の副編集長が怒りの電話をかけてきたことだった。仕事で怒られると、ミスがなくなる。筆者の場合は、それ以降、ネット・雑誌に同じような内容を書かなくなった。いくらでも書くネタはあるという境地に達した。仕事とはそういうものだ。

文章がうまくなる方法は、よい師匠を見つけることだ。筆者にとって、沢木耕太郎の文章の展開の仕方は理想的で、ぜひ学びたい文章の一つだ。論理展開では、小林秀雄の文章のようにありたいと思う。表現力や感性は、中原中也の詩に学ぶ。自分がそうありたいと思って、他人の文章を真似ると上達が早い。

師匠はもっと身近にいる友人だったりもする。筆者が24歳のときに、地方勤務で小杉敏修君という同期入社の人と一緒に仕事をした。当時、企業経営者のところに行ってヒアリング原稿を書くという作業をしていた。あるとき、二人である経営者に事業のヒアリングに行った。帰社後、彼のヒアリング・レポートを読んでビックリした。彼は聞いてきたことが100だとして、原稿にはファクトが30くらいしか書かれていなかった。それでいて、事実がすっと頭に入るように配列されている。そんな報告書は、読み手にとって理想形だ。残念ながら、それに比べると、筆者のレポートは、100の事柄を原稿にいかに凝縮するかだけを考えて書いていた。だから、ごちゃごちゃとファクトがうるさく、読みにくかった。

勉強させられたのは、うまい文章とは、読者に伝えたいことだけを絞って書かれた文章だ。頭の良さとは、ファクトの選択とそれを他人に説明する順番をわかりやすく再構成する能力にかかっている。今でも彼は筆者の師匠である。

文章力とは、その人の頭の良さがにじみ出るものだ。ペーパーテストの結果ではない。学歴に関係なく、思考回路とセンスがよい人の「中身」が浮き上がってくる。ライターの修業をすれば、センスと思考回路を鍛える最高の訓練になる。

副業に該当する仕事を、筆者は大学生のときにすでに行っていた。相模原市のカルチャーセンターの講師と、東京の御茶ノ水の雑誌社のスポーツライターだった。講師の仕事は、10人くらいの生徒に体操のようなものを教えることだった。20歳の頃だ。お客さんが何をすれば喜ぶかを考えて、練習メニューを毎回練り直した。生徒が一人増えるだけで心が弾んだ。お客様相手の商売は、お金よりも笑顔をもらえるのが嬉しかった。

しかし、一度だけ休む必要があって、友人にピンチヒッターを頼んだとき、その友人がクラスの指導をすっぽかした。おかげで生徒は二人に減った。たった一度の失敗で罰を受けた。筆者は、他人を当てにすると努力が水泡に帰することを学んだ。

スポーツライターは、有名選手に会えるのが楽しく、副編集長に可愛《かわい》がられた。自分の書いた文章が雑誌に載るのは嬉しい。高校生の頃に自分が愛読者だった雑誌である。そこに執筆できることを誇らしく思った。

筆者は、現在は単なる一介の研究者だが、よく思い出すと副業で培ったスキルは、経済レポートを書くのにも役に立っている。スポーツライターとして、目で見たものを文字に変換して他人に伝えるのは難しい。もしも、ライター志望で副業をしたい人がいれば、サッカーの試合を見て、それを500字で書いてみるとよい。相撲の結びの一番でもよい。高校野球の試合で、負けた方のチームについて書くのもよい。そうしたスキルは、将来のどこかで全く違った場面であなたの仕事の能力を底上げしてくれると思う。

③自分の安売りはするな

副業をする意味は、稼ぐことにある。副業の平均的な報酬はどのくらいなのだろうか。パーソル総合研究所の2019年の調査では、時給1652円とされている。平均的に、週10・32時間をかけて月収6・82万円を稼いでいる。ランサーズの調査では、パラレルワーカーの本業以外での収入は年間116万円とされる。週10・32時間で、月収9・67万円とされる。ここから時給を計算すると、1513円になる。

この週10時間は、本業の仕事から帰ってほぼフルに働くというイメージだ。平日2時間×5日間である。高校生の週平均の勉強時間（授業外）が9時間なので、それとほぼ同じである。

ところで、この報酬は、本業に比べて十分に高報酬なのだろうか。YOUTRUST のアンケート調査（2020年8月）では、副業の報酬の時給が本業より低い人の割合が46・0％、副業が本業よりも高い人の割合が38・8％、副業と本業が同じという人が15・2％となっている。直感的に、副業の報酬は低いが、追加的収入を得るためには仕方がないということだろう。

政府の公式な厚生労働省「賃金構造基本調査」（2022年）から計算すると、正社員の平均の時給は2484円である。非正社員＝非正規労働者は1502円となっている。パーソル総合研究所の副業ワーカーの平均時給1652円は、正社員よりは低いものの、非正規労働者よりは高くなっている。

副業と本業の収益性は、あくまで相対的なものである。働き手は副業の報酬が低すぎるなら行わない。だから、副業∨本業という副業ワーカーの割合が多いことは当然だと思える。しかし、報酬が低くても副業をする人が多くいるのは、本業の報酬が低すぎるから、生計を維持するために追加労働をせざるを得ないという人がいるからだ。

副業の時給は、スキルが求められて、難易度も高いものは高報酬である。例えば、種類別に基礎レベルのスキル・ワーカーの副業収入を比較すると、それぞれの時給はコンサルタントが3300円、ITエンジニアが2500円になっている。事業開発が2300円、広報・経理・人事・営業は1500円となっている。スキルを求められる副業では、コンサルタントやIT技術者の実務経験を持っている人だけが、好待遇を得られる。

こうしたスキル・ワーカーごとの時給を調べてみると、やはり免許や資格を要するものは高報酬である。もともとスキル・ワーカーの報酬は、時給表示されていないが、月給×12プラス賞与を年間総労働時間で割って求めている（図表5-1-2）。

1位のパイロット、3位の医師、6位の弁護士（法務従事者）は狭き門の職業だ。資格取得に何年もかかる人もいる。歯科医師、大学教員、他の学校教員、記者も相対的に報酬が高い。こうした高報酬の人は、すでに本業で多く稼いでいるので、それ以上に副業で儲ける必要などはないという人も多いと感じられる。

では、まだ十分な報酬を得ていない人たちが、これから高報酬を得るためには、どうすればよいか。その方法を一般化したかたちで考えると、次のようになる。仕事を請け負う側には、五つの段階があり、その段階のより上位に行けば、報酬が上がっていく。もちろん、上位の段階へと上がるにはスキルが求められるが、それは明示的な資格取得ではなく、もっと見えにくい要件になる。この法則性は、スキル仕事に共通する発展段階説でもある。

まず、副業ワーカーの振り出しは、①不特定多数のメンバーから始まる。誰でもできる仕事を得て、規定の料金をもらう人である。料金は低い。例えば、ライターも応募して得られるのは、1文字1円である。それで500〜5000文字の仕事だ。4時間をかけて、5000字を書いても、時給は1250円だ。作業時間以外に、構成を練って調査・取材する時間もあるから、それを4時間でこなさなくてはいけない。一歩間違えれば、労働力の安売り

（図表5-1-2）職種別に見た高時給ランキング

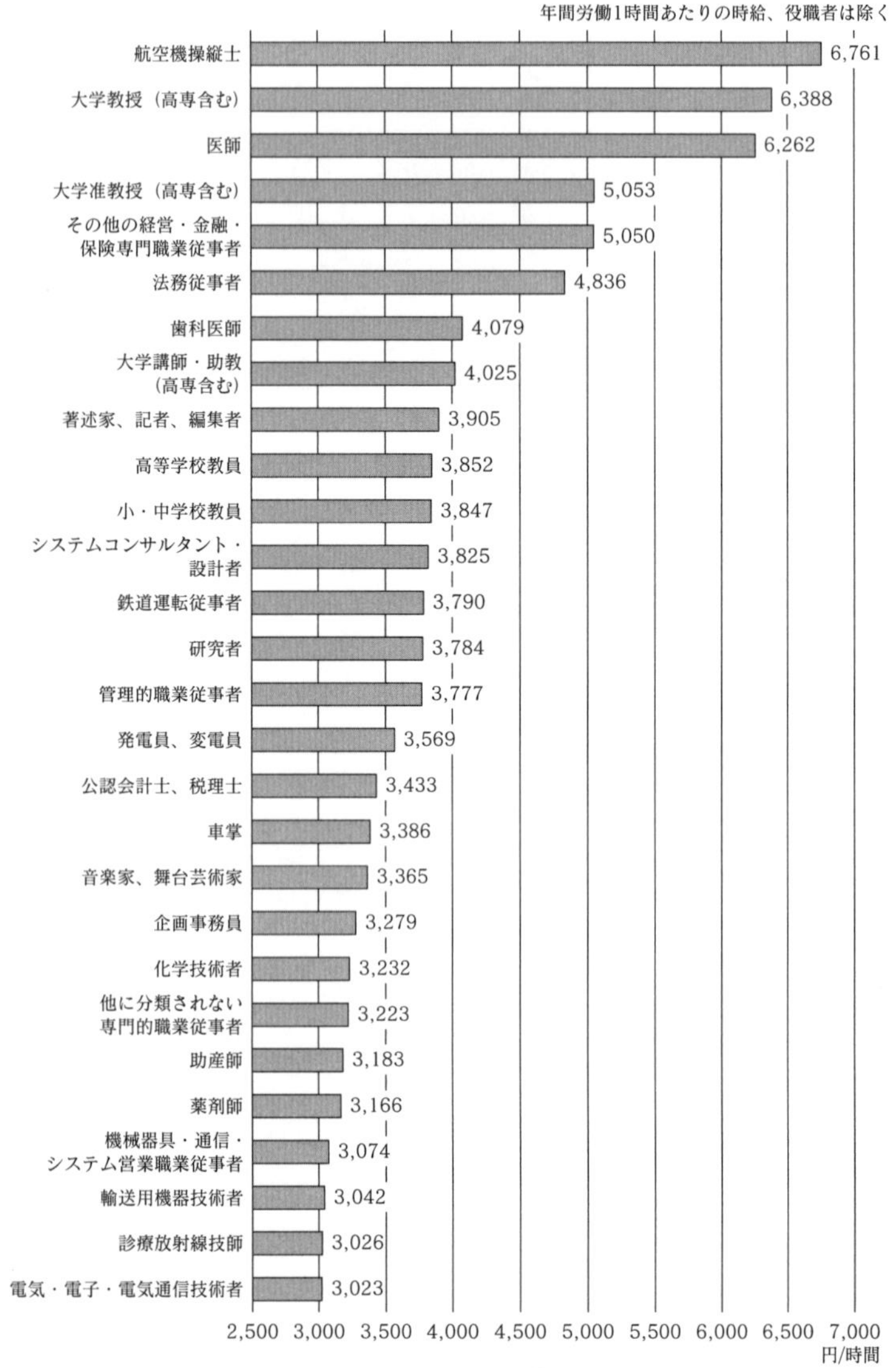

年間労働1時間あたりの時給、役職者は除く
航空機操縦士 6,761
大学教授（高専含む） 6,388
医師 6,262
大学准教授（高専含む） 5,053
その他の経営・金融・保険専門職業従事者 5,050
法務従事者 4,836
歯科医師 4,079
大学講師・助教（高専含む） 4,025
著述家、記者、編集者 3,905
高等学校教員 3,852
小・中学校教員 3,847
システムコンサルタント・設計者 3,825
鉄道運転従事者 3,790
研究者 3,784
管理的職業従事者 3,777
発電員、変電員 3,569
公認会計士、税理士 3,433
車掌 3,386
音楽家、舞台芸術家 3,365
企画事務員 3,279
化学技術者 3,232
他に分類されない専門的職業従事者 3,223
助産師 3,183
薬剤師 3,166
機械器具・通信・システム営業職業従事者 3,074
輸送用機器技術者 3,042
診療放射線技師 3,026
電気・電子・電気通信技術者 3,023
2,500 3,000 3,500 4,000 4,500 5,000 5,500 6,000 6,500 7,000
円/時間

出所：厚生労働省「賃金構造基本統計調査」（2021年）

になる。誰でもできる仕事は、残念ながらそうなりがちだ。

そこから脱却するには、クライアントから直接委託を受けられるような、②指名対象者になる必要がある。場合によっては、ネットのサイトなどは通さずに、相対で仕事の依頼が舞い込んでくる。そうした仕事は、クライアント側で不特定多数に依頼する仕事は差別化されて、報酬も良くなる。1文字当たりで5～10円、つまり5～10倍近くの単価に変わっていく。クライアントは、より品質の良い原稿を求めているから、相対取引で報酬を増やしてもよいと思う。副業ワーカーからすれば、不特定多数の中から選ばれる人に昇格する。

さらに、その次は、フリーランスの働き手として、③起業・独立する。複数のクライアントを抱えて、収入が安定してくるので、独立してやっていける。筆者も、メディアからの取材で、雑誌社などの編集者がフリーランスの記者を連れてくることがある。その記者は独立して、個人事務所を設立している人だ。

その次に、独立した人は、④自分の事業の仲間を増やす。これは、同業者ネットワークを築くということだ。ネットワーク強化の段階と言ってもよい。フリーランスで仕事をする人は、仕事を継続していくうちに、その実績が高く評価されて、やがて同業者の間でも評判になる。他人から紹介される立場になる。これは、単に、自分が独立してフリーランスでやっているケースよりも、格上である。

筆者の経験でも、自分が仕事の依頼を受けたとき、時々、締め切りが重なったり、テーマが不得意分野だったりして、その仕事を受けられないことがある。その場合は、同業者を紹介する。紹介する同業者は、クライアントに満足してもらえる能力の持ち主でなくてはいけない。上手に仕事を断って、依頼者の信頼を裏切らないことも大切だ。

そして、仕事を請け負う副業ワーカーの最終段階は、⑤会社組織化である。自分が会社を作って、雇用者を使って仕事を回していく。誰かを雇用して、仕事をすることは、自分が経営者になるということだ。他人を使うことは難しいが、成功したときの利益も大きい。業界に精通して、ビジネスチャンスを掘り起こさなくてはいけない。経理も人事も、資金調達も自分で行う。副業ワーカーだった自分が、今度は副業ワーカーを使って仕事を依頼する側になることもある。

業界でも有名なフリーランスの人が、会社を作ってうまく運営できるようになるまでに5年間もかかったと言っていた。副業の初心者は、時間をかけて「出世魚」のように、自分の事業基盤をより堅固なものに変えていくことが必要なのだ。

少し整理すると、スキル労働者が進化する経路は、①不特定多数→②指名対象者→③起業・独立→④ネットワーク強化→⑤会社組織化、という5段階である。

定性的に表現すると、不特定多数の中にいた人は、いずれ実績を積んで、自分のお得意さま＝リピーターを作っていく。お得意さまの絶対数が増えると、いずれ独立できる営業基盤ができる。独立した後は、同業者と競争をしながら、その同業者の中で評価される立場になる。これは、社外での評判を広げて、他人が自分のことを売り込んでくれる段階だ。高評価を長期間維持できると、それがブランド力を作る。そうなると、事業をさらにスケールアップさせて、会社組織としてやっていける。これが発展段階説を定性的に表現したものだ。①請負→②指名→③開業→④ネットワーク拡大→⑤事業の飛躍、というステップである。

では、時間軸として、五つの発展段階を個人はどう歩んでいくのであろうか。答えは、①から⑤までのステップを同じペースでは進んでいかないということだ。無論、最後まで行けない人が多いだろうが、五つのステップを完遂できる人のケースについて考えてみよう。

まず、副業の振り出しである①の「不特定多数」から、②の「指名される人」への転換は最も時間がかかるとされる。俳優であれば、役を得たい無名新人はオーディションから始めて、知名度が高まって、監督など製作側からのご指名を受けられる身分になる。それには数年間を要することが多い。その期間を「下積み」だとすると、それを抜け出してスターに名を連ねるまでの期間は「下積み」ほどは長くないこともある。世界市場に進出する企業でも、地場のマーケットから一つ頭を抜け出すまでに十数年間を要するという。全国展開を果たすのに数年間、それから世界進出まではもっと短い期間で実現できるという話を聞く。

それは戦国大名の天下統一に似ている。織田信長が尾張統一にかけた年数は14年間（18〜32歳）で、その後8年間（32〜40歳）で室町幕府を滅ぼすまでに至る。後を継いだ豊臣秀吉も、本能寺の変から太政大臣の役職を得て、事実上の天下人になるまで、たった4年しかかからなかった（46〜50歳）。

このように考えると、①→②へとステップアップするのが一番難しいと思える。では、副業ワーカーが不特定多数の一人から個人名でご指名を受けられる立場にランクアップするにはどうすればよいのだろうか。

筆者は、俳優志望でいつもオーディションを受けている人を知っている。不合格が多い。十数年間もそれを繰り返している。残念なのは、オーディションに受かることだけしか考えてないことだ。主催者がどんな役柄を求めて、役者をどう使おうと考えているかなどをあまり考えていない。自分が競争している仲間の演技と自分の表現がどう差別化されているのかを考え抜くことが必要だ。経営学の教科書で、マイケル・ポーターが言っていることがそのまま当てはまる。ビジネスの世界では、マーケット分析をして顧客ニーズを考えて、顧客に接近することは当たり前のことだ。まず、相手に自分がどう思われるかを自分でイメージする。それは、仕事の対人関係を全体的に把握することでもある。

成功の鍵は、「この人だ」と思える相手＝キーパーソンとの信頼関係を築くことである。とにかく、キーパーソンを見つけることが重要だ。自分の前を通り過ぎていく人と、仕事のキーパーソンを区別する。この論理は、相手にとっても同じで、自分が相手にとって重要な存在になることでもある。はじめは、自分は相手にとって「不特定多数の一人」である。仕事の依頼もワンショットだ。しかし、仕事を繰り返していくうちに、自分の存在をリピーターに変えていく。

ライターであれば、企画記事の一執筆者から連載をもらえる立場になることだ。講師であれば、毎年呼んでもらえる専任講師になることだ。テレビ番組ならば、ゲストからレギュラーに昇格することだ。

両者のハードルは途方もなく高く見えるが、そこはこつこつと実績を作るほかはない。セミナーで講師を探す人は、毎回違う講師を選ぶのが大変だから、定期的にお願いできる講師を探している。雑誌も、人気の高い連載をもたせられるライターを探している。そのニーズに応えると、ご指名に近づける。

相手の立場から見ると、「あの人にお願いすれば任せて安心だ」という評価をいただくことだ。これは、自分からすれば同業他社の専門家と比べても、自分が競争優位に立っていることを意味する。クライアントとの関係がより他者よりも近い距離にあることでもある。

世の中は、オーディションという舞台に立っている自覚がなくとも、いつの間にか舞台の上に立たされて競争させられているものである。顧客獲得の競争に打ち勝つというミッションを頭の中に入れる必要がある。競争の図式の中で、自分の立場を相対化して理解している方がよい。

2. 自分でスキルを磨く時代

①能力形成のための自己投資、崩れさる年功序列の幻想

正社員の中には、年齢が上がると給与水準も増えていく人もいる。定期昇給の仕組みがある会社に勤務している場合である。30〜55歳の年齢層では、1年ごとに平均7〜10万円ほど上がっていく計算になる。厚生労働省「賃金構造基本統計調査」(2021年)を使って、年齢ごとにどのくらい給与水準(時給換算)が増えていくのかを調べてみた(図表5-2-1)。年齢階層別の時給(給与を時給換算したもの)を「正社員」と「正社員以外」の実績で分けてみた。

計算してみると、正社員は時給換算で30歳代は1歳ごとにプラス62・3円(年間プラス10・0万円)、40歳代はプラス39・7円(年間プラス6・4万円)の給与増加になる。

（図表5-2-1）正社員と正社員以外の年齢別に見た時給

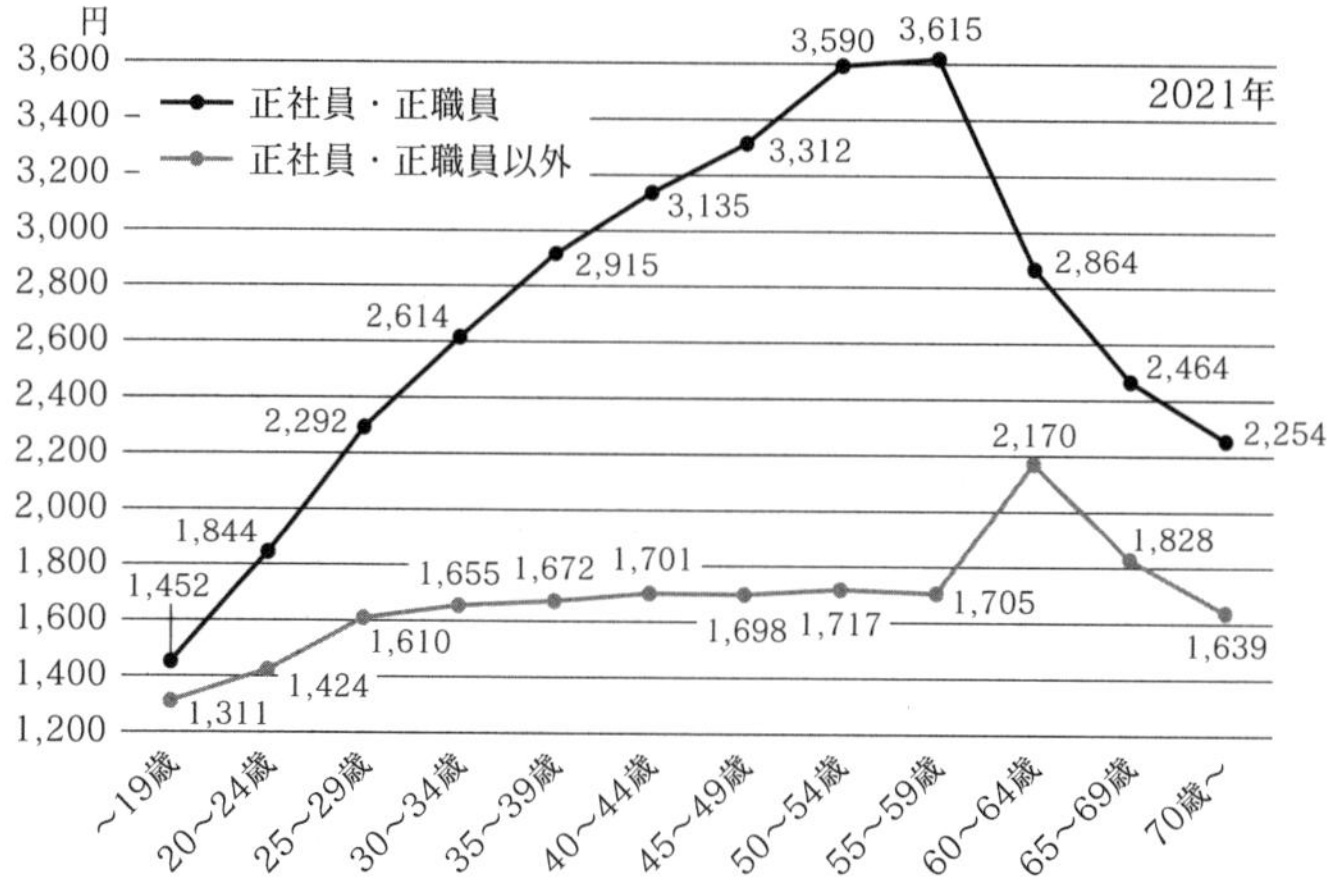

出所：厚生労働省「賃金構造基本統計調査」

こうして見ると、正社員はかなり優遇されているように見える。しかし、平均すると50歳前の年齢で定期昇給はなくなり、役職が上がらない限りは賃金上昇が見込めなくなる人も多いようだ。

また、非正規労働者の場合には、定期昇給はなく、時給は年齢とは関係なしに一定であることが多い。だから、シニアや非正規は、より物価上昇リスクに弱いという見方ができる。

よく調べてみると、35～54歳の正社員であっても、リーマンショック前（２００８年）に比べて給与水準（２０２１年）は僅かに減っていた。定期昇給を除いた部分では、賃金水準は増えにくくなっており、２０２２年の物価上昇によって、実質賃金が低下することになっている。

また、細かく年功賃金カーブを調べると、40〜49歳の働き盛りの年齢層は、以前に比べて給与水準が低くなっている。その理由は、はっきりとはわからないが、これらの年齢層（団塊ジュニア）の採用人数が多く、人件費抑制圧力がかかりやすいことが背景にあると考えられる。採用人数の多い団塊ジュニア世代の社員を従来通りのペースで昇給させると、人件費が嵩《かさ》むことを企業側が心配するのである。そのため、それ以前の世代よりも、昇進昇格することが難しくなり、今後も給与水準も上がりにくいと予想される。これまで企業が、賃上げの手法として、ベースアップを嫌ってきたのは、従業員のボリュームゾーンになっている40歳代の給与水準をあまり上げたくないという事情もあったと考えられる。

こうして見ると、先に「正社員はかなり優遇されているように見える」と述べたが、細かく事情を調べると、40歳代の中堅社員は優遇されているわけではないことがわかる。50歳代にしても、60歳以降に継続雇用される公算が高いとしても、今後は給与水準が厳しく削減されていくことだろう。長く働けるとしても、十分に給与をもらえない時代になる。

今後の人員構成の変化として注目したいのは、企業内のシニア層がさらに多くなりそうなことだ。シニアは正社員ではなく、嘱託などの雇用形態に変わったり、非正規の扱いになったりする人も多い。非正規労働者の中で60歳以上のシニアの割合は、２００８年に19・０％

だったのが、2021年は32・5%へと10%ポイント以上も上昇している。最近は、非正規労働者の1/3はシニアなのだ。60〜64歳の階層だけで全体の約20%を占めている。この傾向はさらに強まって、企業内は著しく高齢化していくはずだ。

警戒されることは、企業がこうしたシニアの人件費の増加に対して、人員のボリュームゾーンの賃金を抑制することで対応しようと考えることだ。企業にとってみれば、長く雇用してあげるのだから、年功カーブは抑制させてもらうという扱いだろう。2023年に賃上げの機運が盛り上がるとしても、年齢層によってはその恩恵から遠い人も少なからず出てくると考えられる。

ならば、働き手の側も何か自前で稼ぐ手段を講じておく方がよいのではないか。60歳になって大幅な賃金カットの憂き目に遭う前に、副業によって自分自身で稼ぐ力をつけておく。副業の能力は、1〜2年で高まるわけではないので、数年間かけて養っておく方がよい。これは、サラリーマンが自衛手段を講じて、自分の身を守るという「護身術」に似ている。

マクロ的に見て、65歳以上の所得環境はとても厳しい。公的年金は、2004年にマクロ経済スライドが導入されて、年金支給開始時の支給水準は、いずれ現役時代の半分の水準にまで引き下げられる。総務省「労働力調査」を使って、非就業率の推移を見ると、1990年代から日本は高齢化によって、就業しないでリタイヤする人の割合が上昇していたのに、

（図表5-2-2）低下に転じた非就業率

出所：総務省「労働力調査」

２０１３年頃から一転して下落傾向が強まっている（図表５‐２‐２）。この傾向は、シニアの就業率の増加と表裏一体の関係になっている（図表５‐２‐３）。２０１３年度と言えば、公的年金の報酬比例部分の支給開始年齢が男性で60歳から65歳へと段階的に引き上げられることが決まった年だ。この制度変更によって、男性は２０２５年度までに65歳支給開始に変わる。女性は２０３０年度までに同じように変わる。

政府は、同じタイミングでシニアの継続雇用を始める方針で動いた。60歳で定年になるのではなく、それ以降も給料を落として働き続ける体制への移行である。

近年の政府は、老後の生活が「公的年金だけで十分に暮らせるように」と考えているわ

（図表5-2-3）シニアの就業率の推移

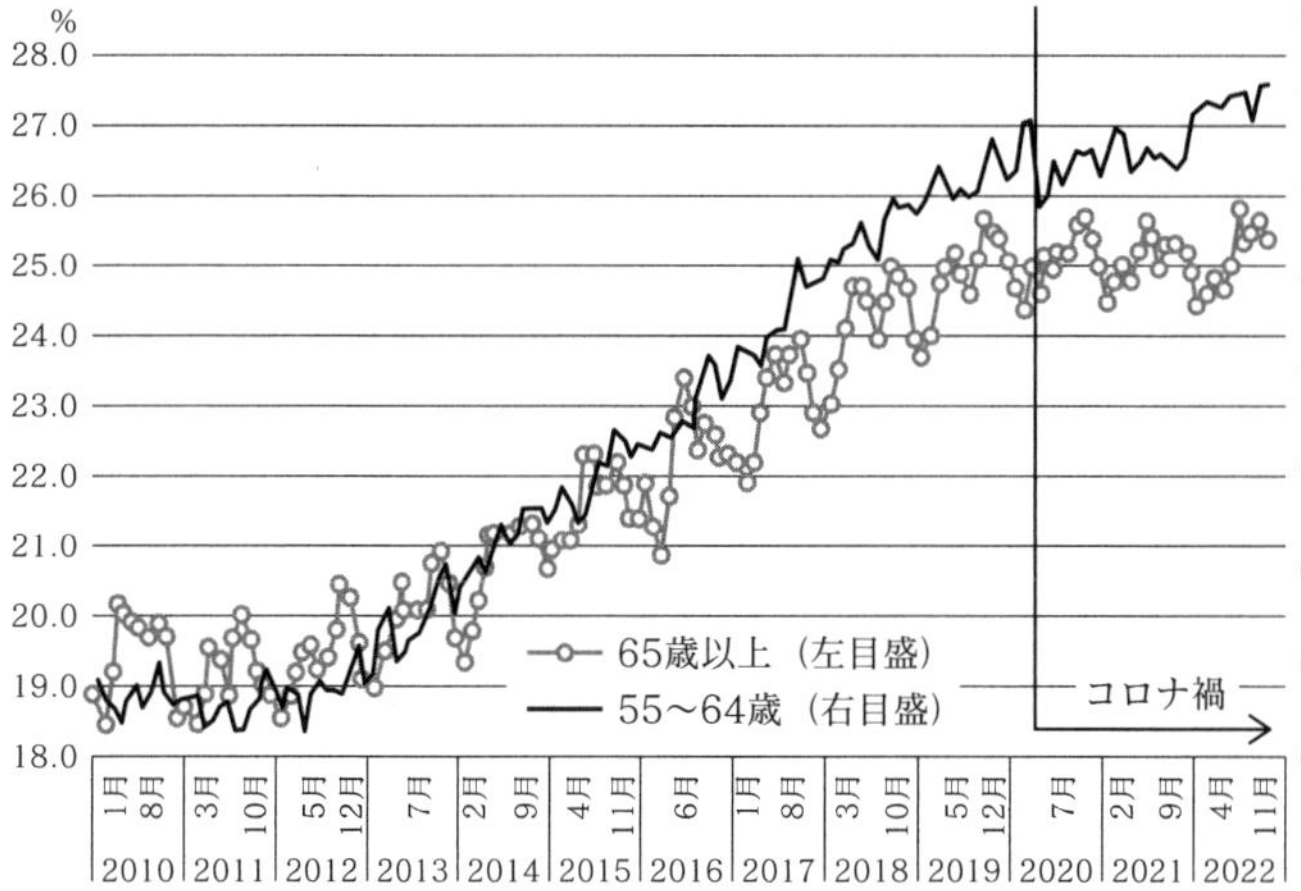

出所：総務省「労働力調査」

けではないと思える。年金で老後の安心を保証するという発想は止めたのだろう。むしろ、健康寿命が長くなっているのだから、事実上、「できるだけ労働力として働いてください」と言っているに等しい。政府が国民の老後を守る責任を果たせなくなった分、後は「自助でやってください」と言っているように思える。

かつて政府は、2004年の年金制度改革の導入時は、制度を守るための年金カットだと言っていた。それをもって「100年安心」と表現していた。今では詭《き》弁《べん》だったとしか思えない。最近は老後も働くことを前提にした社会づくりに移行している。国家が経済力を失っていくということは、これほど情けないものかと思ってしまう。

もしも、私たちが自助で生きていることを余儀なくされるのであれば、若いうちから人生後半に備えた準備、つまり稼得能力が60歳代以降に低下しないような自己投資が必要とされる。こうした自己投資は、最近になって「リカレント教育」と呼ばれる。

リカレントは、ここ数年間でよく耳にするようになった言葉である。「人生１００年時代[*3]だからリカレントで何度でも学び直すことが大切になる」などと使われる。リカレントとは、英語で「反復する、繰り返す、循環する」という意味がある。「リカレント教育」が口にされる理由は、定年延長に伴って、終身雇用の期間が延びたから学び直すためというよりも、若い世代においてさえ、スキルの陳腐化リスクが高まったことが大きいからだと筆者は考える。多くの中高年が長く培ってきた技能・知識が「時代遅れ」になっているという現実だ。

現代は、言うまでもなく、テクノロジーの時代だ。ＡＩやデータ分析の応用によって、作業を効率化させて、需要の所在を把握できるようになった。海外の企業はすでにこんな取り組みをしているという情報も多数入ってきている。そんな時代に以前と同じ活動をしていたら、需要の変化に取り残されてしまう。

なぜ、日本企業にとってスキルの陳腐化が起こったのかというと、伝統的なスキル形成の方法に問題がある。日本企業は、ＯＪＴ（オン・ザ・ジョブ・トレーニング）を偏重する。反面、社外から知識を得ることには熱心でない。多くの企業では、集合研修・職場外研修を

（図表5-2-4）名目GDPに占める企業の能力開発費の割合

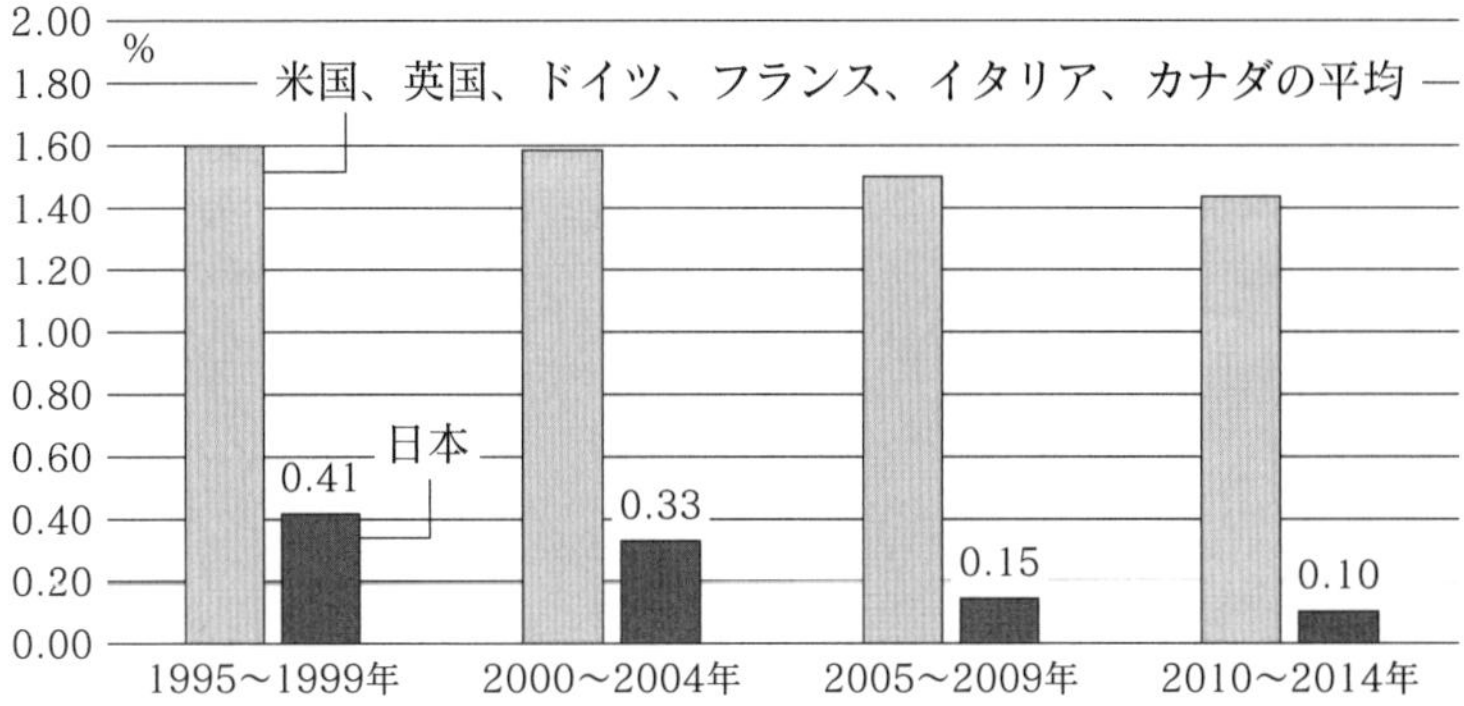

出所：厚生労働省「労働経済の分析」（2018年）

減らしてしまっている。これらは、ＯＦＦ－ＪＴ（オフ・ザ・ジョブ・トレーニング）と言われる。日本は、国際的にＯＦＦ－ＪＴが極端に少ない国だ。最低レベルと言ってもよい（図表５－２－４）[*4]。日本の「人への投資」がごく少ないというのは、多くの人にとって意外なことかもしれないが、それは紛れもない事実だ。

　筆者が問題だと思うのは、スキル獲得はＯＪＴで十分だと考えている人たちの感覚だ。年功重視で、先輩が２～３年下の後輩にスキルを教える。年功重視で、年長者の方が優れているというのは全くの幻想だ。陳腐化した知見を教え込んでも、それは時代遅れを再生産するリスクがある。知識が刷新されずに伝承されることには、組織が革新されにくくなるというマイナス面もある。

　リカレント教育の大切さは、知識の吸収を社外から行うところにある。大学院、ビジネススクール、オンライン教育、夜間大学、通信教育でもよい。公共機関が提供する講座など、探すと様々な教育機会が得られる。

特に、社会人が参加する大学院のカリキュラムは、ビジネスの現場を経験した講師が多くいて、極めて参考になる。その内容は必ずしも、陳腐化しない最先端のテクノロジーそのものを学ぶことではなくても、自分で勉強してそうした内容を独学するための基礎になる。学校教育は、リベラルアーツの下地を提供してくれる。

何よりも様々な同僚、先生がいて、ともに学ぶという効用は大きい。大学院など社会人教育の場で出会う友人たちは、自分が20歳前後のときに知り合った友人とは全く異質な人々になる。若いときの友人は、生涯の「財産」だ。

そうしたリカレント教育に参加することは、自分の能力の陳腐化リスクを防止することになるし、働くことのモチベーションを高めることにもなる。

実は、副業をすることも同じで、副業経験を通じて、それが重要な「学びの場」になる。副業は、自分で稼ぐ分野を自分で選択できることが魅力だ。本業だけでは絶対に出会うことのなかった人に出会うことができる。自分の副業の分野で、他者と競争することは、競争相手からその手法を学ぶことにもなる。自分が世の中で「稼ぐ力」を高めることは、自信にもつながる。

以前、ＧＡＦＡの一角の米ＩＴ大手企業には、「20％ルール」という有名な制度があった。「従業員は、勤務時間の20％を自分のプロジェクトに費やさなくてはいけない」というルールだ。この制度は、許可制になるまでは大好評だったとされる。

筆者は、副業が解禁された後、副業を始めた人たちから話を聞き、ほぼ１００％の人から勉強になったという意見を得ている。苦労したり、失敗があっても、それは自分の将来に役立つという意見だ。

印象的なことは、本業以外のことを行うことで、様々な気づきがあることだ。セミナー講師であれば、参加者の反応から自分のスキルの改善点を学ぶことができる。営業であれば、関心のない人たちに振り向いてもらうには何を伝えれば、皆が振り返るのかを学習できる。

こうした経験が与えるものは、上達の実感や発見・再発見である。経験を通じて新しい知識を仕入れることができる。こうした手法は、米国の哲学者で、教育者としても知られたジョン・デューイの「Learning by Doing」[*5]を体現するものだ。「やりながら、次々にわかってくること」をLearning by Doingという。デューイがいう経験とは、単に自分の経験を指すのではなく、実践を指す。仮説を実践を通じて検証することで、新しい知識を獲得する。座学で得た知識を、今度は自分で実践してみて腑《ふ》に落ちることを実践的知識として定着させる。

おそらく、元来はＯＪＴもこれと似ていたと考えられる。やってみて納得できたものから知識を広げていく。それはそれなりに価値がある。しかし、知識は以前よりも高度化している。本業の中では、経験できることの範囲は限られてくる。だから、リカレントが叫ばれるように、年長者になっても何度も繰り返し学び直すことが、知識を刷新する努力が必要になる。ＯＪＴだけで十分だという成功体験では、やがて第二次大戦末期のゼロ戦のように陳腐化してしまうだろう。

近年は、日本の雇用システムのマイナス面が指摘されることが多い。若い世代を中心としたＯＪＴだけで、企業内訓練を完結させていることは、企業が知識を更新する機会を衰えさせる足枷になりかねない。

かつて、筆者はリカレント教育について、ヒアリング調査を広範囲に行ったことがある。そのときにわかったことは、企業内にいる人は社内の知識だけを重視する傾向が強いということだ。せっかく社外で学んでも、その知識を社内で生かすことはあまりない。社外で得た知識・スキルは、事実上無視されているのが実情だ。極端な例は、海外の大学院で経営の修士号を取得した人が帰国すると、同年代の若手と同様の雑用に使われる。ビジネススクールの知識は、偉くなってから使ってくださいと言わんばかりだ。本当に必要な態度は、上司が部下が学んできたことをリスペクトすることだ。そうでなければ、社外で学ぶことに若手はモチベーションを持てなくなる。

社外の知識を吸収しながら、自分のモチベーションを高め、仕事のスキルを向上させていく試みを進めていかなくては、従来の知識を刷新することにはつながりにくい。

②副業の先を探す

ネット検索をして、副業を探すと、そのメニューに引きずられやすい。自分の未来をネット上の選択肢だけで決めるのは、得策ではない。

そこで本項では、どうすれば良い副業の先を決められるか、質問に答えるQ&Aで考えてみた。

Q1 副業として自分が何をするのがよいか?

Q2 報酬の高い副業を得るためにどうすればよいか?

Q3 次々に依頼が来るために何をすればよいか?

これらの質問に逐次答えていく。

まず、「Q1 副業として自分が何をするのがよいか?」を考えたい。すでに、10年以上も職場で働いている人は、きっと複数の部署を経験していることと思う。自分の経験した役割の中で、何のスキルが社外の世界で稼げるかを考えるとよい。

自分で勝手に独自の「履歴書」を作って、客観的に何かできそうな別の仕事を考える。筆者は、昔は5年くらい広報の仕事を経験してきた。予算を使って、企画を立ててプロジェクトを実行することができる。入札や業者管理のノウハウもある。

実際、筆者の友人には、新聞記者から転職し、事業会社の広報担当役員になった人がいる。過去の経験をどう変化させれば、別の仕事になるかを考えるには、センスが必要だ。しかし、それを探り当てられれば、値千金である。

読者は、転職希望者の履歴書を見たことがあるだろうか。何十枚かの履歴書をめくっていると、ごく少数だが是非とも面談したいと思う履歴書に出合う。残念ながら、転職を繰り返して、「一身上の都合で辞めました」としか書かれていない履歴書は読み飛ばされやすい。目に留まる履歴書は、その人が過去の職歴から何をできそうなのかが具体的に伝わってくるものだ。自分の能力（＝無形資産の価値）を他人に伝えることは意外に難しい。

副業は、今の仕事ではなく、過去に自分が携わった仕事を応用して、クライアント（副業先）の役に立ててもらうという発想をする方がよい。作業請負もよいが、自分の能力を使って相手の収益向上に直結する何かを探すのである。これは、自分で起業して、事業を請け負うのと同じことになる。

そのときには最初は、自分の知っている人（企業）を手伝うかたちがよい。心理的ハードルが低く、相手と深く相談ができる。実績づくりにも役立つ。作業請負よりも高い報酬を得られる可能性も高い。クライアントとして、一番良いのは、中小企業のオーナーである。知り合いのオーナーであれば、大企業とは違って融通が利く。そうした実績を作ってから、そこを起点にして人脈や成功体験を広げていく。

次に、「Q2　報酬の高い副業を得るためにどうすればよいか？」についてである。正直に言えば、報酬の高い仕事は最初からは絶対に来ない。スキルの必要なものは、概して高報酬だが、多くの人には難しい内容になる。だから、「高報酬の仕事を探す」という発想だけに囚われず、経験を積んでその先で副業の報酬を高くしていくことを目指すと考える方が堅実であろう。

そのときに重要なのは、自分の目指す目標を描くことだ。具体的なターゲットを持つ。雑誌などに執筆するライターであれば、「あの雑誌に書きたい」ということを目標にする。あのネットサイトで連載を持ちたいというのでもよい。何年か仕事をしていると、運良くその目標に掠《かす》めることがある。目標に小指が引っ掛かればシメたものだ。積極的にその仕事を取りに行く。おそらく、自分の目指していた目標は、今までの仕事よりも高報酬であろう。副業の収入を増やすには、1件当たりの報酬を増やすよりも、仕事の頻度を増やすことの方が効果的だ。仕事の回数を増やすにはどうすればよいかを考える。そして、1件当たりの報酬が低いものは止めていくことになる。

報酬の総額を増やす方法は、三番目の「Q3　次々に依頼が来るために何をすればよいか?」に対する回答になるだろう。最初から言わせてもらうと、仕事で「次々に依頼が来るために何をすればよいか?」という問いに答えがあるなら、筆者自身が教えてほしいものだと思う。次々に仕事の依頼が来るという状況はまさに夢のような世界である。だから、その夢を叶《かな》える魔法のメソッドなどはないと思える。

あるとすれば、それは仮説である。夢を叶えるために、より成功確率を上げるための方法だ。重要なのは、そうした仮説を自分で立てて、少しでも成功に近づくことだ。

次に、筆者なりの仮説を紹介してみたい。次々に依頼が来るためには、マスを狙わずに、ニッチを攻めることに徹することだ。マスとは、「不特定多数の顧客」を指す。店舗を開いて、「誰でもよいからたくさん来てください」などとやると、誰も来てくれない。

その一方で、ニッチとは「すきま」を指す。特定のニーズを持っている人、限定された数の顧客を指す。筆者の知っている古美術商は、店舗を構えているが、来店客はほとんど売上に貢献してくれないという。本当の顧客は馴染みの約100人の常連さんだという。その100人がリピーターになって、時々買ってくれる。

その代わりに、その常連さんに対しては、友達付き合いをして、情報提供を密に行うとか、誠意を尽くすという。ほとんどのスモールビジネスは、そうした限定された人数の顧客ネットワークがあるから成り立っている。この顧客ネットワークが基盤になって、評判が口コミで広がっていく。常連さんが、インフルエンサーになってくれるのだ。この原理は、SNSで好評価を得るための発想と全く同じだ。

顧客ネットワークをつくるには、当初の数年間は実績をコツコツと積み上げていくしかない。常連さんの人数が増えてきたときは、「なぜ、自分に仕事を頼むのか?」をヒアリングして、自分の強みを把握する。そこでの強みとは、自分だけの競争力の優位性を示している。誰でもできるサービスではなく、自分だけができる貢献を顧客に対して行う。これがニッチ戦略である。

売上＝潜在的な購買層（人数）×1年間の購入率（確率）という算式になる。常連さんに奉仕するほど、1年間に購入してくれる確率を高めることになる。潜在的な購買層をしっかりと把握していないと、魚のいない海に撒き餌《まえ》をばらまくことになってしまう。

注意すべきは、潜在的な購買層のネットワークを定期的にメンテナンスしないと、つながりが弱くなることだ。ネットワークは、時間が経つと自然につながりが弱くなるものだ。知人の整体師は、常連客にたまに電話をかけて、割引のキャンペーンをやっているから来てほしいと連絡をしていた。あるセールスマンは、漁師をしている実家から、常連客にカツオを送っていた。人間は、他人に無償で贈り物をしてもらうと、心理的なハードルが下がる。これは、メンテナンスというか、先行投資のようなものである。常連さんには、自分が誠意を尽くすことで、「いつか恩返しをしなくてはいけない」という気持ちを持ってもらう。

仕事で「次々に依頼が来るために何をすればよいか?」というテーマを設定したときには、自分を贔屓《ひいき》にしてくれる人を選んで、日常的に交流を深めて、1年間に購入してくれる確率を高める。それが、ニッチ戦略の意味合いになる。

3. テクノロジーが変える組織と個人の大転換

①組織と個人のミスマッチ

副業をしている人にとって、副業の本当の目的は何だろうか。ここまで筆者は、安易に「稼ぐ力」を高めるための副業だと書いてきた。しかし、お金のためだけではあるまい。本業でも副業でも同じことであるが、単に生活の糧を得るためだけに働いているわけではない。人は仕事を通じて、何かしら自分のやりたいことを実現しているから、ハードワークに耐えることができる。金銭や名誉のためだけに仕事に没入できる人は、決して多くはないと思う。

暗黙のうちに、自己実現をしたいという動機が隠れているはずだ。そして、お金は後からついてくると思っている。

組織の中で人を使って仕事をしている人は、必ずスタッフがなぜ自分のために動いてくれるのかを真剣に考えるべきだ。その人に自己実現を感じさせる何かを与えなければ、一緒によい仕事などはできない。

具体的に、その自己実現とは、様々な内容がある。例えば、①他者と関わって、他者に貢献したいという欲求の実現。それから、②自分自身の活動への他者からの承認欲求の実現。ほかにも、③創造性や個性の発揮を通じて自分が納得できる成長を遂げているという実感の追求、などが挙げられる。筆者の理解では、自己実現の欲求は、①＝アウトプット、②＝リターン、③＝グロース（成長）に分類される。それらが混ざり合っていることもある。

また、副業をしている人には、すでに、食べていくのに困らない人も多い。彼らがさらに副業に情熱を傾ける理由は、副業を通じて、何らかの自己実現をしたいからだ。筆者の周囲にも、本業をリタイヤして働いているシニアが大勢いる。多くは、十分に資産を持っている。彼らは等しく、仕事を楽しむことを主目的にして働いている。まさしく自己実現を目的としている。

同じように、副業に強い興味を持っている人には、すでに本業で十分な収入を得ていて、自分が「さらに燃えられる何か」を探している人がいる。彼らは潜在意識の中で、本業だけでは得られない別の達成感を求めているように見える。

そうした自己実現のための副業を考えるときに問題になるのは、副業先がその目的に合っているかどうかだ。副業を委託する企業・組織が、必ずしも「あなたの自己実現」を念頭に置いていないことが多い。

ネットサイトですぐに見つかる仕事の依頼には、賃労働が多い。賃労働とは、自分の労働力・スキルを一つの商品として切り売りするタイプの労働である。お金のための労働提供を求めている。そうした仕事は、自分ではなくても別の誰かに頼めばできることが多い。誰かに頼める仕事を、あなたに割安に業務委託して、定額の対価を支払うという仕事である。

おそらく、本業ですでに十分な収入を得ている人は、そうした形態の賃労働では満足できないであろう。

これは「つらいかどうか」を問題にしているのではない。仕事をしていると、我慢しなくてはいけないことが多くある。それでも、多くの人がそこで我慢するのは、苦痛の先に何かの目的意識があるからだ。つまり、委託先の組織が、「あなた」の自己実現に対して、それを尊重する意識がなくては副業は成り立たない。これは、仕事を通じて共存共栄しようとする意識である。

しかし、残念ながら、そうしたタイプの委託先は多くはないだろう。副業の大多数を占めてはいないと考えられる。本業では、自己実現ができても、副業ではできる仕事探しは難しいかもしれない。そう考えると、自分と仕事先の関係を見直すしかない。転々と新しい別の副業先を探し続けることになる。共存共栄ができるパートナーを探して、相手先を転々と変えなくてはいけない。

これは、企業と雇用者のミスマッチ問題である。お互いのニーズのずれである。ミスマッチが起こる原因は、企業と雇用者の間にインセンティブの違いがあるからだ。動機が異なるから、やりたいこととやってほしいことの間にずれが生じる。

このずれをなくすには、究極的に、企業と自分のインセンティブを一致させるように、自分でつくった会社で自分本位が働くしかない。自分が自己実現できるために行き着くのは、自分自身で会社を興す「起業」になるだろう。自分で仕切って、自分のために働くという考え方だ。

もっとも、起業には、大きな経済的負担と事業リスクが伴う。現代のように、アウトソーシングが発展し、営業から経理・給与計算、採用まで外注できるようになっても、会社組織を回していく負荷と、それが成功しなかったときに責任を負うリスクは残る。

仮に一人で起業できても、事業が拡大すると、やはり会社組織だから、組織を運営するノウハウが要求される。経営者としての役割は最終的に分業することができずに、その負担が自分一人にかかる。

ならば、会社組織に属して、かつ、自分の自己実現のために働ける仕組みをつくるしかない。自分がその会社に出資して利益を受け取り、さらに会社の意思決定に強く関与することのできる仕組みをつくって、そこに参画するしかない。

ある地域への事業進出企業の集まりで話を聞くと、わくわくするビジネスに触れることができた経験があった。中山間地域に職場をつくるリモートオフィス、動画広告作成サポート、ドローン測量、デジタル技術を使った高齢者の生活支援サービス、障害者向けに働き口をつなぐフルリモート事業などである。最近登場したチャットＧＰＴを応用すれば、もっとおもしろくなりそうな事業もあった（ただ、残念なことに筆者自身が関与できるだけの資力と時間がないとも感じた）。

最近、新しい事業の仕組みについて、米国によいアイデアが生まれた。ネットの中にあるＤａｏ（ダオ）という仕組みだ。Decentralized Autonomous Organization の頭文字を取ってＤａｏになる。分散された自律的な組織が、Ｄａｏである。正直に言えば、この仕組みが、本当に大化けするかどうかはあやしいところがある。それでも注目には値すると思うので紹介したい。

米国で生まれたＤａｏは、ブロックチェーン技術を使って、ネット内に生まれた会社組織である。わかりやすく理解するためには、株式会社になぞらえて説明するのがよい。Ｄａｏに参加するには、株式に当たるガバナンス・トークンを購入する。組織の構成員の資格が得られる。Ｄａｏの活動は、自分が保有するガバナンス・トークンの数量に応じて、投票で決まる。議決権を行使するのと同じだ。

もしも、組織全体の活動について希望があれば、自分が提案者になり、他のトークンの保有者から投票で賛同を得ればよい。構成員は株主であり、経営者という位置づけだ。経営者がいれば、従業員の役割も要ることになる。自分が提案した活動、例えばプロジェクトの作業委託は、構成員メンバーから募集して行う。その対価は、ガバナンス・トークンで支払う。給与の代わりに、ポイントを付与するかたちに似ている。

Ｄａｏのおもしろいところは、ブロックチェーン技術を使い、Ｄａｏの評価がガバナンス・トークンの価格の値上がりに反映されるところだ。暗号資産と同じである。Ｄａｏの活動が評価されて、人気が高まれば、そのガバナンス・トークンを高くても買いたいという人が現れて、高値で譲ってもらうことになる。需要増加によってガバナンス・トークンの価格が上昇する。

つまり、Ｄａｏの構成員が組織全体の価値を高めるように、知恵を絞って、プロジェクトを提案し、さらに従業員（構成員）が事業に一生懸命に従事すれば、その対価であるガバナンス・トークンが値上がりする。

構成員は、株主であり、従業員であり、経営者なのだ。ステイクホルダー民主主義が、ブロックチェーン技術を利用することで実現する。このＤａｏが、株式会社が変化していく先の未来の組織だという人もいる。

②日本版Ｄａｏ

米国で発明されたビジネスモデルが、日本に輸入されてくるには時間がかかる。Ｄａｏも例外ではない。調べてみると、日本でもＤａｏを活用しようという動きがいくつか始まっている。映画やゲーム作成のプロジェクトである。興味深いのは、２０２２年の初めから日本初のエンタメＤａｏとして、有名な日本人映画監督が３人集まって、映画づくりのプロジェクトを進めていることだ。[*6] ３人の映画づくりだけではなく、クリエイター育成・発掘のプロジェクトを始動させるという。

どのようにＤａｏが使われているかというと、何種類かのガバナンス・トークンが発行されていて、それを購入することで、プロジェクトに参加できる。トークンはいわば、パスポート、入室チケットのようなものになる。初回のファンディングでは、①販売価格５０００

ポイント（＝5千トークン＋支援得点）、②販売価格1万ポイント（＝1万トークン＋支援得点）、③3万ポイント、④5万ポイント、⑤10万ポイント、⑥30万ポイント、⑦100万ポイント、の7パターンがある。暗号資産を購入して、それでトークンを購入する。このトークンは、常時ネット上で売買可能である。プロジェクトを運営する有限責任事業投資組合は、トークンを売るかたちで、資金を集めて映画事業を進める。

トークンの購入者は、事業運営に参画もできるが、多くの場合は、応援する立場になるように思える。出資者＝支援者となり、映画制作を主導する監督や主要スタッフはその出資者＝株主・組合員の賛同を得ながら、映画制作プロジェクトを推進していく。

この仕組みは、従来のクラウドファンディングによく似ている。クラウドファンディングの場合は、プロジェクトに参画できる立場とは切り離されていた。Ｄａｏでトークンをもらった人は、事業を推進するときに投票することができる株主のような立場が得られるので、より経営に寄り添うことができる。こうしたＤａｏを活用したエンタメ事業の運営は、アニメ製作や演劇・舞台でも推進されようとしているようだ。

では、なぜ、映画製作がＤａｏで行われるのだろうか。映画監督たちはどうしてＤａｏの仕組みを活用したいと考えたのだろうか。この計画にも参画しているフィナンシェの代表取締役社長で、ＣＥＯの國光宏尚《くにみつひろなお》氏は、note というサイト（note.com）で興味深いことを話している。筆者が少し意訳して説明すると、映画づくりでは1990年代から映画製作委員会という方式が主流になっている。ところが、複数のスポンサーが出資者になり、映画制作を行うこの方式は、どうしてもスポンサーの意向が強く働く。キャスティングにも、そうした意向が働く。そして、スポンサーが映画の投資資金を回収するために、堅実に国内の観客層を意識すると、大胆なことができにくくなる。筆者の言葉を使うと、とんがった作品は堅実な路線を求めるスポンサーが多いと、なかなか実現できないということになる。会社の中でも同じような閉塞感を感じている人は多いはずだ。

韓国映画が自分たちを海外市場にどんどん売り込んで、その中から成功するのを見て、日本の映画監督たちももっと自由に制作をしてみたいと感じていたようだ。映画製作委員会方式の限界を強く意識したということだろう。

反面、例えば海外の動画配信会社をスポンサーとして成功を収めても、成功のリターンはそのスポンサーに持っていかれる。映画の現場に近いクリエイターには映画が大成功したとしてものリターンは乏しい。ファンの方も、応援ばかりで見返りがない。そうした図式を変えたいと考えて、心ある映画監督たちが集まって、Ｄａｏを活用し、支援者・クリエイターがともに成功のリターンを分け合えるようにした。つまり、映画製作のガバナンスを大転換することが、Ｄａｏを活用する意味なのだ。

多くの人がＤａｏに注目する理由は、分配メカニズムを大きく転換することになるからだ。通常の会社は、雇用者が生産したもの、あるいは成果物は会社に入ってから、会社が報酬を雇用者に分配する。分配は、企業→雇用者というルートだ。報酬÷成果＝労働分配率となる。ここで重要なのは、１００％－労働分配率＝資本分配率がどこに行くかだ。企業の金あまり批判は、資本分配が、企業内に貯蓄されて、社会全体に必ずしも還元されていないことをいう。設備投資や雇用拡大に回らず、キャッシュのまま留め置かれる。企業は株主のものだという考えに依拠すれば、株主が使うあてのないキャッシュはそのまま保有することを選択していることになる。

ならば、Ｄａｏの仕組みであればどうなるか。トークン保有者が、議決権を行使して、特典として分配せよということになるだろう。通常の企業は、株主と経営者は違う人になるが、Ｄａｏは株主と経営者が一体である。雇用者だけの立場の人はおらず、株主＝雇用者＝経営者になる。だから、労働分配率＝１００％になる。これは素晴らしいことだ。

雇用者＝経営者だから、投資リスクは雇用者自身が負う。それでも、投資収益のリターンを得るのだから、投資リスクはそのリターンで吸収すればよい。反面、副業でも、本業でも、賃金水準は上がりにくい。その理由は、企業が賃金をコストとして対価を支払っているからだ。自分が成果を増やしても、それは企業に入って、必ずしも賃金に戻ってこない。Ｄａｏ

の仕組みは、そうした企業で働くことの限界を打ち破る仕組みになると期待できる。

③ブロックチェーン技術を使った副業の未来

最後に、テクノロジーの進化によって、私たちの働き方が近未来にどう変わるのかを想像してみたい。注目するのは、ブロックチェーン技術である。その応用についてはすでに、Web3・0という名前で多くの人が絵を描いている。筆者にも、働き方の視点から一言だけ披露させてほしい。

従来の副業では、依頼主が新しい副業ワーカーの実力を知ることはできなかった。これは、何の仕事でも、新参の取引先に頼むときは、その力量がわからないまま依頼する。つまり、そこには不確実性という問題があった。その不確実性を避けたいのなら、すでに取引実績がある人に頼むしかない。たとえ腕前が低いと知っていても、仕方なく頼む。仮に、新しい副業ワーカーに頼むときは、重要度の低い仕事を安くして頼んで、様子を見る。

そこに、ブロックチェーン技術を持ち込むと、不確実性の障害はおそらくかなり低くなる。副業ワーカーが仕事の報酬を暗号資産で受け取り、その記録をトークンに書き込む。その記録は、第三者からもエクスプローラを検索すれば見られるようにする。どの副業ワーカーがどんな仕事の履歴を持っているかが、随時確認できる。いわば履歴書だ。その人には改ざん不能な情報が実績として残る。例えば、副業で年間500万円を稼いでいる人が、どんな仕事を受けてそれだけの金額を稼いだかがわかるとしよう。副業を依頼する企業はその人の履歴を見て時給1500円では雇わないだろう。かつ、時給1500円の仕事とは別の仕事を依頼するはずだ。

もしも、履歴データを見て、副業のキャリアの浅い人であればどうなるか。その場合、依頼主は報酬の安い仕事しか頼まない。しかし、その人も実績を積めば徐々に報酬は高くなる。高報酬の仕事をこなすほどに、その履歴は次の高報酬につながるシグナルになる。だから、この仕組みの威力は大きい。

また、働き手の意識も変わる。経験の浅い副業ワーカーは、一つ一つの仕事の実績を高めることが、将来の報酬を高めることになるので、モチベーションを高く持てる。ブロックチェーン技術の素晴らしさは、自分自身を認証してくれるトークンの中に取引履歴（トランザクション）を記録できるところだ。

労働市場は、その市場メカニズムの欠陥が特に顕著な分野である。企業にとって、中途採用に応募してきた人の能力がどのくらいかは判別しにくい。紙の履歴書には、自分に都合のよいことしか書かれていない。経営者は、その限られた履歴書から面接に来る人を選ぶ。さらに、面接に来ても、本当に優れた人を選ぶことは難しい。例えば、能力のありそうなAさんとBさんを選抜するとき、愛想が良く猫をかぶったBさんを間違って採用することもある。そして、本当は優れているAさんを落とすことになる。間違った人選は、経営者に大きな損害を与える。

人事や採用は、答えのない世界である。人物の印象や、経営者の勘で決めていることが少なくない。昔の名経営者には、「運の良い奴《やつ》を採る」と豪語する人もいた。

この欠陥のことを経済学では「情報の非対称性」と呼んでいる。買い手（企業）は、売り手（働き手）の情報を正確に知ることができないため、適正な価格（報酬）を提示できない。機能不全が起こる。

企業は、能力がない人を誤って採用してしまうことがよくあって、後から後悔する。社員も、「なんでそんな人を……」と企業が採用した人について怒る。中小企業では、間違った人選で採用を繰り返せば、会社にとって命取りになる。

この弊害をなるべく防ぐために、経営者は仮に能力がある人であっても、最初は低い報酬しか与えない。これは、何人かのうち一人は能力のない採用者がいるから、全員の最初の給料を下げるという悪平等だ。

もしも、履歴書代わりのトークンをその人が持ち歩いていれば、この情報の非対称性の問題は起こりにくい。自分の能力は、取引履歴を閲覧してもらえばわかるからだ。こうした特性は、正社員の中途採用でもそうだし、副業に採用してもらうときにもそうだ。多くの副業では、同じように能力がわからないから、最低レベルの報酬から始めることになる。それは全く理不尽なことである。能力があって、高い成果を出せる人は、最初から高報酬をもらうべきだ。

経済学の原理で考えると、人物の能力を過小評価して、安い報酬でしか募集しないことは、能力のある人の供給を妨げる。企業の中に優秀な人が多くいても彼らは報酬の安い転職市場にはエントリーしない。これが、労働市場の流動性が低くなることの原理的説明になる。

多くの副業が安い報酬からしか始められないという理由の一つは、この「情報の非対称性」にあると考えられる。ブロックチェーン技術は、「情報の非対称性」という市場メカニズムの欠陥を改善してくれる。それがＷｅｂ３・０の本当の意味だろう。

日本の労働市場全体が、そのＷｅｂ３・０の普及によって大きく変わる可能性がある。日本の労働市場の性格として言われるのは、流動性の乏しさだ。転職や再就職が難しい。その裏返しとして、新卒一括採用とか、年功制・終身雇用といった特徴が挙げられる。

なぜ、転職が難しいかと言えば、企業は優秀な人材を中途採用で選ぶのが難しいと思っているからだ。新卒一括採用で若手を囲い込み、生え抜きを優先して内部昇進させる。この方法だと、社外の優秀な人材は企業内のしかるべき枢要なポストに抜擢《ばってき》しにくい。

副業の話と本業の話は少し分けて考える必要があるが、副業における「情報の非対称性」の解消は、いずれ本業の労働移動を改善させる波及効果をもたらすだろう。

もっと副業の話を進めると、NFTの活用によって、社外の副業人材をより効率的に選抜できるとすれば、必ず正社員の中途採用も変わる。それから、新卒一括採用も変わるだろう。Web3・0と呼ばれる新しいデジタル化は、ブロックチェーン技術が主軸になる。取引履歴＝トランザクションを共有することで、相手の能力を事前に知ることができる。相手の能力とは、無形資産である。その価値を知っていると、相手を過小評価しなくて済む。取引履歴を活用して、相手を高く評価することは、市場全体の取引価格を高くすることにもなる。

よく考えたいのは、相手の能力情報を正しく共有できると、企業組織の境目が薄くなるということだ。社外にいる有能な人材を発見するのが易しくなり、社内に登用しやすくなる。副業で成果を上げている人を引き抜いて、本業の社員にもできる。本業での処遇が気に入らない人は、転職がしやすくなる。企業は、外注先を増やして、正社員の人数を大きく絞り込むことができる。日本企業の人材活用が大きく転換するに違いない。

ブロックチェーン技術によって入手しやすくなった仕事の履歴データは、新しい需要を掘り起こせるようになるだろう。現在もビッグデータを分析すれば、従来は見えなかった情報を把握できるようになり、隠れた消費者ニーズに気がつけるようになる。

同様のことが、人材の履歴データからもわかってくる。これまでのデータ分析は、あまり履歴データを扱ってこなかった。履歴データとは、自分の仕事の履歴を長く過去まで辿ったものである。従来のデータ分析には限界があった。現在（または最近）から見た過去の状況を扱うことは、過去の実績を間接的に過小評価してしまう。

　こうした傾向は、消費者分析にも共通する。一人の消費者がどんな消費履歴をしてきたかがわからないと、提供するサービスは万人受けするものに偏りやすい。

　アンケート調査の世界では、一人の回答者に何年も継続して回答してもらって、長期間にわたる消費行動の変化を追跡するものがある。コーホート分析という手法だ。日本でこうしたコーホート分析は数少ない。世代間の嗜好《しこう》の違いなどは、コーホート分析でなくては把握できない。例えば、デジタル・ネイティブと呼ばれる20歳代（Z世代）と、それ以前の30歳代では、消費選択のパターンは違うだろう。しかし、その違いは、従来型の分析手法ではわかりにくい。ブロックチェーン技術によって個人の取引履歴を調べられることは、コーホート分析を行いやすくする。

　1000人の取引履歴があれば、3年間の取引履歴を比較して、似た行動をしている属性をグルーピングできる。すでに入手してあるグルーピングしたサンプルの行動を参考にして、現在の1000人の行動がその先にどうなるかを予測することも可能になる。

同じことが人材活用でも使える。成果を上げた人材の履歴データを保存して、その人たちが若い頃にどういった行動をしていたのかをデータとして取り出す。そのデータと似た行動をする人を、まだ職歴の浅い人の履歴データと重ねれば、将来に成果を上げそうな人を発見しやすくなる。企業の人材活用は、より履歴データを重視することになる。

Ｗｅｂ３・０では、不動産、アート、古美術、中古車などの取引でブロックチェーン技術が新しい価値を創造すると言われている。その点、最も有望なのは、副業や人材活用ではないかと筆者は見ている。

そのときには、日本社会での働き方が大きく変わるだろう。潜在能力の高い人は、社会で発見されやすくなり、報酬は増える。逆に、既得権に守られてきた人は賃金が下がる。賃金が下がった人は、人的投資をして能力を高めれば、失った賃金を取り戻せる。

また、過去に優れた履歴を持つ人は、育児や病気で一旦仕事を離れても、職場復帰して高い報酬を得やすくなる。日本企業では一旦病気になると、二度と日の当たる昇進コースには戻れないことが多い。潜在能力を生かせずに職歴を終わる人も多い。減点法の人事評価は、人材を死蔵させる。

日本の労働市場がもっと流動性を高めることができれば、多くの人がもっと適職を得られるだろう。「情報の非対称性」が解消されるのだから、方向としてはそうなって当然だろう。

さらに言えば、リスキリング（新しい仕事に移るためのスキル習得）や能力開発もうまく報酬増加に結びつく。従来の日本企業は、企業外で身につけた技能や経験をほとんど重視することがなかった。冷淡であった。大学院進学や職業訓練を受けても、そのキャリアを踏まえて昇進・昇格させるなどということは滅多にない。いわんや副業をやである。筆者は、社外で身につけた技能、「稼ぐ力」を活用しないことこそが非効率だと考える。考え方を改めて、企業は社員たちが社外で身につけた能力をもっとリスペクトした方がよい。社外で稼ぐ能力を高めた人が、その実績を本業でも生かせれば、働き手はもっと意欲的に副業を行い、副業の経験を本業のキャリア形成にフィードバックさせようとするだろう。

副業の技能は、社外で活用できるものだから、どの企業でも通用するジェネラル（一般的）なものだ。そうしたジェネラルな能力が高く評価されて、皆がそうした技能を高めると、人的スキルはどの会社でも通用するものに変わっていく。すると、人材は転職しやすくなる。つまり、人材の流動性は高まる。

私たちは、デジタル化の未来をもっと社会変革へとつながるように前向きに構想した方がよい。政府の宣伝などを聞いていると、「キャッシュレス化は利便性を高める」などと、あまり具体的な理念を語っていない。テクノロジーの威力によって、もっと私たちが社会の閉塞感を打破できるように、新しい理想を模索することが重要なのである。

おわりに

筆者の自宅の近所には、個人商店のお豆腐屋さんが2軒あった。若夫婦と老夫婦がやっていた。近接して立地しているのが珍しかった。若夫婦の方がコロナで学校給食が停止して売上が激減したとネットに書き込んでいた。筆者はそれを読んでちょくちょく買いに行くようにした。そのお豆腐を噛《か》むと、大豆の清らかな味が口に広がった。悲しいことに、原料の大豆が値上がりして、2軒とも2022年末までに店を閉めた。コロナよりインフレの方が打撃だった。「苛政は虎よりも猛《たけ》し」のようだ。今も食卓でお豆腐を見るたびに、二つのお店のことを思い出す。

私たちは、古き良きものを失っていくことを嘆いてばかりいては、繰り返される悲劇を止められない。インフレは、事業者ばかりではなく、生活者の経済基盤をも脅かす。私たちに必要なのは自衛手段だ。筆者は、外貨運用がその自衛策になると訴える。金融知識を身につけて、能動的に運用利益を獲得する。しかし、「それでは円安が加速するではないか」と嘲笑する人もいるだろう。果たしてそうだろうか。もしも、家計金融資産が大量に海外流出し始められる。そうすれば、預金金利引き上げのメリットは、外貨運用をしない家計にも及ぶ。

勤労者が副業を始めることも、インフレへの対抗策になる。実際、まだ会社内には「副業？」と聞いて、「本業がおろそかになる」と眉をひそめる上司は多いだろう。しかし、その直感は正しいのか。ならば経営者は、もっと知恵を絞って、若い従業員たちに本業にわくわくできる何かを提供すればよい。従業員は自ずと本業に優先順位を置くはずだ。

過去30年、日本の経済システムがうまく機能しなくなった理由の一つには、システム体系内にある相反するパワーが失われたという事情がある。外貨投資も、副業も、ワークしなくなった経済システムを再稼働させるためのカウンターパワーになると、筆者は前向きに考えている。

本書の執筆では、集英社の佐藤絵利さんから多くのアドバイスと励ましをいただいた。苦しさもあったが、楽しくもあった。最後に厚く御礼を申し上げたい。

２０２３年４月　東京にて

熊野英生

第五章

＊1　日本経団連「副業・兼業に対するアンケート調査結果」(「週刊経団連タイムス」2022年10月27日) を元に作成。

＊2　図表5-1-1は、パーソル総合研究所「第二回副業の実態・意識に関する定量調査」(2021年8月16日) を元に作成。

＊3　「人生100年時代」は、リンダ・グラットン、アンドリュー・スコット『LIFE SHIFT—100年時代の人生戦略』(池村千秋訳、東洋経済新報社、2016年) に詳しい。

＊4　図表5-2-4は、厚生労働省「平成30年　労働経済の分析ー働き方の多様化に応じた人材育成の在り方について」の第2-(1)-13図のバックデータから筆者が再計算したもの。
なお、この原データは、学習院大学の宮川努教授が推計したものを厚生労働省が利用している。

＊5　ジョン・デューイの「Learning by Doing」は、デューイの教育論の基本概念。ジョン・デューイ『明日の学校』(増田美奈、杉山二季、佐藤知条ほか訳、『デューイ著作集7』上野正道・訳者代表、東京大学出版会、2019年〈原著初版は1915年〉) に詳しい。デューイは経験論の哲学者とされるが、その著作が扱う範囲は広い。

＊6　映画Daoの事例として、https://supersapienss.comの特設サイトがある。

〈註〉

第一章

＊1　「円高シンドローム」に関しては、ロナルド・マッキノン『ドルと円ー日米通商摩擦と為替レートの政治経済学』（大野健一訳、日本経済新聞社、1998年）が詳しい。

第二章

＊1　米中貿易摩擦の経緯は、太田泰彦『2030 半導体の地政学ー戦略物資を支配するのは誰か』（日本経済新聞出版、2021年）を参考にした。

＊2　農林水産品・食品輸出は、農林水産省の「農林水産品・食品の輸出拡大実行戦略」（2020年11月30日）を参考にした。

＊3　図表2-2-5は、内閣府「世界経済の潮流」（2022年Ｉ）の資料の数値データをグラフ化したもの。P.128の説明も同じ資料から引用。

＊4　「週刊東洋経済」2022年10月1日号の「第1特集／株の道場」にある従業員の年収増加率ランキングを参考にした。

第三章

＊1　カーメン・Ｍ・ラインハート、ケネス・Ｓ・ロゴフ『国家は破綻するー金融危機の800年』（村井章子訳、日経BP社、2011年）を参考にした。

＊2　基礎的財政収支は、内閣府ホームページの「経済財政諮問会議」を参照。例年1月と7月の2回ほど改定される。

＊3　Ｊ・Ｍ・ケインズ『貨幣改革論』。ここでは、山形浩生訳の『お金の改革論』（講談社学術文庫、2014年）を参考にした。

＊4　金融抑圧については、河野龍太郎「金融抑圧政策が始まったのか：『異次元緩和』のもう一つの意味」（「月刊資本市場」2013年6月）と、ロイター通信コラム「『失われた20年』の次は『英国病』か」（2013年12月16日）を参考にした。公的債務管理に組み込まれる中央銀行の事情については、河野龍太郎『成長の臨界ー「飽和資本主義」はどこへ向かうのか』（慶應義塾大学出版会、2022年）に詳しい。

＊5　ＥＱに関しては、ダニエル・ゴールマン『ＥＱ　こころの知能指数』（土屋京子訳、講談社、1996年）などが詳しい。

第四章

＊1　國見和史「『生活者1万人アンケート』調査結果に見る消費者の暗号資産保有行動」（野村総合研究所金融デジタルビジネスリサーチ部、2022年2月18日）の引用。
図表4-2-1は、國見氏のレポートの図表1を元に作成している。國見氏のレポートでは、リスク資産とあるが、筆者はリスク性資産と言い換えている。

＊2　図表4-2-2も野村総合研究所の「生活者1万人アンケート調査」のデータを引用。2018年は第8回、2021年は第9回の調査。3年ごとに実施されている。

（プロフィール）

熊野英生　（第一生命経済研究所首席エコノミスト）

1967年山口県山口市生まれ。1990年日本銀行入行。2000年第一生命経済研究所入社。2008年より日本FP協会評議員を兼任し、現在常務理事。山口県のやまぐち産業戦略アドバイザーも兼任。専門は、金融・財政政策、経済統計、為替など金融市場。金融教育、金融知識普及はライフワーク。過去に生活設計診断システムの基本設計を大手システム会社のSEと共に構築した。

ブックデザイン／宮坂 淳（snowfall.inc）

インフレ課税《かぜい》と闘《たたか》う！

二〇二三年五月三一日　第一刷発行

著　　者　熊野《くまの》英生《ひでお》
発 行 者　樋口尚也
発 行 所　株式会社 集英社
〒一〇一-八〇五〇　東京都千代田区一ツ橋二-五-一〇
電話　編集部　〇三-三二三〇-六一四一
読者係　〇三-三二三〇-六〇八〇
販売部　〇三-三二三〇-六三九三（書店専用）
印 刷 所　大日本印刷株式会社
製 本 所　加藤製本株式会社

定価はカバーに表示してあります。
造本には十分注意しておりますが、印刷・製本など製造上の不備がありましたら、お手数ですが小社「読者係」までご連絡ください。古書店、フリマアプリ、オークションサイト等で入手されたものは対応いたしかねますのでご了承ください。なお、本書の一部あるいは全部を無断で複写・複製することは、法律で認められた場合を除き、著作権の侵害となります。また、業者など、読者本人以外による本書のデジタル化は、いかなる場合でも一切認められませんのでご注意ください。

ISBN978-4-08-786138-9　C0033